中國文化的展望（上冊）

殷海光 著

五南圖書出版公司 印行

序言

這本書的主題是論列中國近百餘年來的社會文化對西方文化衝擊的反應。以這一論列作基礎，我試行導出中國社會文化今後可走的途徑。

在我作敘述、分析和批評時，總是圍繞著這個主題而展開的。展開的程序是成一個準系統（system-like）的模態。在本書前面所陳示的是這個準系統的所設部分（given part）。從這個所設部分出發，我逐一討論有關中國近百餘年的社會文化的重要問題，再申論中國知識份子今後所可能而且必須努力的道路及指向的歸趨。

人所注意的問題，所思想的內容，所研究的題材，在或多或少的程度以內，常常受到他所在的環境和時代的影響。我之所以注意並且思想以及研究中國近百餘年來的這個重大問題，是下列條件造成的：

第一，不前不後，我可巧生長在這個時代。我親身經歷著中國社會文化的劇變及其刺激。如果一個知識份子的心靈不是已經麻木了的話，那麼他受到這樣非常的刺激，應該而且可能有非常的反應。除此以外，我個人的歷史，和我過去接觸的師友，加上我好思想的習慣，使我無法不關心這樣一序列的空前的基本變動。

第二，近若干年來關於中國文化問題的著作與或論爭也有時闖入我的意識天地。經我閱讀以後，我發覺只有極少數的言論是出於理知的；而極大多數的言論在基調上和中等學校的教材實在沒有不同之處，雖然學問上的鋪陳好像高深一點：都是在感情的浮島上面；都是一時一地的心理迷霧。分析起來，這類言論的基本因素不外下列三種：

1.受挫折的群體情緒（group feeling），並且是被有意經營和加強了的群體情緒。

2.傳統跟隨（tradition following）。這類傾向是出於以承繼「道統」和宏揚「歷史精神文化」自任。雖然這個世界早已不是朱熹等人的時代了，甚至也不是倭仁的時代了，但是近年來還有些人士做著那樣的美夢。那樣的美夢夠使他們忘記現實世界，因而夠令他們愉快。

1.和2.在實際上殆難分別。1.從2.那裡得到「哲學基礎」。2.從1.那裡得到掩護以及擴散。

3.心理方面的違拗作用。有了這種心理作用的人士，有時標榜「全盤西化」。他們見了1.和2.就反。這也是缺乏理知的表現。

從這些來源出發的言論，對中國文化很難不落入「擁護」和「打倒」這一風俗習慣之中。當然，立意「調和折衷」也是不擅長講理的技術的人做的事。就我所知，幹調和折衷生涯的人士，一起腳就沒有想把真假對錯弄個一清二楚。他們碰到難題便自動打折扣。這類人士什麼也看不透。他們的生涯也許有調和感情的功能。但是，不幸得很，感情只是原始人的真理，它與現代人的真理毫不相干。幾乎不用說，在研究這類問題的時候，沒有有頭腦的人受流行的意見的影響，沒有有頭腦的人會盲目接受權威的觀念，也沒有有頭腦的人該未自覺地把他的情緒與獨斷的價值作出發點。然而，就我的視線所及，將近一百年來很少作品不是這些泥沼裡的產品。而且，近二十年來，有些人士有意以修築泥沼為職志哩！他們自己泡在泥沼裡取樂還不夠，並且拉人在泥沼裡一齊打滾，弄得大家昏頭昏腦，不知今日是何世！實實在在，我們的心靈需要多一點的成熟。然而，成熟的心靈竟是這麼少！

在這樣的背景下，我獨自出發來尋找出路和答案。當我出發時，我像是我自己曾經涉足過的印緬邊境的那一條河。那一條河，在那無邊際的森林裡蜿蜒地流著。樹木像是遮蔽著它的視線，岩石像是擋住了它的去路。但是，它不懈怠，終於找到了出路，奔赴大海，和百谷之王匯聚在一起。現在，我發現了自己該走的大路。我認為這也是中國知識份子可能走的大路。我現在看到窗外秋的藍天，白雲的舒展，和遙遠的景色。

這本書，算是我為研究並且思想中國近百餘年來社會文化問題的一個簡略的報告。我希望這個報告對追求這個關係重大的問題之解答上可能多少有些幫助。我自知我的能力是很有限的，可是我的願力卻無窮。我的這個工作只能算是一個草創的工作。我願意從我這點草創工作開始，激發出學問和思想上的許多探險家。在這樣一個悶塞的時代和環境，我們多麼需要在學問和思想上打開僵結的人物啊！

一本著作無論是成功或失敗，最低限度，著作人不希望它受到讀者不必要的誤解。根據我多少年來的經驗，除數學或物理科學等類的著作以外，當讀者看到一本書裡的某一個語句時，他往往憑他自己的心理活動作種種揣想。有的時候，他的揣想之野，簡直扯到西伯利亞去了！為什麼數學或物理科學等嚴格的科學著作不容易出現這種隨意揣想的情形，而此外的著作卻容易？至少，這裡有一種結構的理由。例如，我們在演證某一條幾何定理時，這一條定理前面的公理（axiom）是哪一條或哪幾條，該根據什麼以及引用什麼程序，可否推出什麼定理，或什麼緒論（corollary），都有明文條規可以標出—雖然往往也需要心智。然而，自古至今，此外的著作，其中的某一語句的上、下、左、右該是哪些語句，一個概念含蘊什麼概念，或被什麼概念含蘊，都常沒有明文規定。這樣一來，不同的讀者可以從不同的知識基線，不同的價值觀念，甚至不同的情緒反應來在某一觀念或語句的上、下、左、右任意加減一陣。所以，「解老」就有了那麼多的「家」。這好像畫潑墨畫似的。對於同一潑墨，不同的畫家可以憑各人自己的意匠在它上面作出不同的畫。然而，一部探理的論著究竟必須和潑墨畫不同。它多少得有個準兒，最低限度，讀者總不可把屬於自己的價值觀念和情緒成分有意無意算在著者賬上。

為了易於明瞭我所說的意思起見，我現在舉個例子。我說「西方宗教的真誠逐漸沒落了」。我說這句話的時候，我是而且只是作一事實敘述而已。就我的語意約定來說，這話既不表示慨歎，又不暗示要西方恢復宗教的真誠。如果我有這些意思，那麼我一定會明文說出。如果我並沒有這些意思而讀者因看到這句話而聯想起他自己內心本來就有的這些意思，那是讀者自己的事。其他類推。至少，這本書的關鍵，我都是明文說出的。任何一個嚴格的著作人沒有義務對讀者個別無窮多的心理聯想或情緒反應負責。他所必須負責的是語意約定乘以邏輯秩序，加上知識層界的真確或失誤。

實實在在，一本著作要能發揮它最大可能的效果，必須著者和讀者雙方密切合作。在著者這方面，他必須盡力之所及寫得清楚明白。固然，深高的書不易瞭解，可是不易瞭解的書卻不一定是深高的：也許根本就不通。羅素、懷德海、波柏爾、海耶克這些真正有學問的著作家從來不曾炫深以鳴高。如果一本著作發生閱讀困難的問題，那麼我認為首先需要檢討的是著者自己：不要動不動說讀者程度不夠。請問問你自己想清楚了沒有？而且寫清楚了沒有？在讀者這方面，他必須把自己的思緒或意境調整到他所讀的那本書裡。他做到了這一步以後，再看這本書的優點何在，或缺點何在。一個著作人的知識基線、情感基線，以及價值基線，可能和讀者不盡相同，而簡直實際不可能和所有的讀者完全相同。任何讀者不妨從他自己的這些基線出發來批評他所讀的一本著作「好」或「不好」。但是，他得明白他作這種評論時所根據的評準，即令是不錯的，也只是許多不錯的評準之一而已。世界上的道理原是多得很。讓我們擴大視野，盡情地欣賞，盡情地吸收吧！

也許，若干讀者會發現我並未完全分享目前流行的情緒和價值觀念。的確是這樣的。而且這正是我願意明明白白表示出來的情形。目前在若干人口頭流行的有關中國文化的意見，在我看是一點也經不起分析的。當然，我知道這也正是許多人討厭分析的原因。然而，在這一關聯中的認知，正像對別的許多是和非一樣，就我這個類型的專業思想者而言，幾乎是和生命共始終的事。依前所述，一個專業思想者也不能不受他所在的時代和環境的影響。可是，如果一個人的觀念和思想完全跟著他所在的時代環境裡的意見氣氛打轉，那麼他自己還有什麼呢？他何必再去思想呢？我在思考時，在作分析的批評時，有我苦索多年的前提擺在我心中。一切浮詞囂議和我所要追求的境地距離實在太遠了。一個真正專業的思想者，須有他經過相當訓練的思考程序，須有他經過自己設計起來的思想結構，須有他經過長期努力來選擇的若干基本觀念。任何真正從事過正式的思想工作的人將會知道，一個思想者建立他的思想系統所需要的智力、忍耐和勞動，一點也不下於建立紐約帝國大廈所需要的。

為了這一工作，二十多年來，我在思想上一直在探求中不斷轉進。這一經過，真像是梁啓超所說的「登高山復有高山，出瀛海更有瀛海」，箇中艱苦，只有自己才最清楚。許許多多人都知道，承繼前人的財產過活容易，白手起家難。然而，有幾個人清楚，在觀念和思想上「吃現成飯」容易，而自己獨立創構難？

我在少年時代，也曾受當時流行的觀念影響，也曾被當時高漲的思潮鼓舞。可是，現在回憶起來，那些都像已逝的煙雲，和我的距離是那樣渺遠。然而，我不停地追求。到大學時代，我深受教我邏輯和知識論的老師們的影響。他們給我關切的鼓勵。他們教我怎樣嚴格的思考。他們把我帶進一個思想的新境界。透過他們，我接近羅素。羅素的思想，甚至於他的行誼，深深地沁入我的心靈。近十幾年來，更進一步，我對專技哲學發生若干興趣。最近五年來，我對人理學（humanics）也發生興趣。由這一興趣，導引我接近海耶克（F.A.Hayek）和波柏爾（K. R. Popper）的學說。

千迴百折，我的運思和為學，分析到底層，是受這三個條件的主導：

第一，現代邏輯的工作者所說的邏輯。

第二，自休謨（D. Hume）以降的經驗論者所說的經驗以及美國實用主義者所說的實用之結合。

第三，必要時，價值觀念，尤其是道德價值觀念。

但是，價值氾濫會使人頭腦不清，並且可能形成人間的災害。所以，我們在作價值判斷時必須謹嚴地約束自己。

這三個條件對我運思和為學的主導作用，在本書裡處處可以看出來。我在從事構作這本書時，除了這三個條件以外，其餘的任何因素即令並非不在考慮之列，也只在次要的考慮之列。

正因如此，也許有些讀者站在他們自己的基線上來看，這本書裡所寫的古也不是，今也不是，中也不是，西也不是，樂觀也不是，悲觀也不是。然而，如果他們能夠真正把握住我在這裡所列三個主導條件，那麼他們就會明瞭古、今、中、外這些格式在我的思程裡毫無地位，一點也不起作用了。至於樂觀和悲觀，那更是小學生的情緒。就我二十多年來由實際的思想工作而得到的實際經驗來說，這些格式根本就是一個一個的觀念和思想的監獄。我們的觀念和思想被關在這些監獄裡，像籠中的痲雀似的，要飛也飛不出來。實在是可憐得很！我們運思在求通，求通在求解決問題。既然如此，我們只要想通了就行，管它古、今、中、外、樂觀悲觀做什麼呢？一個真正能思想的人，任何不相干的因數都攔不住他的運思。我們要想得通，必須貫徹一個原則：「是什麼就是什麼」。關於道德價值，範疇顯然不同，但是我們也可以把它放在經驗的平層上，重新處理。經驗知識有助於道德價值的建立。

如果讀者確實把握著上述的基層，那麼他在看這本書時，可能覺得古也是，今也是，中也是，外也是。蜜蜂所要採的不是花，蜜蜂所要採的是蜜。如果讀者對於我這本書想要得到深進一層的瞭解，至少不引起不必要的曲解或是誤會，那麼他必須瞭解我在思想和方法上的那些底蘊。如果他要瞭解我在思想和方法上的那些底蘊，那麼我希望他讀讀我寫的《思想與方法》一書，尤其是這書的「導論部」。

多少年來的經驗以及對經驗的分析告訴我，人間的一切想望，如果不放在一個理知的水平上，那麼很可能大都是海市蜃樓。如果有一個亞波羅（Apollo），又有一個岱俄尼塞斯（Dionysus），那麼我寧願跟著亞波羅走。我深知道，在這種歲月，亞波羅是夠寂寞的。他變成森林裡古堡前的一座石像，然而，他永恆，他經得起風吹雨打。在這個地球上將近三十億的人中，沒有任何人知道他什麼時候出生，也很少人確知他什麼時候死亡。人的生命像是漂木。個人的生命像一片漂木。群體的生命像一團漂木。沒有任何人知道他的生命從哪裡漂來；也沒有任何人知道他的生命將漂向何方。與生命的洪流比較起來，一個人的生命能量是多麼渺小和短暫。每一個人有而且只有一個一生。這一個一生極容易像朝露般地消失在廣漠的時空裡。可是，這並不構成生命的「無常」之感。只要我們緊緊把握著現今的實存，努力充分發展自我，我們便在「有常」之中，便有人生的真實感。「我思故我在。」我肯定自己，所以我存在。真正愛惜此生的人，何不盡他的能力之所及，做些對他同時的人有益的事？何不留點可能的好影響給後來的人？就我來說，我是一個知識份子，並且是以思想、讀書和教書為專業的人，我所能做的事就是把我所思想和研究的寫出來，引起大家對這本書所涉及的問題之思索與研究的興趣，讓荒蕪而又枯乾的思想和學術的原野長出新綠的草。這也許對中國社會文化的今後有些益處吧！我願意在這一原野上作一名拓荒者。太遙遠的景象我看不到。我希望我在這本書裡所作的展望能在今後五十年或一百年內露出些端倪。

這本書在心靈鼓動、資料徵引和出版方面，都有許多朋友及學生的生命在內。我現在衷心感激他們。

五四年十二月二十八日

目次

序言……(3)

第一章　天朝型模的世界觀……1

第二章　什麼是文化……23

一、清開道路……23

二、文化的定義……26

第三章　文化的重要概念……43

一、文化的變遷……43

二、本土運動……56

三、文化的羅聚形態……58

四、文化的特徵……61

五、文化價值與生物邏輯過分違離的問題……66

六、文化對文化的倚賴……69

七、歷史與文化……72

八、文化的繁縟化……76
九、文化理想與文化現實……78
十、文化與價值……81
十一、文化的普同基礎和特殊形色……83
十二、文化所在的層次、原料和功能……87

第四章　近代中國文化的基線……91
一、家……92
二、中國社會的基型……103
三、社會的層級……106
四、我族中心主義……111
五、離隔和心性凝滯……119
六、合模要求……127
七、長老至上……129
八、地位與聲威要求……134
九、兩性分別森嚴……143

第五章　中國社會文化的激變……145
一、家庭的瘦化……145
二、孔制崩潰……149

三、本土運動……157
四、代間緊張與衝突……182
第六章　一個長久的論爭……189
第七章　保守的趨向及其批評……197
一、一個論辯……197
二、保守主義者的特徵……210
三、保守主義的基本觀念……224
四、保守主義的批評……228
五、保守主義的社會文化功能……241
第八章　自由主義的趨向……245
一、嚴復……247
二、譚嗣同……252
三、梁啓超……257
四、吳虞……263
五、胡適……288
六、吳稚暉……316

第一章 天朝型模的世界觀

世界觀（Weltanschauungen）是吾人對於生命、社會及其制度之全部展望。世界觀又是一個價值體系。這個價值體系是以全體爲對象，或以已知的或可知的東西爲對象。[1]世界觀是一個民族或群體所定的文化公設（cultural axioms of groups），或者是格蘭維勒（Joseph Glanvill）所說的「意見的氣候」。[2]既然如此，世界觀是一個民族或群體當做現成的東西來普遍接受的。於是，它既不能證明，也不需證明。它只能在長時期裡發展，而很少受理論的影響。[3]依此出發，一個人或一群人可以觀察或解釋他或他們所在的世界。這裡所說的「天朝型模的世界觀」，是世界觀的一個例子。[4]

在這個地球上，許多偉大的文明個別地創造了不同的世界觀。這些不同的世界觀各有其不同的特色。天朝型模的世界觀是怎樣的一種世界觀呢？這可以從它投射的符徵系統、對外態度、對己認識等等方

---

① Horace B. English and Ava Champney English, *A Comprehensinve Dictionary of Psychological and Psychoanalytical Terms.* p.589.

② Rebert K. Merton, Social Theory and Social Structure, Illinois, 1959, p.470.

③ 我在這裡所說的「理論」是「科學的理論」之同義語。什麼是「科學的理論」呢？布維特（Richard Bevan Braithwaite）說：「一個科學的理論是一個演繹系統。在這個系統中，從已被觀察的事實與本系統的一組基本假設之挈合，可以邏輯地推演出可觀察的結果。」See R. B. B raithwaite，*Scientific Explanation*, Cambridge, 1953, Chapter II, p.22. And see also Israel Scheffler, *The Anatomy of Inquiry*, New York, 1963, Introduction.

④ 大的文化常有它的世界觀，除了「天朝型模的世界觀」以外，還有「基督教的世界觀」、「伊斯蘭教的世界權」等等。

相（aspects）觀察出來。

中國文化發展出一個觀念，就是自視爲一個自足的系統（a self-sufficient system）。⑤在這個系統裡，不僅一切人理建構⑥是優於一切，而且實際的物質生活之所需也無待外求，外人則必需中國的貨物。⑦在這種心理狀態之中，中國與外國於一八六一年以前根本不曾有過近代意義的外交。中國根本感覺

---

⑤ 這個名詞是從現代邏輯借來的。歐基理德幾何學不是一個自足的系統，而Principia Mathematica是因為後者的推演工具無待外借。

⑥ 例如，法律、倫理、社會結構、政治制度等等。

⑦ 茲以《籌辦夷務始末》中的詞句為例（一一五頁至一一六頁）：

為照會事：洪惟我　大皇帝撫綏中外，一視同仁。利則與天下公之，害則為天下去之。蓋以天地之心為心也。貴國王累世相傳，皆稱恭順。觀歷次進貢表文云：凡本國人到中國貿易，均蒙　大皇帝一體公平恩待等語。竊喜貴國王深明大義，感激　天恩。是以　天朝柔遠綏懷，倍加優體。貿易之利，垂二百年。該國所由以富稱者，賴有此也。惟是通商已久，眾夷良莠不齊，遂有夾帶鴉片，誘惑華民，以致毒流各省者。似此但知利己，不顧害人，乃天理所不容，人情所共憤。大皇帝聞而震怒。特遣本大臣來至廣東。與總督部堂、巡撫部院會同查辦。凡內地民人，販鴉片食鴉片者，皆應處死。若追究夷人歷年販賣之罪，則其貽害深而攫利重。本為法所當誅。惟念眾夷尚知悔罪投誠，將躉船鴉片二萬一百八十三箱，由領事官義律稟請繳收，全行燬化。疊經本大臣等據實具奏。幸蒙　大皇帝格外施恩，以自首者情尚可原，始寬免罪。再犯者法難屢貸。立定新章，諒貴國王向化傾心，定能諭令眾夷，兢兢奉法。但必曉以利害。乃知天朝法度，斷不可以不懍遵也。查該國距內地六七萬里，而夷船爭來貿易者，為獲利之厚故耳。以中國之利利外夷，是夷人所獲之厚利，皆從中華分去。豈有反以毒害華民之理！即夷人未必有心為害，而貪利之極，不顧害人，試問天良安在？聞該國禁食鴉片甚嚴，是故明知鴉片之為害也。既不使為害於該國，則他國尚不可移害，況中國乎？中國所行於外國者，無一非利人之物：利於食，利於用，並利於轉賣，皆利也。中國曾有一物為害外國否？況如茶葉大黃，外國所不可一日無也。中國若靳其利而不恤其害，則夷人何以為生？又國外之呢羽嗶嘰，非得中國絲斤，不能成織。若中國亦靳其利，夷人何利可圖？其餘食物自糖料薑桂而外，用物自綢緞磁器而外，外國所必需者，曷可勝數？而外來之物，皆不過以供玩好，可有可無。既非中國好需，何難

不到有何正式外交之必要。這並不是說，在一八六一年以前中國與外國未曾有過實際的交涉。有的，可是這些交涉都是從「天朝君臨四方」的態度出發，來「以大事小」。復次，中國在鴉片戰爭以前也不是沒有和外國通過商。但是，「上國」視那些通商行爲不過是些微不足道的商賈小民細事，從來沒有把這類事情放在核心價值的地位。在鴉片戰爭以前，中西在陸路和水路都有許多接觸。荷蘭、葡萄牙和西班牙等

> 閉關絕市？乃　天朝於茶絲諸貨，悉任其販運流通，絕不靳惜。無他，利與天下之公也。該國帶去內地貨物，不特自資食用，且得以分售各國，獲利三倍。即不賣鴉片，而　其三倍之利自在。何忍更以害人之物，恣無厭之求乎？設使別國有人販賣鴉片至英國，誘人買食，當亦貴國王所深惡而痛絕也，向聞貴國王存心仁厚，自不背以己所不欲者，施之於人。並聞來粵之船，皆經頒給條約，有不許攜帶禁物之語。是貴國王之政令，本屬嚴明。祇因商船衆多，前此或未加察。今既行文照會，明知　天朝禁令之嚴，定必使之不敢再犯。且聞貴國王所都之囒噸，及嘶噶噸噯崙等處，本皆不產鴉片。惟所轄印度地方，如孟啊啦噠啦孟嘪叭噠嗱默嗱嘛尒哇數處，連山栽種，開地製造。累月經年，以厚其毒。臭穢上達，天怒神恫。貴國王誠能於此等處拔盡根株，盡鋤其地，改種五穀，有敢再圖種造鴉片者，重治其罪。此真興利除害之大仁政。天所祐而神所福。延年壽，長子孫，必在此舉矣。至夷商來至內地，飲食居處，無非　天朝之恩膏。積聚豐盈，無非　天朝之樂利，其在該國之日猶少，而在粵東之日轉多。弼教明刑，古今通義。譬如別國人到英國貿易，尚須遵英國法度，況　天朝乎？今定華民之列：賣鴉片者死，食者亦死。試思夷人若無鴉片帶來，則華民何由轉賣？何由吸食？是奸夷陷華民於死，豈能獨予以生？彼害人一命者，尚須以命抵之，況鴉片之害人，豈止一命已乎？故新例於帶鴉片來內地之夷人，定以斬絞之罪。所謂為天下去害者此也。復查本年二月間，據該國領事義律，以鴉片禁令森嚴，稟求寬限。凡印度港腳屬地，請限五月。英國本地，請限十月。然後即以新例遵行等語。今本大臣等奏蒙　大皇帝格外天皇，倍加體恤。凡在一年六箇月之內，誤帶鴉片，但能自首全繳者，免其治罪。若過此限期，仍有帶來，則是明知故犯，即行正法，斷不寬宥。可謂仁之至，義之盡矣。我　天朝君萬國，儘有不測神威，然不忍不教而誅，故特明宣定例。該國夷商，欲圖長久貿易，必當懍遵憲典，將鴉片永斷來源，切勿以身試法。王其詰奸除慝，以保乂爾有邦，益昭恭順之忱，共享太平之福。幸甚幸甚。接到此文之後，即將杜絕鴉片緣由，遠行移覆，切勿諉延，須至照會者。
>
> 硃批，得體周到。

國屢次遣派使節到中國來，要求訂約通商，而清朝的政府把他視爲進貢的使臣，命令他們向皇帝或御座行三跪九叩首的禮節。這些使節爲了達到通商的目的，只好勉強遵從。一七九三年，英國遣派特使馬嘉尼（Macartney）到中國來談判通商與傳教事項。清朝政府又援前例把他視作進貢使節，要他打起「英吉利朝貢」的旗字。乾隆皇帝在熱河行宮賜見，又要他行臣下覲見皇上的大禮。豈知這位「英夷」跟從前的那些「夷人」不同，堅持不肯。經雙方再三磋商，算是用謁見英王的禮節謁見乾隆皇帝了事。因此，馬嘉尼弄得空手而回。

一八一六年，英國遣派使節阿門赫斯（Amherst）來中國辦交涉。清朝政府還是把他當進貢的使臣看待。這次爲了在天津賜宴，清朝政府要他向皇帝牌位行三跪九叩首的禮節而被他拒絕，和不依照規定日期入京覲見嘉慶的事端，惹得嘉慶大發雷霆，說阿門赫斯傲慢無禮，目無「天下共主」，降旨敕令他馬上出京回到英國去。這還不算，他又下了一道訓斥英王的敕諭以圖「轉圜」。但是口氣完全是上國對藩邦的辭調。⑧

一八三四年，英國政府遣派律勞卑（William John Napier）東來和中國政府交涉。當時英國外相巴門斯頓（Palmerston）訓令律勞卑，要他在抵達廣東時，即行直接寫信告知粵督盧坤。巴門斯頓不知道他所下的這條訓令是從他認爲毫無問題的基礎出發的。這個基礎是說，律勞卑具有公使的身份。以具有這種身份的人寫信給中國的總督，豈有不可之理？殊不知這裡就有一個問題。這個問題就觸及當時中國文化對「夷人」以及商人的態度。依照當時中國的習俗和官方法令，總督怎可與「夷人」直接通函？律勞卑徑行到了廣州，並且直接寫信給粵督，希望晤面，並且商議一切有關事宜。他的信函遞交總督署的門衛官。門

---

⑧ 那些過節實在繁縟之至。參考郭廷以，《近代中國史》，第一冊，第三章，勅諭見第四節。

衛官說，一切「夷稟」須由洋商轉呈。後來守城官員說「夷人」直接函稟有違先例，而且封面系用平行款式，拒不收受。行商的人勸律勞卑改用呈文形式，由行商代爲轉呈。律勞卑認爲國際貿易互相有利，且英國的國勢不弱於中國，所以一定不肯。粵督盧坤認爲新來「夷目」不懂成規，擅自跑到廣州來滋擾生事，於是下令通譯人等向律勞卑「開導」，制止其「目無法紀」的行動；並且說中國大臣向例不許與外人私通信函，因此該「夷目」來信當不受理。他所依據的道理是「大夫無私交」的「春秋之義」。因此，道光皇帝批諭說他「所辦尙妥，所見亦是」。一八三八年英國東方艦隊到廣東示威。嘉理義律（Chales Elliot）到廣州爲艦隊司令代呈事件，要求免寫稟字，以後有事傳達，派人遞信。總督鄧廷楨拒絕不收。艦隊長官派人送信給水師提督關天培，請他代呈，也沒有得到許可。英國人吃了一頓「閉門羹」。

從以上的陳列，我們可以知道天朝型模的世界觀含蘊著下述幾點：⑨

1. 自我中心的：這種觀念就是把「咱們中國」看作世界的中心，其他的地方都是中國的邊圉。這種觀念之形成，主要有兩個原因：第一是歷史的原因。中國自古代就逐漸形成天下定於一尊的世界國家觀念。《尙書》裡有所謂「元后」。這一「元后」位於「群后」上面。它是天下的「共主」。春秋戰國時代，諸侯並起。諸侯之間的政治地位，有些類似近代歐洲各國之間的平等關係。可是，在諸侯上面，還有一位大家至少在表面不能不擁戴的天子。「天無二日，民無二皇」的觀念逐漸形成。到了秦朝，「一匡天下」的觀念型模就制度化了。這種觀念，到了近代，就成「統一」觀念。這個觀念的這個線索的發展，在中國可說是「深入人心」。因此，一般中國文化份子總認爲「統一」是常態，也是治世的境象；「分裂」是反常，也是亂世的現象。因爲有這種牢不可破的觀念型模在心裡運作，再加

⑨ 這種型模的世界觀實在出於我族中心觀（ethnocentrtism）。

上許多其他因素的作用，所以一般中國文化份子常常不惜重大的代價來企求「大一統」的局面之出現。大清統一帝國崩潰以後的幾次大規模的「革命」戰事，都含統一運動的意義。所以，中國不易出現歐洲比較穩定的分立的近代國邦，民國初年的「聯省自治」運動也終於曇花一現。⑩第二是地緣的孤立和地理知識的貧乏。這二者之交互影響形成中國文化份子輕視其他國邦的態度。中國文化一向不注重地理知識，尤其是不注重外國的地理知識。因爲中國不願意和別的國家打交道，沒有吸收外國地理知識的必要。自我重要感（the sense of self-importance）加上地理知識缺乏，於是很自然地自以爲位居天下之中。殊不知地球是圓的，任何一國都可以把自己看作位居天下之中，因此任何一國都可以自命爲「中國」。這種想法，似乎很合邏輯，但是卻不合於中國的文化意識。我們且看這一段話就可明瞭：

(3)地圖　利瑪竇來華傳教，繪有《輿地全圖》，印送給中國士大夫，以便與他們交結。可是該圖把中國放到稍微偏西的地方，不放在正中，而就全圖比較起來，中國又似乎很小，這就難免引起中國人不愉快之感了；因爲中國人一向的理想，以爲中國是居天下之正中，而領土又是最大的。《聖朝破邪集》卷三載魏濬《利說荒唐惑世》云：

近利瑪竇以其邪説惑眾。……所著《輿地全圖》，及洸洋窅渺，直欺人以其目之所不能見，足之所不能至，無可按驗耳。眞所謂畫工之畫鬼魅也。毋論其他，且如中國于全圖之中：居稍偏西而近於北。試於夜分仰觀，北極樞星乃在子分，則中國當居正中；而圖置稍西，全屬無謂。……嗚鑾（中國之北）、交趾（中國之南），所見相遠，以至於此焉得謂中國如此蕞爾，而居於圖之近北？

---

⑩ 參看李劍農，《中國近百年政治史》

其肆談無忌若此！信之者乃謂其國人好遠遊，斯非遠遊者耶？談天衍謂中國居天下八分之一，分爲九州，而中國爲赤縣神州。此其誕妄，又甚於衍矣。⑪

這種在地理知識方面以中國爲「天下之中」的觀念被地理科學知識刮掉了。可是，這種意識近年來在「歷史精神文化」的大議論中依然健在。談文化的人士還須多接近文化科學。

2. 不以平等看待外國：中國文化份子一向把在中國鄰近的民族看作是「東夷」、「西戎」、「南蠻」和「北狄」的「化外之民」。這些「化外之民」比咱們要低一等。即令到了鴉片戰爭前後，還是把這種觀念擴大應用於西方人。例如，中國官方把英國人叫做「英夷」，把辦理外交叫做「夷務」。勒托雷（Kenneth Scott Latourette）說中國與最大多數其他文明國邦比較起來，是在孤立狀態之中。這種孤立狀態也許使得中國人形成許多特徵。中國人內心深藏的對自己國家的驕傲，一部分是由於孤立所致。在過去，中國人認爲凡與中國有密切接觸的其他文明都是從中國文明傳衍出來的，而且照中國人看來，那些文明不及中國文明。⑫

一八三四年八月二十二日，廣州行商通知前來交涉商務的律勞卑，說是明天有三位中國官員來訪。到第二天，官員三人來到商館。通事依照習慣，把官員的座位陳列在上面。但是，這位律勞卑把座位改爲西方國家會議的形式。於是，爲了這個問題，雙方爭執起來。這三位官員站立門外兩個鐘頭之久，才肯讓步進屋就座。在這一連串的通商交涉中，英國人處處要求地位平等，而中國天朝硬是處處要顯

⑪ 全漢昇，〈明末清初反對西洋文化的言論〉。見《中國近代史論叢》第一輯，第二冊。

⑫ Kenneth Scott Latourette, *The Chinese: Their History and Culture*, 1962, pp.27-28.

得比「英夷」高出一等。嘉慶皇帝說英國「蕞爾夷邦，何得與中國並論」！兩國的世界觀沒有碰頭！鴉片戰爭爆發。

一八四二年八月十日，英國艦隊經鎮江西上，南京已經暴露在英國炮口之下了，道光皇帝才知道中國的「兵威」不可靠，方允準耆英等人與「英夷」議和的奏請。但同時他又裝腔作勢地說：「萬一仍不受撫，不得不大張撻伐，奮力攻剿。」又說：「……如情詞恭順再遣職分較大之員，速行定議。倘竟桀驁不馴，難以理喻，現在兵力已集，地險可守，全在該大臣等激勵將士，或竟出奇制勝，懋建殊勳，該大臣之功甚偉也。」仗是敗得一塌糊塗，但是觀念還是勝利的！一八六〇年英法聯軍之役以後，英國、法國、俄國和美國的使館在北京設立。中國政府所面臨的一大難題就是「覲見」問題。爲了這個問題，朝廷大臣辯論三個月。有的贊成，有的反對，有的主張對外使「陳兵以懼之」。同治皇帝不能決斷。邊寶泉奏請「皇上獨伸乾斷，以不見拒之。並諭中外大臣嚴設兵備，以崇朝廷尊嚴之體，以杜外夷驕縱之萌」。外使入覲還有儀節問題。外使不肯行跪拜叩首之禮。翰林院編修吳大澂說：「我國定制從無不跪之臣。」在他心目中，還認爲這些外使是「貢臣」那一類的代表。既然如此，如果他們對咱們上國皇帝不行跪拜叩首禮，那末不僅是破壞「列祖列宗所遺之制」，而且會使普天臣民憤懣不平。

既然中國不以平等視外國，於是，如前所述，直到一八六一年被迫創設「總理各國事務衙門」以前，中國沒有近代西方意義的外交。在這以前，中國對外只有「撫夷」與「剿夷」兩種觀念。除此以外，一般中國文化份子的思緒因被「上國思想」所蒙，想不出對外的第三種可能方式。我們在這裡所說中國天朝型模的世界觀之內涵與萊特（ArthurF.Wright）所說十九世紀中國文明之自我影像是相同的。他說這種影像是中國文士所塑造成的。在他所作的分析中，下列幾點頗值得我們注意：

1. 中國廣土眾民並且是位居平地中央的國家，上覆穹蒼。
2. 中國不獨在地理上位於地球中央，而且在文化上也是如此。中國的文字、道德、禮儀、制度，無一不優於四夷。
3. 中國是政治的中心。萬方來朝，四夷賓服。
4. 中國物產豐饒，經濟自足，無待外求，所以也就少與人通商。
5. 好古，並且聖化自己。中國的道德原則對於一切人民都有效。古聖先賢的言行堪足爲後世法。好古是第一要務。⑬

近五十多年來，中國經歷了幾次巨大的變動。在這幾次變動裡，有許多舊的事物隨著小腳、長辮和八股文之消逝而消逝了。可是，這種世界觀依然故我，它常改頭換面在許多場合出現。即令它早已與實際的事情不符，可是它仍然存在於若干中國文化份子的觀念中。因爲，這樣的世界觀的建立，不是靠客觀的事實來支持；而是靠主張者的自信力，靠往昔文化上的傲慢慣性來支持，靠築起一道價值的圍牆擋住外來的挑戰來支持。當災害、動亂和變革臨頭，危及這樣的世界觀時，這些知識份子就撒出一套現成的「理論」，說這是歷史循環過程中「暫時」的現象。等待雨過天青，他們又會回到千福年。這份因迴避事實而得到的心靈享受，正是中國文化裡重要的精神境界。⑭這種精神境界，到了中國知識份子會讀柏拉圖哲學

⑬ Arthur F. Wright. The Study of Chinese Civilization, *Journal of the History of Ideas*, Vol, XXI, No. 2, April-June, 1960.

⑭ 詹姆士（William James）所說硬心（tough-minded）和軟心（tender-minded）的分別，頗有助於我們了解在中國文化裡兩種類型的人物及其可能發生的影響。「硬心」的人尊重經驗，心靈開放，勇於改正錯誤，承認知識是不完全的；認為這個世界有殘暴的事，也有令人感到興奮的事，覺得這個世界可以改變，並可以使之進步。「軟心」的人比較起來不太耐煩去了解事實，富於想像，重先驗，他們認為經驗世界無關重要，只是次級的東西；重要的是一超越的世界；注重直觀。中國

時，更得到精彩的結晶。

在一九六三年論及中國歷史研究裡的推廣之應用時，萊特這位旁觀者對於中國天朝型模的世界觀作了更清楚的陳述。他說：

由於中國是在相對的孤立狀態之中，中國在技術、制度、語言和觀念上都發展出一種高度的自我滿足感。在悠久的歲月裡，受過教育的中國知識份子之精萃不知世上尚有在任何方面足以與他們自己的文明相頡頏的其他「文明」。試看陸地上東亞草原民族和野蠻民族，或者看海岸彼處較差的海島文化，中國人有理由抱持著兩種看法。這兩種看法是中國知識份子的自我影像之基礎。第一種看法是以爲中國在地理上乃文明生活之中心。第二種看法是以爲中國文化在一切方面優於別的一切文化——無論在儀節上和道德上，無論在國家和社會組織上，無論在技術和文學上，無論在人民性格的陶冶以及智識的啓發上，都優於其他一切文化。基於後一種看法，中國人以爲他們在東亞負有一種「使人歸向文明的使命」。這種看法形之於殖民政策和對外政策，就是把中國的一切鄰國看作臣服的附庸。第一種看法則結晶爲「中國」這個最常使用的名詞。第二種看法反映爲另一個常用的名詞「中華」（「位於正中的文化之華」）。……

這種自我影像的第二個要素是認爲中國之所以優於他國，係因她在道德上居於優越的地位。中國較古時代的聖王不僅治理了陸地及江河，而且還建立了生活上的種種原理原則。這些原理原則是推諸四海而皆準，垂諸萬世而不移的。自孔子以來，這些原理原則的解釋者曾經教導人民怎樣依照

的「硬心」人物，我舉韓非及顏習齋、李恕谷、戴東原為代表。（關於後三人參考錢穆著，《中國近三百年學術史》，第五章、第八章；梁啓超，《中國近三百年學術史》，十。）「軟心」人物，自朱熹以降的理學先生以至葉名琛等。這些人物發論迴避世界，不著邊際，滿腦袋不可動的架式。

這些原理原則來生活，怎樣使他們自己止於至善，並且怎樣建立一個良好的社會。中國過去的歷史，如果適當地著作出來並且加以適當的研究，那末便會證實那些道德原理原則是正確的。偉大的文學和藝術作品係直接或間接地顯示道德原理原則爲眞。受過教育的人，在爲政或著作時，乃這些道德原理原則之活生生的榜樣。所以，無論是中國庶民還是外國平民，都會因受過教育的人示範作用之鼓勵而照著他們的樣子行。當人違背道德原理原則時，那末社會上的種種不和，及政治上的種種混亂，便會隨之而發生。中國知識份子相信，那些表現在長久社會倫範裡的永恆道德價值，是存在於中國的偉大之處的核心。

這一自我影像之第三個居於關鍵地位的要素乃全體主義。這種全體主義是認爲一切思想脈絡、一切制度、一切形式的行爲，必須體現並且表達一組共同的價值。就理想的境地來說，皇帝在聖人之教的指引下必須統禦信奉聖教的文武百官。這些文武百官是替皇帝做事，來維持全國及社會的和諧與整齊。工匠和農人必須各安本分，並且各得其養。皇帝的每一臣下必須知道各盡職守。這樣一來，國家便秩序井然，社會上無意見的紛擾，無黨派紛爭，無異端邪說，也無叛亂妄作。

不用說，中國文明的自我影像的這些要素在實際上曾受到許多重大的打擊：中國常常遭到野蠻人蹂躪。從紀元後三百年到八百年之間無數的中國人採信印度佛教的價值。一般人不願或不能依照中國聖人所定偉大原理原則來生活。統治者腐敗、無能；社會被爭奪權利的人攪亂了，並且禍亂迭起，以致民不聊生。可是，我們在以上所說的那些要素——跟許多別的要素——仍然保持下來，作爲不朽的自我影像之一部分。這一部分是中國知識份子之精萃所一而再再而三地要保存下來的神話。他們要藉此神話在混亂的現狀中打開一條出路，來實現和平及昌盛的境域。……⑮

---

⑮ Arthur F. Wright, On the Uses of Generalization in the Study of Chinese History, in *Generalization in the Writing of History*, edited by Louis Gottschalk, Chicago, 1963.

萊特所說的，並非完全限於歷史的往事。時至今日，懷抱這種天朝型模的世界觀之中國文化份子實大有人在。⑯

中國在清朝的統治之下，文治武功之盛，幾乎可以比得上漢唐。中國在這一時期，於天朝型模的世界觀籠罩之下，在文化上也放吐了一樣光芒。可是，中國文化發展的方向與西方文化發展的方向大不相同。段玉裁、王念孫、王引之和戴震們治學的方式頗接近科學。但是，他們努力探求的對象不是自然世界，而是故紙堆。戴震的心思是很易進入科學的，他曾比較注意幾何學。但是，他所在的時代環境限制了他，使他沒有機會直入近代科學的核心。李善蘭的數學造詣頗深，可是他也無法與西方數學界共流。另外有些士人則袖著手高談心性。一般學人士子則忙著做八股文，作試帖詩，背頌詩云子曰，習小字大字。這正是李鴻章寫給恭親王和文祥的信裡所說「中國士大夫沉浸於章句小楷之積習」。唐才常對當時一般讀書人的描寫很妙：「其柔者戢抱兔園冊子，私相授受，夜半無人，一燈如豆，引吭長鳴，悲聲四壁。……其悍者則篡取聖經一二門面語，以文其野僿蕪陋之胸，有若十六字心傳，五百年道統，及綱常名教，忠孝節廉，尊中國，攘夷狄，與夫堯舜禹湯文武周公孔子道脈，填胸溢臆，搖華即來，且囂囂然曰：『聖人之道，不外乎是。』」清代的幾次大的文字獄，把知識份子的心思活動驅向制藝，凝固到四書五經，一切必須「尊古炮製」，雄心被牢籠在科舉功名途上。至於一般「日出而作，日入而息」的老百姓，多屬「不知不識，順帝之則」。這種光景，在基本上是一種中古形態。⑰要中國從她的中古一下子跳進近代，這是很困難的

⑯ 我們在若干時人的著作中很容易找到這種自我影像。

⑰ 我所說的「中古形態」，意指歐洲中古時期在教權籠罩之下所發展出來的社會文化形態。我把這一形態製成一個型模，應用到這一類的一切實例。所以，在我用它的時候，只問是否與型模相合，不問時間的古今。當然，我們應用型模時，只問

事。

施威雪（Earl Swisher）說：

十九世紀的中國知識份子所表現的是一種故步自封的知識份子。這些知識份子過分陷於一種傳統的型模裡，以致不能作那些爲了維持其領導地位而行的基本思想改變。就中國知識份子的堅持孔學正統來看，十九世紀的中國很類似中世紀的歐洲。在培根發動知識革進以前，該時歐洲的知識份子沉浸於亞里斯多德和經院哲學。中國知識份子具有許多德性，而且常常是光華燦爛且有良好品格的人，可是他們缺乏彈性，並且是在一個很窄的框架以內思想和行事。[18]

施威雪所說的，和事實對照起來，似乎過分簡化。可是，他確實把要點抓住了。中國自第十四世紀中葉至第二十世紀初葉，一直是在傳統之中生活著。

文化的變遷相當緩慢。在這一個階段，中國文化逐漸形成了一個自定體系（Homeostatic system）。[19]然而，在這同一個時期，西方世界於生活與思想方面都經歷著激劇的改變。在這樣的改變

基本結構及性質是否相合，不計細節是否不同。

⑱ Earl Swisher, Chinese Intellectuals under Western Impact, 1838-1900, *Comparative Studies in Socieety and History*, Volume I, Number I-October 1958.

⑲ 廣義說來，自定體系是許許多多相互關聯的社會現象之間的某種平衡。這種平衡可以是明顯的，也可以是隱伏的：可以是靜態的，也可以是動態的。在實際上，沒有任何社會體系是完全整合及平衡的。See Walter Firey's article on Social Equilibrium, in A Dictionary of the Social Sciences, edited by Julius Could and William L. Kolb, 1964. pp. 654-655.

中，西方世界從它的中古走向近代。在這個時代，歐洲有文藝復興，宗教改革，民族國邦的興起，美國獨立戰爭，法國大革命和工業革命。這些事變，對於西方本身以及全世界的影響是非常深入而廣遠的。尤其是工業革命所產生出來的力量，從十七世紀開始自西歐核心出發，像上帝的手似的重新塑造世界。這種重新塑造世界的進行曲，自第二次世界大戰以來，正在加速度地展進。

我們將上面所述同一時期中國文化的景象與西方文化的發展對照，便多少會看出西方文化之所以作著與中國文化不同的發展是由於許多重要條件之不同所致的。文藝復興以後，在哲學上，法國出了一位尚懷疑的大師代嘉德（René Descartes, 1596-1650）；英國出了一位重經驗的研究方法的培根（Francis Bacon, 1561-1626）及「破執」的休謨（David Hume, 1711-1776）。十八世紀和十九世紀對近代思想有重大影響的人物更多：理性的康德（Immanuel Kant, 1724-1804）是其中最傑出的；伏爾泰（Jean Francois Marie Arouet Voltaire, 1694-1778）是法國十八世紀最具震撼力的大文豪；就思想的相當通達和對時代的影響而論，伏爾泰是法蘭西的梁啓超。艾撒克．柏林（Isaiah Berlin）說：

> ……伏爾泰要掃除一切黑暗的奧秘和荒誕的神怪故事。這些東西是從怠惰、盲目和處心積慮製造的機詐裡產生的。這一切奧秘和神怪故事都是藉神學、形上學及其他各種各色而隱蔽起來的獨斷教條或迷信之名而出現的。長期以來，無所顧忌的惡漢利用這些東西來愚弄千千萬萬愚夫愚婦。這些人是被那些惡漢所謀殺、奴役、壓迫和剝削的。……⑳

And see also Alfred E. Emerson, Homeostasis and Comparison of Systems: Anatol Rapoport, Homeostasis Reconsidered. Both are in Toward a Unified Theory of Human Behavior, edited by Roy R. Griaker, 1958.

⑳ Isaiah Berlin, The Age of Englightenment, II. Voltaire, 1956.

在科學上，從伽利略（Galileo Galilei, 1564-1642）到牛頓（Isaac Newton, 1642-1727），從牛頓到愛因斯坦（Albert Einstein, 1879-1955），眞是巨人輩出。達勒頓（John Dalton, 1766-1844）繼德摩克利圖（Democritus c. 460-c. 370B. C.）建立原子理論。法拉第（Michael Faraday, 1791-1867）從事奠定近代電學基礎。馬克司威勒（James Clerk Maxwell, 1831-1879）對於電磁學的貢獻無人可以忽略。在生物學方面，出了一位達爾文（Charles Robert Darwin, 1809-1882）。他花了二十年的時光來搜集資料和做實驗。普魯士的博物學家洪波特（Baron Von Humboldt, 1769-1859）的開創精神和求知精神，感動了歐洲各國。一八三一年英國放出比格勒（Beagle）號出發，觀測智利、秘魯海洋和太平洋上某些島嶼。達爾文就是乘這條船參加這次遠征的正式博物學家。[21]這次遠征的偉大收穫，就是一八五九年出版的《物種起源》（*The Origin of Species*）。

工業革命大致始於十七世紀，大著於英國十八世紀下半葉，尤顯於十九世紀。工業革命之直接和間接的影響有非前人所能夢想的。隨著工業革命而來的，爲資本制度之興起，經濟自由之勃興，民主政治之成長，英國城市之形成，打破梅特涅（Meternich）所代表的保守勢力，自由主義隨中產階層之興起而高漲，普魯東（Proudhon）和布郎（Louis Blanc）等人的社會革命思想隨工業革命所產生的社會弊害而傳播。除此以外，列國在海外尋求市場，競爭尋求殖民地。而工業革命之直接的結果之一爲「船堅炮利」。「船堅炮利」是一種最「兌現」的物理力量。英法等國就拿這種力量作向外擴張的後盾。

從十五世紀開始，歐洲的基督教國家向「落後地區」擴展其文化。到十九世紀下半葉和二十世紀初葉，西方文化擴張得更廣遠。詩人齊柏玲（Rudyard Kipling）高唱「白人的責任」。所謂「白人的責

---

[21] See Sir William Cecil Dampier, *A History of Science*, VII Nineteenth Century Biology, Cambridge, 1952.

任」，就是白種人有責任「教導」有色人種：要他們採取西方的制度，採取西方的生活方式，並且學習西方的技術。這就造成西方文化與非西方文化的接觸。

歐洲人自十七世紀到十八世紀即已從事遠洋殖民和貿易事業。這種事業到了十九世紀隨著以輪船爲工具的交通之擴張而擴張。殖民的先頭部隊通常是旅客、商人與傳教士。隨之而來的是影響圈的建立和擴大，以及經濟與政治勢力的逐漸加強。法國從一八三〇年開始在非洲殖民。英國工業革命的結果，造成人口過剩，於是向美國及加拿大移民。但是，英國人向美國和加拿大移民不久，路途日蹙，於是目標指向敘利亞、印度和中國等地。雖然，在十九世紀以前即有傳教士和商人來到中國，可是他們人數既少而且不太受歡迎。天朝將門戶緊閉，不讓「夷人」深入內陸。到了十九世紀中葉，英國對華貿易漸漸擴張，決定改善與中國貿易的關係。但是，天朝沒有這個興趣。何況英國人販賣進來的貨品之中有的不太衛生。兩國之間的交涉愈弄愈傷感情。於是，演變成一八四〇年的中英戰爭。結果是中大敗，割地賠款了事。

從這個事件開始，陶英貝（Arnold Joseph Toynbee）所說的「挑戰與反應」方式，[22]一百幾十年來正式在西方與中國之間上演。

自此以後，在列國的「船堅炮利」之下，中國的損失可重大了。我們現在只列舉犖犖大者。

一八四二年南京條約：賠款洋銀二千一百萬圓；除割讓香港以外，開放廣州、福州、廈門、寧波、上海五口通商；英商貨物進出口稅秉公議定；以後兩國往來文書概用平等款式。在這個條約裡，中國的關稅自主在事實上喪失了。可是，當時的人對於這方面的重大損失懵然不知。他們最傷心的事是以上國之尊降而與「夷人」平等稱謂。

㉒ Arnold J. Toynbee, A Study of History, Abridgement of Volumes I-VI by D. C. Somervell, Oxford, 1947, passim.

一八五八年天津條約：開放長江流域；允許外國公使駐京。允許外國公使駐京，這在中國歷史上是破題兒第一遭。當時大臣以為國都讓「夷酋」留駐，有失天朝尊嚴，而且易遭夷人探刺朝廷意旨，藉機有所要脅。

一八六〇年英法聯軍攻入北京，火燒圓明園。結果訂立北京條約：北京條約除了交換已經批準了的天津條約以外，割讓九龍，並且開放天津為商埠。後者是華北門戶的打開。

一八七九年日本併吞琉球。一八八一年伊犁收回，但償俄九百萬盧布。

一八九五年中日戰爭，中國新建海軍被滅，結果訂立馬關條約：割讓臺灣；開放內地四口通商；拆離中國與朝鮮的傳統關係；賠償日本軍費二萬萬兩。

一八九七年德國藉口曹州教案，佔領膠州灣，並強迫租借。俄、法、英、日，群起效尤，各自利用中國的弱點來增加自己的利益和勢力。

一九〇〇年義和團起事，打殺洋人，焚毀教堂，闖下滔天大禍，引起八國聯軍攻破北京，結果訂立辛丑和約：中國遣派大員往有關國邦道歉；懲辦禍首載漪、董福祥等；直隸等處四十五城停止文武考試五年；明定出兵各國在天津和山海關等地有權駐兵；大沽炮臺等一律削平；出兵各國酌量駐兵以保北京到海口的道路暢通；賠款四萬五千萬兩。

中國與西方及日本的關係發展到這個地步，中國已經緊接被全面瓜分的邊沿了。幸喜一八九九年約翰海（John Hay）提出「門戶開放政策」，瓜分之禍才被遏止。不然的話，中國可能成非洲之續了。

這種景象，可以用麥克尼勒（William H. McNeill）所敘述的話來總結：

一八五〇年以後，由機械發動的工業之進展，巨大地促進西方在政治上與文化上的優越地位。在這一時期的開始，遠東的堡壘在西方炮艇之前陷落了，而且幾個歐洲國家在亞洲與非洲擴張並鞏固了他們的殖民帝國。……[23]

綜觀以上的陳示，我們就可明瞭近代西方文化的勢力，加上因學習西方文化而新興的日本勢力，步步向中國進逼，起先還只限於通商，接著提出領土和傳教的要求，最後則搖撼中國文化的核心價值，把中國天朝型模的世界觀給破碎了。

薛福成嘗記述胡林翼的一件事情：

有合肥人，劉姓，嘗在胡文忠公麾下爲戈什哈，嘗言楚軍之圍安慶也，文忠曾往視師。策馬登龍山，瞻眄形勢，喜曰，此處俯視安慶，如在釜底，賊雖強，不足平也。繼復馳至江濱，忽見二洋船，鼓輪西上，迅如奔馬，疾如飄風；文忠變色不語，勒馬回營，中途嘔血，幾至墜馬。文忠前已得疾，自是益篤，不數月薨（胡林翼之死在咸豐十一年，即聯軍入北京之後一年）。蓋粤賊之必滅，文忠已有成算；及見洋人之勢方熾，則膏肓之症，著手爲難，雖欲不憂而不可得矣。閻丹初尚書，向在文忠幕府，每與文忠論及洋務，文忠輒搖手閉目，神色不怡者久之，曰，此非吾輩所能知也。[24]

㉓ William H. McNeill, *The Rise of the West*. Chicago, 1964, p.566.

㉔ 李劍農，《最近三十年中國政治史》，上海，一九三一年，頁二。

由此可見當時醒覺的士大夫所抱天朝型模的世界觀之破碎，以及精神所受挫折之嚴重。所以李鴻章說：「合地球東西南朔九萬里之遙，胥聚於中國，此三千餘年一大變局也。」

在中西這一連串的接觸裡，起初是西方人要求中國對他們平等看待。中國人不肯，他們就動手打。這可以說是「打不平」。後來他們一而再再而三地打勝了，就把「不平等條約」加在中國人身上。這眞個是「不是東風壓倒西風，就是西風壓倒東風」。自從「西風壓倒東風」以後，中國連自衛力也喪失了。

事勢發展到這種地步，我們自然會提出這類的問題：

中國文化到底行不行？站不站得住？是西方文化優於中國文化，還是中國文化畢竟優於西方文化？這類問題，自從清末以來，常常被明顯地或隱暗地提出，常常被直接或間接地觸及。可是，直到目前爲止，這類問題還沒有得到眞正的解決。爲什麼呢？之所以如此，原因很複雜。我們現在只能將其中最關緊要的幾種指出：第一，與這類問題相干的知識太多，而且迄今太少人認眞去作正式的研究。第二，對於這類問題，太多的人一接觸時就像觸了電似的帶了情感作用，並且依之而作價值判斷。但是，各人對於這類問題的情感聯繫不同，因此所作價值判斷也不同。第三，帶情感作用的價值判斷彎曲或岔開了對於這類問題之客觀的認知。這麼一來，和這類問題有關的言論和思想愈弄愈亂。有的人只發感慨。有的人把「作主張」當做「作認知」。有的人烏托邦式地傾向西方文化。有的人似乎比較嚴肅，但是卻抓緊「人文」「理性」這一兩個空虛的玄學名詞像孫悟空七十二變似的做觀念遊戲。有的人一開頭有意無意抱著滿腔「衛道」的心情來立論。另外有的人懷著「打偶像」的動機要掃蕩一切。衛道之士忽略了一種情形，如果別人認爲無道可衛而你說別人「未聞君子之大道」，那末只有被人視作酸腐。如果別人本來就不承認那一套「聖人之教」，而你據之以責備別人「叛道離經」，那末只是搬出別人根本就不要戴的一頂價值大帽子來壓人。反之，打偶像的人忽略了一種情形，如果別人對於其所衛的道有情感的聯繫而你要去「犁庭掃穴」，那末很可能會激起他藉搬弄學問來建築一套自我防護的體制。像這個樣子的混亂論爭，是不會有結果的。

我們要能解決中國文化是否比西方文化優秀這類問題，首先必須建築導向這類問題的解決之道路。道路沒有鋪好，我們是無法走到一定的目的地的。從最低限度來說，中國文化是否優秀過於西方文化這個問題，在「優秀」的標準沒有訂立以前，任何爭論都沒有意義。復次，如果我們尚未建立起公認的世界文化典範，那末說中國文化優於西方文化沒有意義，說中國文化劣於西方文化也沒有意義。同樣，在這種條件之下，我們說西方文化優於中國文化沒有意義，說西方文化劣於中國文化也沒有意義。不過，如果我們拿「適者生存」來做標準來評判近代西方文化和在近代的中國文化，說誰優於誰，那末便不是無意義的。

「適者生存」的原則適於說明生物界生存競爭的大量現象。這個原則，稍作必要的修改，也可適用於一個一個的文化之生存發展和萎縮以至於消亡。如果任一文化能夠適應它內部的要求和外部的環境，那末我們就說這個文化是優秀的。如果任一文化既不能適應它內部的要求又不能適應它外部的環境，那末我們就說它是不優秀的。我們可以根據這條原則來觀察並衡斷古往今來的許多文化。在吾人所居住的這個地球上，有許許多多不同的文化，也曾經有過許許多多不同的文化。有的文化壽命長，有的文化壽命短。無論一個文化的壽命長或短，我們總沒有理由說一個文化的壽命一定是與人類的壽命等長的。一個文化的壽命之短或長，除了生物邏輯和自然邏輯的原因以外，通常是與它對內部及外部的適應力相關的。人類文化的發生已經約有一百萬年以上，㉕但是，沒有任何一個單獨的文化有這麼長的歷史。在事實上，許許多多文化寂滅了，另外有些文化在轉形中揚棄著他們的過去階段。巴比倫文化、亞述文化不見了；美洲的馬雅

㉕ 依利凱（Leakey）的方法，證明人類在一、七五〇、〇〇〇年以前即已有文化。這一結論尚未得到人類學家公認。

文化（Maya culture）、印加文化（Inca culture）都是頗高的，但是今日只有遺跡可尋；埃及文化已經蛻變得面目全非；近東的古文化已爲石油所淹沒；印度文化正在蛻變的過程裡。自從中英戰爭以來，中國文化一直在困難中變遷。近一百二十多年來中國一切重大困難都是從文化出了問題衍生出來的。而文化問題則圍繞在「變」與「不變」這個軸心上打轉。因此，我們要瞭解中國近代的重大問題，必須把握著這個軸心。無論中國人自己願意不願意，中國文化事實上是在變遷過程中。然而，不幸之至，這一變遷的開端是「船堅炮利」逼出來的。這是一個不良的開端。以後中國文化的適應不良（maladjustment）也與這一不良的開端有關。可是，無論良或不良，開端既始，巨大的變動正在進行。颱風正在狂吹，誰能用勉強的方法阻止？誰能藉懷古之幽情來挽回？

自從地球生成以來，無時無刻不在變動之中。變是無可抑制的。問題在怎樣變，問題在能否把握變，問題在如何變才不會亂。如果科學的理知對於認知並且進而對處理人類的現狀和將來能夠多少發生作用的話，那末我們就不是沒有理由來關切：怎樣變才可滿足有血、有肉、有心靈的個人之要求，怎樣才適合一個變動中的世界大環境，怎樣才能給大家一個確可見及的光明遠景。

我們要能使這些問題走上解答的途徑，這不是一件輕易的事。首先，我們必須明瞭什麼是文化；其次，我們必須明瞭中國社會文化的基本結構和功能；再次，我們必須明瞭變動裡的中國社會文化。我們把這些基本條件弄清楚了，然後可以進而對於中國文化的前途作一番探討。

第二章　什麼是文化

一、清開道路

近年來，許多人士熱心探討文化問題，甚至引起論爭。這是一個很好的現象。但是，「文化」一詞，在知識份子之間用得太鬆泛，因而易於引起思想和討論的混亂。同時，文化固然不能離開價值；但是，我們在「論及」文化時，是把這裡的價值當做一種對象來看待。我們把文化當做對象來看待時，不能對價值再作價值判斷。我們在把文化當做對象來看待時之不能對價值再作價值判斷，正猶之乎醫師在診斷病情時只能問某一病疾的實況怎樣怎樣，而絕不可問某病該不該患。問某病該不該患，那是倫理家的事。二者不可混爲一談。尤其是，醫師在診斷病情時，不可有意無意預存對某種疾病的好惡之情。就一位倫理家的立場來說，也許患梅毒是一件可惡的事。但是，就一位醫師的立場來說，既不可喜好梅毒，又不可厭惡梅毒。「論及」文化也是一樣，論及者不可同時將自己對於作爲論及的對象的價值戴上價值顏色的眼鏡來看。當然，這是一件很難辦到的事。可是，爲了得到論斷的客觀效準，我們須盡力之所及來辦。辨這件事的簡易方法之一，是我們在論及文化時使用直敘語言。①復次，許多人士在談論文化問題時彷彿很起

---

① 同一語言工具，可以作幾種用途：第一，抒情；第二，方範；第三，論辯；第四，直敘。在通常情形之下，這四種功能混在一起。弄得不巧，混在一起乃混亂討論之源。為了避免這種情形發生，在把持不住時，還是將這四種能加以區別較妥。John W. Blyth, *A. Modern Introduction to Logic*, Boston, 1957, Chapter 3. Karl R. Popper. *Conjectures and Refutations*, London, 1962, p. 295。

勁。可是，稍一究詰，文化是什麼，也許大家會多少感到茫然。這種情形，不獨中國文化份子爲然，外國知識份子也常如此。羅威勒說得很妙：

> ……我被託付一項困難的工作，就是談文化。但是，在這個世界上，沒有別的東西比文化更難捉摸。我們不能分析它，因爲它的成分無窮無盡，我們不能敘述它，因爲它沒有固定形狀。我們想用字來範圍它的意義，這正像要把空氣抓在手裡似的：當著我們去尋找文化時，它除了不在我們手裡以外，它無所不在。②

「文化」一詞在近代人類學上的專門意義始於英國人類學家泰勒（Tylor）一八七一年的用法。德文Kultur則始於一七九三年。十九世紀到二十世紀初葉，有些人士所談文化正如克魯伯等人類學家所說，只能算是似是而非的歷史重建。在中國文化裡，目前若干人士將「歷史」與「文化」隨意地聯在一起，並且染以「道統」和「理學」色彩，也是屬於這一類的構造。這樣談文化，也許是志在恢復正在激變中的原有文化。我們現在的目標是認知文化。我們要認知文化，最好是看以研究文化爲專業者所作切實經驗的研究之成果。我們要能接近這些成果，最好是知道他們對於文化所下定義。

顯然得很，我們要瞭解文化，所需觸及的方相勢必極其廣涵。從歷史、文學、藝術、宗教、制度，到科學與工業無一不包含在文化以內。因此，我們要瞭解文化，不可不從瞭解文化的這麼多方相著手。可是，就我們現在所要達到的目的而論，我們不需要觸及這麼廣。復次，我們也不能觸及這麼廣。就我們現

---

② Quoted from A. L. Kroeber and Clyde Kluckhohn, *Culture: a Critical Review of Concepts and Definitions*, 1952, p.4, n. 5.

在所要達到的目的而論，我們只需知道文化人類學或社會學所論列的關於文化之最基本的部分。即令是這最基本的部分，我們現在只撮取與本文題旨相干的部分。爲了達到這個目的，我們現在從什麼是文化這個節目開始。

關於近代中國的文化問題之論爭，從大學士倭仁於一八六七年上給同治皇帝的奏摺算起，到現在已經九十八年。在這麼長久的論爭中，有傳統主義者的回向源頭論，有中體西用論，有本位文化論，有全盤西化論，眞是五花八門，種類繁多。在這麼多的論爭之中，大家都忙著各抒己見，或者抨擊對方。然而，如前所述，關於「文化究竟是什麼」這個基本問題，卻很少人去把它弄清楚到一個足夠的程度。這也許正是近代中國文化問題之一吧！直到現在爲止，世界上沒有解決的問題還多得很。也許，關於近代中國的文化問題藉著論理不可能得到一個決定性的解決。時至今日，面對這樣複雜而多變的世界，只有天眞的愚勇者才對自己的解答持絕對正確的猛勇信心。不過，如果我們能夠多少查出不同議論之所以發生的原因，那末多少可能有助於論爭的解決。

圍繞近代中國文化問題的論爭中許多議論之所以相左，原因相當複雜。我們現在沒有必要對這些複雜的原因一一加以分析。我們現在所須做的，是挑出這些複雜原因裡與目前的討論特別相關的幾種。圍繞近代中國文化問題的論爭中許多議論之所以相左，最重要的原因有三種：第一，各方面的態度和基本出發點不同；第二，討論的技術不講求；第三，認知不清楚。如果一個人的態度和基本出發點與別人不同，而且他的邏輯推演程序又對，[3]那末他所發議論會機械地與別人的不同。有的人一談到中國文化，便像老式

---

③ 殷海光，《邏輯新引》，香港，臺北，第六版，第二次。
J. A. Faris, Truth-Functional Logic, London, 1962, Introduction.

的中國人提到自己的父親似的，有意無意地把文化父親意象化，對之有無窮的愛慕與嚮往之情。因此，如果你對中國文化作批評時所得結論有不利於文化尊嚴的部分，即令你所作的批評是極有根據的，他也不能接受，甚至於冒火。有的人士則剛好相反。這種人士一提到中國文化，認系萬惡之源，務必掃除盡淨而後快。另外有些人士則以做和事佬爲己任，兩邊的議論都捨棄一部分，也都抓住一部分，糅合在一起。這些態度和基本出發點之不同，正是由於各方的逐生過程、性格形成、情感生活和價值觀念不同所致。這些因素的構成，眞不是一朝一夕。因此，到了臨時交手討論，要人改變態度和基本出發點，除非採用不太文明的「洗腦」辦法或訴諸巨棒，否則是一件非常困難的事。討論的技術和認知的獲得則是客觀的，是屬於訓練方面的事。我們現在從認知層面開始。任何人有權利也有自由主張保持傳統中國文化。任何人有權利也有自由主張全盤西化。任何人有權利也有自由作文化論爭中的和事佬。但是，他們在各事所事以前，必須認知文化是什麼。

二、文化的定義

美國有代表性的人類學家克魯伯（A. L. Kroeber）和克羅孔（Clyde Kluckhohn）藉翁特瑞納（Wayne Untereiner）的協助，合著了一本書《文化，關於概念和定義的檢討》（*Culture: A Critical Review of Concepts and Definitions*）。在這本書裡，羅列著從一八七一年到一九五一年八十年間關於文化的定義至少有一百六十四種。我們現在把這些定義中特別精彩的挑選出來。④

---

④ 為了節省篇幅，我祇從事摘要。不過，我在以下挑選的定義還是難免有重複的地方。之所以致此，因為即令兩個或兩個以上的定義有重複的地方，但也有相異的地方，而有重點也各不相同。為了對文化提供較豐富而廣涵的了解，所以我將那些

第一組 記述的定義

1.泰勒（Tylor），一八七一年：

文化或文明，……是一種複雜叢結之全體。這種複雜叢結的全體包括知識、信仰、藝術、法律、道德、風俗，以及任何其他的人所獲得的才能和習慣。這裡所說的人，是指社會的一個分子而言的。

2.博亞斯（Boas），一九三〇年：

文化包含著一個社群裡社會習慣的一切表現形式，個人對於他所在的群體習慣之影響產生的種種反應，以及受這些習慣所決定的人類活動之產品。

3.林頓（Linton），一九三六年：

〔文化〕是……這些東西的總和：觀念，受制約的情緒反應和習慣行爲的型模。這些東西是一個社會裡的分子藉著訓練或模仿而得到的，而且社會裡的分子多少是分享著這些東西的。

4.洛維（Lowie），一九三七年：

我們所瞭解的文化是一個人從他的社會所獲得的事物之總和。這些事物包含信仰、風俗、藝術形式、食物習慣和手工藝。這些事物並非由他自己的創造活動而來，而係由過去正式或非正式的教育所傳遞下來的。

5.墨林洛弗斯奇（Malinowski），一九四四年：

〔文化〕顯然是一個整體。這一個整體包括器用，各種社團的法規，人的觀念、技藝、信仰和風俗。

定義同時列出。

6.克羅孔（Kluckhohn）和凱利（Kelly），一九四五年：

文化是一整個的叢結。這一整個的叢結包含器物、信仰、習慣，以及被這些習慣所決定的人的活動之一切產品。

7.克羅孔與凱利，一九四五年b：

……當著我們把一般的文化看作一個敘述的概念時，意即人類創造所累積起來的寶藏：書籍、繪畫、建築等等。除此以外，還有我們適應人事和自然環境的知識：語言、風俗、成套的禮儀、倫理、宗教和道德，都在文化範圍以內。

8.克魯伯（Kroeber），一九四八年：

……一堆學得的和傳承的自動反應、習慣、技術、觀念和價值，以及由之而導出的行爲，乃構成文化的東西。文化是人類所持有，別的動物沒有文化；文化是人類在宇宙間特有的性質……文化同時是社會人的全部產品，而且也是影響社會與個人的巨大力量。

9.赫爾柯維茲（Herskovits），一九四八年：

文化根本就是一種造型。我們藉著這種造型來記述全部的信仰、行爲、知識、制裁、價值，以及那標誌任何民族的特殊生活方式之目的。這也就是說，雖然文化可作客觀的研究，但畢竟是一般人所有的資產，是他們所做的事情，以及他們所想的念頭。

這一類的定義所著重的是文化之整體性；並且列舉了文化內容的重要方面。

第二組　歷史的定義

10.巴爾克（Park）和波爾格斯（Burgess），一九二一年：

一個群體的文化乃社會遺產之全部及其組織。這些遺產獲得了社會意義，因爲各個種族各有其不同的氣質以及群體之歷史的生活。

11. 薩皮爾（Sapir），一九二一年：

文化是人類的物質生活及精神生活之任何由社會傳衍而來的要素。

12. 博斯（Bose），一九二九年：

……文化包含著在一群人之間流行著的行爲。這種行爲可以代代相傳下去，或者從這一國流傳到別一國。

13. 梅德（Mead），一九三七年：

文化乃傳統行爲的全部叢結。這樣的叢結爲人類所發展，且爲每一代繼續不斷學習著。我們常說「一種文化」。這種說法並不夠精確。它可以意指一個社會所特有的傳統行爲形式；有時可以意指一群社會的傳統行爲形式；有時可以意指某一種族的傳統行爲形式；有時可以意指某一地區的傳統行爲形式；也有時可以意指某一時期的傳統行爲形式。

14. 蘇柏蘭特（Sutberland）和烏德吾（Woodward），一九四〇年：

文化包含那能夠從這一代傳給另一代的每一事物。一個民族的文化乃其社會遺產。這種社會遺產包含知識、信仰、藝術、道德、法律、使用工具的技術，以及交通方法。

15. 戴維斯（Davis）和達拉德（Dollard），一九四〇年：

群體與群體間之所以有差異，是因各有不同的文化，各有不同的社會遺產。成年人的行爲之所以各不相同，係因他們的文化各不相同。人成長於不同的習慣與生活方式之中。人只好依照這些方式生活下去，因爲此外他們別無選擇。

16.克羅孔，一九四二年：

文化是由行動和反行動的那些抽象的要素所構成的。那些要素可追溯到一種或多種社會脈絡裡去。

17.雅各斯（Jacobs）和史特恩（Stern），一九四七年：

人之所以異於其他動物係因人有文化。文化乃社會遺產。社會遺產不是藉生物遺傳的方式經由種質細胞遞衍下來的，而是藉獨立於遺傳方式的方式遞衍下來的。

18.柏遜思（Parsons），一九四九年：

文化係由那些與行爲相關的型模構成的。人的行爲結果可以傳衍給下一代。這裡所謂傳衍，並非藉生物種質而進行的傳衍。

上面的定義不是從文化的實質來對文化下定義，而是從文化的特色、社會遺產或社會傳統來對文化下定義。這也是從靜態方面來觀察文化。所謂種族氣質，根據克魯伯、克羅孔和翁特瑞納所說，人類學家已經不大採用這樣的概念了。⑤因爲，人類學家找不到證據來證明人群之生物的稟賦或民族的差異與文化之不同有何關聯。這一層我們必須特別注意。復次，上面所列諸定義容易給別人一種印象，即以爲人是文化之被動的傳遞者。其實，除了傳衍文化以外，人還可能是文化的創造者。自古至今，許多人固然「墨守成規」，但是，也有少數人吸收新的因素，創造文化。

⑤ 同②，p.49.

第三組　規範性的定義

這一組又分爲二個次組。

A 注重規律的

19.維斯勒（Wissler），一九二九年：

文化是一個社群或部落所遵循的生活方式。文化包含一切標準化的社會程序。一個部落文化乃該部落所遵循的信仰和程序之聚集。

20.波格都斯（Bogardus），一九三〇年：

文化是一個社會過去與現在怎樣動作和怎樣思想的全部總和。文化是傳統，代代相傳的信仰、風俗或行動程序的總和。

21.吉琳與吉琳（Gillin and Gillin），一九四二年：

各式各樣支配社會行爲的風俗、傳統、態度、觀念和符徵，便是文化。每一群體，每一社會，都有一套明顯的或不明顯的行爲模式。這些行爲模式是多少爲該一群體的分子所共有的。這些模式從上一代傳到下一代，而且也常常會改變。這些共同的行爲模式我們叫做文化。

22.克羅孔和凱利，一九四五年：

所謂文化乃在歷史裡爲生活而創造出來的一切設計。在這一切設計中，有些是顯明的，有些是隱含的；有些是合理知的，有些是反理知的，也有些是非理的。這些設計在任何時候都是人的行爲之潛在的指導。

由此可見文化中有理知的成分，但文化並非全部是理知的。全部是理知的文化，只存在於一廂情願的幻想之中。即令是文化的基本價值，也有非理知的成分。例如，盲忠。⑥

23. 班納特（Bennett）和杜明（Tumin），一九四九年：

文化是一切群體的行爲模式。我們把這些行爲模式叫做「生活方式」。生活方式是一切人群之可觀察的特色。「文化」事實乃一切人類所有。這一群體與那一群體各有不同的文化型模。這不同的文化型模將任何社會與所有其他的社會分別開。

B 注重理想或價值與行為的

24. 卡富爾（Carver），一九三五年：

文化乃人類充分發揮較高能力時剩餘精力的散發。

25. 湯瑪斯（Thomas），一九三七年：

文化是任何一群人之物質的和社會的價值。無論是野蠻人或文明人都有文化。

---

⑥ 愼到論「知忠」，見地頗精到。可惜他的觀念幾千年來不及儒宗合於人君口胃以致蔽而不顯。中國文化份子要發掘中國文化的精華，顯彰過去本來有的觀念和思想，必須打破儒宗獨佔的局面，尤其必須棄置儒家專斷的價值範疇，把它列為眾學之一的地位。這樣不戴上儒宗的價值色彩眼鏡，而從多角度來看中國的一切觀念和思想，才可能還它們的本來面目，中國文化份子的觀念和思想才可望恢復活力。

關於愼到論〈知忠〉，看《愼子》，清錢熙祚校，臺北版。

26.比得尼（Bidney），一九四六年：

文化可從一個整體的概念來瞭解。文化的整體概念，包含社會中一個人習得的行爲、情感和思想，及其有關知識的、社會的和藝術的理想。這些東西是人類社會從歷史中習得的。

27.索洛金（Sorokin），一九四七年：

超有機體的領域之社會層界乃諸交互影響的個人構成的，乃互動形式構成的，乃未經組織和已經組織的群體構成的，乃個人之際與群體之際的關係構成的。這一超有機體的領域之文化層界包含意義、價值、倫範及其交互關係，以及已經整合與未經整合的群體（系統和聚集）。這些東西是藉著顯明的行爲和經驗界裡社會文化層內別的工具而客觀化。

在上列諸定義裡，卡富爾對文化所下定義也許是屬於「精神」文化類型的定義。索洛金的定義是先認爲有一個「超有機的領域」，然後又把文化層界和社會層界分開。照索洛金說來，價值是最基本的，而行爲和器用乃使價值客觀化的工具。由此可見索洛金的思想系統是唯心論或觀念論的。

第四組　心理的定義

28.史莫勒（Small），一九〇五年：

文化是機械的、心靈的和道德的技術之全部整備。在某一時期，人用這些技術來達到他們的目標。文化係由人藉以增進其個人或社會目標的方法構成的。

29.克茨（Katz）和施恩克（Schanck），一九三八年：

文化之於社會，正猶之乎人的性格之於人的機體。文化包括一個社會中特殊建構的內容。文化是個人在特殊社會襯托裡所遭遇的氣氛。

30. 潘倫齊阿（Panunzio），一九三九年：

文化是一人爲的或超有機的秩序。文化發生作用時是自發的，並且是有動理的。文化是一種創造型模的秩序。文化也是概念系統與效用、組織、技巧和工具之複合的全體。人類藉著這複合的全體可以處理物理的、生物的以及人性的因素來滿足自己的需要。

31. 福爾特（C. S. Ford），一九四二年：

文化係由解決問題的傳統方法構成的。文化也由許多反應形式構成。在一個文化中，大家都曾接受這些反應形式，因爲這些反應形式在實際生活中曾經行之有效。簡單地說，文化是由學習得來的解決問題的方式構成的。

32. 克羅孔和萊頓（Leighton），一九四六年：

在人類所遭遇的問題之中，有許多問題是一再出現的，有些問題則是無可避免的。而人類應付這些問題的方法受人類稟賦的生物學的裝備限制，而且也受外界某些事實限制。但是，對於最大多數問題，解決的可能途徑則千殊萬別。任何文化係由一組習慣的和傳統的思想方式、情緒和反應方式構成。這些方式足以表現一個特殊社會在一個特殊的情境裡應付問題時特別不同的地方。

33. 莫利斯（Morris），一九四八年：

一種文化是生活的藍圖。一群互相影響的人本著這一藍圖而特別好尚某些行爲動機而不好尚別的行爲動機；或者，他們寧願採用某些方法而不採用其他方法來滿足這些動機。我們在這裡所當著重的字眼是「好尚」。選擇，是生物生存的一要素。生存即是作選擇。人們常常寧願選擇某些目標而不選擇別的目標，並且寧願選擇某些方法來達到所定目標而不願用別的方法來達到。一種文化是被一群人所採用且在時間中傳襲下來的一種選擇型模。

任何文化是適應外界環境和人爲環境的一套技術。就文化的這一方面來說，上列定義可說觸及文化的發生條件。然而，文化的產生不僅由於適應環境，也由於創造的衝動所致。依事實觀察，人類如果沒有創造的衝動，那末人類的文化至少要比現有的少一半。我們很不容易說，哲學、詩歌、文學、藝術是產於實際的需要。

第五組　結構的定義

這一類的定義所著重的是文化之型模或組織。

34.維利（Willey），一九二九年：

一個文化是一個相互關聯的和相互倚賴的反應習慣型模之系統。

35.奥格本（Ogburn）和尼門可夫（Nimkoff），一九四〇年：

一個文化包含許多發明或文化特徵。這些要素整合爲一個系統。在這個系統的各部分之間有不同程度的相關。文化之器用的特徵和非器用的特徵是圍繞著滿足人的需要而組織起來的。這些特徵乃文化的核心。一個文化内部的各種各樣的建構互相聯結起來形成一個型模，而這個型模是每個社會所獨有的。

36.蔻圖（Coutu），一九四九年：

文化是一切羅聚形態中包含最廣的一種。這些羅聚形態我們管它叫做互動場。像中國、西歐、美國這些區域裡全體人民的生活方式便是互動場。文化與一叢人口的關係，正猶之乎人的性格與一個人的關係。而意索（ethos）與文化的關係，正猶之乎自我與性格的關係。⑦

上列定義是把「文化」看作一抽象的構造。這樣一來，所謂文化，便成爲一個概念模式。因此，我們解釋人的行爲時必須以之爲根據。

第六組　發生的定義

A次組　這一次組所注重的是把文化看作一個產品和器物。

37. 溫斯頓（Winston），一九三三年：

從一重要的意義來說，文化是社會互動的產品。人的行爲在某種程度以內是文化行爲。個人的習慣型模是由適應既成的習慣型模而形成的。在這個範圍以內，人的行爲就是文化行爲。這種既成的習慣型模是文化之不可分的一部分。而個人是生長在文化裡的。

38. 孟達克（Murdock），一九四九年：

學習過程與社會二者的交互影響，在每個人群裡產生一套藉社會來傳遞的適應行爲。這一套適應行爲是超乎各個人的。因爲，同一個文化爲各個人分享；它的作用比各個人生存的時間長；它的

⑦ 意索所指是一個群體的社會文化特性。我們日常生活中對於某些事情感到滿意與否是因意索所致。意索就是與情緒緊緊相聯的一套價值。這樣的一套價值不能觸犯，觸犯了就很可能引起不快之情。不同的社會文化意索也不同。同一社會文化，在變遷中不同的時段，意索也不同。例如，中國文化份子在約二十年前喜「老」，所以愛「擺老資格」。現在的意索變了，認為老是與廢物為鄰。於是，白髮染黑成了風氣。

質與量大大地超過任何單獨的個人獨自努力所獲得的成就。「文化」一詞是用來表示這一由後天習得並且由社會傳遞的系統。

這一次組的定義顯然是從社會學的觀點著手的。

B次組 著重觀念的。

39. 華爾德（Ward），一九〇三年：

如果任何人願意這麼選擇的話，那末我們可以說，一個文化是一個社會結構，一個社會有機體，而觀念則是它的胚芽。

40. 維斯勒（Wissler），一九一六年：

一個文化是觀念之確定的聯結叢。

41. 布洛門塔勒（Blumenthal），一九三七年：

文化是過去的與現在的文化觀念之總全。所謂文化觀念，乃保有該一文化者所能藉符誌來交通的東西。因此，所謂「文化的」，意即「可藉符誌以行交通」的東西。

42. 阿斯谷（Osgood），一九四〇年：

文化包含著關於人的一切觀念。這些觀念已傳達於人心，且爲人所意識到者。

43. 泰勒（Taylor），一九四八年：

如果我們把全體的文化看作一個記述的概念，那末所謂全體的文化意即一個人一生下來由學習得到的或由創造得到的一切心靈建構或觀念。「觀念」一詞包含這些範疇，例如，態度、意義、情操、情感、價值、目的、興趣、知識、信仰、關係、組合，而不是克羅孔與凱利所說的「設計」因子。

如果我們把全體的文化看作一個說明的概念，那末所謂全體的文化意即我們的一切心靈構造。我們用這些心靈構造來瞭解並且反應經驗世界裡內起的和外來的刺激。文化本身是由觀念構成的，而不是由程序構成的。

44. 福爾德（J. Ford），一九四九年：

簡單地說，文化可以定義爲觀念之流。這一觀念之流藉符徵行爲、語言、指導或模仿來從這個人傳遞到另一個人。

上列定義似乎把文化界劃得太窄。因爲，僅僅是觀念不足以概括文化之全部。把文化看作是觀念的想法，與德國十九世紀若干哲學家所說「精神文化」血緣極近。這種看法可藉人類學家所引用的一個對話表達出來：⑧

嚴格地說，沒有所謂「物質文化」這樣的東西。一個壺並非文化——所謂文化者乃在器物背後的觀念。祈禱或禮儀只不過是一個文化觀念之可見及的表現方式而已。

這種說法，頗合觀念論者的脾胃，但是對於想獲得關於人類文化學之積極的和特定的知識之人類學家卻少幫助。顯然，同一觀念可有許多可見及的表現方式，足見觀念不就是表現方式。固然，沒有某一觀念

⑧ 同②，p.67.

就沒有某一表現方式，但是僅有某一觀念卻不必即有某一表現方式。我現在頗有一高等研究所的觀念，但苦於無表現的方式。

除了上面所選六組共計四十四個定義以外，近十幾年來文化學中新出了不少關於文化的定義。作者現就所知選擇三個在下面：

45. 瑪律刻塞（H. Marcuse），一九五五年：

用有秩序的方法來消滅人的性力（libido），[9]消滅性力對有益於社會的活動及表現方式之有力的妨害，即是文化。[10]這是從心理解析學的觀點來定義文化。

46. 奇森（F. M. Keesing），一九五八年：

文化是由學習得到的，由社會傳遞而來的行爲或風俗。分開來說，一個文化意即有地域限制的、多少各不相同的，和有獨特性的行爲系統。例如，愛斯基摩文化、卡奇印第安文化。[11]

47. 提第也夫（M. Titiev），一九六三年：

文化是事物、價值、符號的意義，以及一再復現的行爲方式之全部範圍。這一再復現的行爲方式的功能是指引社會裡個人的動作。文化的任何層面都不能藉生物遺傳的途徑傳遞給下一代，而且

---

⑨ 在心理解析學中，這個名詞的意義是性的渴欲、愛慾、貪生怕死、避免破碎而趨向完整。

See Horace B. English and Ava Champney English, *A Comprehensive Dictionary of Psychological and. Psychoanalytical Terms*, 1957, p.294.

⑩ Herbert Marcuse, *Eros and Civilization*, New York, 1962, p.3.

⑪ Felix M. Keesing, *Cultural Anthropology*, New York, 1960, p.16.

每個人必須在出生以後學習屬於他的文化。即令某個人死亡，文化的型模或羅聚形態還是繼續存在的。⑫

我們在上面列舉了四十七個關於文化的定義。看了上列四十七個定義以後，從事中國文化問題論爭的人士可以問問自己：在論爭時所謂「文化」合於那些定義中的哪一個或哪些個？

顯然得很，在那些定義中，任何一個定義只說到文化的一個或若干個層面或要點。這也就是說，在那些定義中，沒有任何一個足以一舉無遺地將文化的實有內容囊括而盡。之所以如此，原因之一，是文化實有的內容太複雜了，複雜到非目前的語言技術所能用少數的表達方式提挈出來。雖然如此，我們把上列四十七個定義合起來看，就可約略知道文化是什麼。從那些定義，我們可以推論出下列各條：

第一，在文化全部實有之中，我們不可有意或無意把我們認爲「好的」或「要得的」看作是文化；而把我們認爲「不好的」或「要不得的」看作不是文化，而只是「歷史中的偶然」。在文化全部實有之中，任何一個層面或要件或事物，無一不是文化所有的層面或要件或事物。就西方文化來說，基督教的教義，哥白尼的天文學，及牛頓力學固然是文化，婦女束細腰，火焚聖女貞德，虐待伽利略，也是文化。天空的飛鳥，水裡的遊魚，做不出這些成績。就中國文化而論，孔孟之教，四庫全書，文言文，白話文，仁、義、道、德、孝、弟、忠、信固然是文化，撒謊，走八字路，包小腳，後花園裡埋婢女，還是文化。從認知作用來看，他們全在同一平面之上。這是對文化的科學態度。

---

⑫ Mischa Titiev, *The Science of Man*, New York, 1963, p.635

第二，文化包括層進中的各層。⑬所謂「物質」和「精神」這樣簡單而又粗疏的二分法不足以相應地特指文化的內容。如果文化是人適應環境與創造活動及其成果的總稱，那末沒有文化不是含有「精神」成分的。依此，所謂「精神文明」和「物質文明」的截然劃分，根本是不可能的事。而俗見所謂「東方的文明是精神文明」，「西方文明是物質文明」的說法，簡直不知所指為何！基督教教義，天國的理想，歐基理德幾何學，理論物理學，純粹數學，康德哲學，黑格爾的精神現象學，歌德的文學，文藝復興，宗教改革，啓蒙運動，是「精神文明」還是「物質文明」？種田，織布，採茶，防旱，築皇宮，建萬里長城，是「精神文明」還是「物質文明」？

第三，文化之所指不限於所謂「文明人」的，所謂「野蠻人」同樣有文化。所謂「文明」和「野蠻」之分，以及認為自己總是站在「文明」這一邊，這種念頭是出於自我重要感、聲威要求和對文化的知識之貧乏。基於「文明」和「野蠻」區別之上的文化觀，是文化的價值觀。文化的價值觀，常投射於我族中心主義。所以，這種文化觀毫無科學的意義可言。在事實上，文化是地球表面的一種普遍現象。在這個地球表面，除了傳說中的或極少數的狼人以外，凡有人的地方都一定有文化。完全沒有文化的人是很難生存下去的。⑭巴黎、紐約、東京、臺北固然有文化，新幾內亞、班克斯群島（Banks Islands）、麥倫尼西亞島（Melanesia），同樣有文化。只是這些文化多少各不相同罷了。

第四，文化並非一成不變的化石，而是在變動之中。有的文化變動較快，有的文化變動較慢。有的文化變動得緩慢使生在其中的文化份子感覺不出來。於是，他們就下個結論，說有不變的永恆文化。

⑬ 同⑫，看第一部到第二部到第三部昇進的程序。

⑭ 魯賓遜還是帶走了文化。祇有剛生下來就扔到四顧無人的原始森林裡去的嬰孩才不在人的文化中。

第五，價值觀念是文化構成的必要條件。我們簡直不能設想沒有價值含在其中的任何文化。價值是支配行爲的要素。價值在不同的具體環境裡發芽、滋長，並且作不同的特殊化。玄學家可以對文化中的價值觀念依其玄學觀點來思構；可是文化中的價值觀念，除去玄學家創構的價值觀念不計，並非玄學的思構。它是實際生活的產品，但又可支配實際生活。

第六，文化與文化價值都是相對的，雖然也有普同的部分。在世界文化典型尚未出現以前，我們很難籠統地說某一文化優秀或某一文化不優秀。我們在以上所說的種種，是以後的討論之根據。

第三章　文化的重要概念

我們在第二章陳示了文化的定義。我們現在要依前述定義所指，來羅列文化的若干重要概念，作以後的論究的基礎。不在這一要求以內的題材，我們不予觸及。

一、文化的變遷

任何兩個具不同文化的群體甲和乙發生接觸時，甲可能從乙那裡擷取文化要件，乙也可能從甲那裡擷取文化要件。當這兩個文化不斷發生接觸而擴散時，便是文化交流。文化交流的過程便是濡化（acculturation）。在濡化過程中，主體文化所衍生的種種變遷，就是文化變遷。

文化傳承主要地是累積的。文化的發展可能作不同的形變，但很少戛然中斷的情形。在若干文化裡，有些文化要件可因不再需要，風尚已過，重大的災害，基本的政治變革，人口銳減，天然環境限制，經濟貧困，而告萎縮甚至消逝於不知不覺之間。弓箭因抵不住洋槍大炮而歸於無用，於是中國製造弓箭的技術瀕於失傳。自西方的顏料和染色技術傳入「中土」以來，麻煩而費時的土法染布技術逐漸歸於淘汰。在過去穩定的社會裡所培養出來的深厚篤實的友朋關係及其觀念，在當前這種流變的社會裡便很難再維持。太平洋島嶼因無適當陶土，於是陶器缺乏。愛斯基摩人因樹木難得，於是獨木舟失傳。甚至一個文化的中心價值也會改變。例如，歐洲中古時代基於教權而存立的中心價值是神化；而從近代到現代的歐洲文化因受工業制度的從根推動，整個歐洲的中心價值是趨於俗世化。這兩種價值取向（value orientations），①簡直是背道而馳的。這類事例，從古到今，可說不勝枚舉。雖然如此，整個的文化於一夜之間中斷而文化份子巍然獨存，這幾乎是不可想像的事。林頓指出，②文化從有人類以來一直是連續到今天。各個文化裡的要件之一部分——不是全部——互相滲透、化合，或再分殊。某一文化要件在它自己原有的文化天地裡失傳時，也許在別的文化天地裡可以找到。

當A和B兩個文化接觸時，常發生文化變遷或抗拒文化變遷的情形。當一個國家的國土遭受另一個國家攻擊時，常調集部隊來抵禦入侵武力。同樣，當A文化抗拒因B文化之擴散而引起的文化變遷時，它便發生文化緊張（cultural tension）的情況。在這種情況之中，容易滋生防衛反應。順著這種軌序的衍發，它的文化份子往往搜羅文化產業或編織許多理由來自圓其文化的優越性。這種情形，叫做文化的自圓（cultural self-justification）。這種動作的目的，正在抵禦入侵的文化，並且保衛自己的文化，免得它在被動的變遷中消亡。這種「文化抗戰」行動，表現在器物方面的是「我們的貨品比你們的好」；③表現在

---

① 「一個價值取向是一組有關聯的命詞。這一組有關聯的命詞包含價值和存在的要素。」Talcott Parsons, et al. eds., *Toward a General Theory of Action*, Harvard University Press, 1954, p.409.

② Ralph Linton, The Study of Man, New York, 1936, Chapter XVII, 之。294-295.

③ 撇開政治、外交和經濟的原因，「抵制外貨」是有「文化抗戰」的意識存乎其間。在這一關聯中，文化份子　方面「抵制外貨」，另一方面「提倡國貨」，藉此實行保衛主位文化。就近代中國而論，西方文化之入侵中國文化，除傳教以外，就是通商。外貨為突破中國文化防線，向後方擴散，而使中國社會文化失去自定的平衡的利器。自五四運動學生倡導「抵制日貨」幾十年來，中國文化份子一方面要「抵制外貨」另一方面愛用外貨。可是，這在他們並不「矛盾」。因為，愛用外貨是器用方面的行動。器用方面的行動在文化上的排他性最弱。器用逐漸趨向於文化的中立。但是，倡導「抵制外貨」的這種「意識」則不是在文化上中立的。行為歸行為，意識歸意識。這種脫節的「文化抗戰」，因為缺乏器用方面的支托，所以總無法持久。

思想、文物和制度方面的是「我們的思想、文物和制度是最優越的」。有時，這類文化份子中有些份子的識見略高一籌，當他們在說「我們的思想、文物、制度是最優越的」時總認爲不夠穩當，於是引用外來文化之似乎相合者以自壯。④這樣看來，這些動作是爲了抑制文化變遷而作的變遷努力。所以，它還是一種文化變遷。這種努力，作者預備叫做文化的重行自我肯定（cultural self-reassertion）。文化的重行自我肯定，在文化整合崩解和文化理想茫失時常易出現，亦若《燒餅歌》等在社會動盪、前路茫茫時之常易流行然。

爲了簡化說明起見，我們假定這個地球上有而且只有A和B兩個文化。A和B相互接觸時的細節很多，但我們可以簡化爲後列型模：

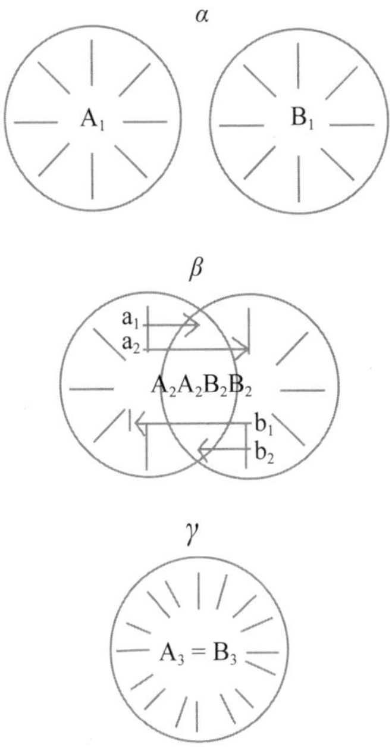

④例如，將《易經》和量子力學比附，將先秦名辯和西方邏輯比附，將「民本」和「民主」比附。（參看韋政通，〈民主與中國文化〉，《文星》九三期。）「哲學」就更不用說了。「哲學」簡直成了「大眾情人」。

在前述表解中，α表示A和B各自在濡化以前的階段。β表示A和B在濡化中的階段。a_1表示A的擴散尚未刺入B的核心價值領域，b_1表示B的擴散尚未刺入A的核心價值領域，所以都可暢行無阻。a_2表示A的擴散如刺入B的核心價值領域便受到阻拒，b_2表示B的擴散如刺入A的核心價值領域便受到阻拒。A_2B_2表示A^2和B^2之已濡化的部分。γ表示A和B到了完全濡化的階段，即二者已經完全化合。這當然是一個遙遠的理想情況。可是，就推進世界文化發展的主動力看來，這一情況的終歸到來是頗有可能的。我們從裘利安·赫胥黎（Julian Huxley）的話可以看出一點端倪：

> 人類在文化和意底牢結（ideology）方面的歧異遠較其生物衍發上的歧異爲大，因此產生了許許多多不同的文化「品種」：古代亞敘文化與近代美國文化之間的歷史差異與兩棲動物和哺乳動物之間的差異同樣重要。從側面來看，比如說，愛斯基摩社會和麥倫尼西亞社會間的差異之大好像蝸牛與蝦子間的差異之大一樣。但是，這種差異現在卻正在被一種輻合的趨勢所抵消。科學在其潛能方面是普遍的，而且科學在技術和醫藥上的應用都是迅速地遍及全世界。心理的和社會的演化確實是向著一個單一的知識和觀念的府庫集注；並且人類之意底牢結之輻合在一起乃顯然必須達到的目標。在另一方面，意底牢結和科學合一的情形，也顯然必須與最大量豐富的文化內容及其差別性結合在一起。⑤

這個問題關係乎人類文化今後的走向，我們要在以後討論。

⑤ Julian Huxley, Evolution and Genetics, in *What is Science?*, edited by James R. Newman, New York, 1955, p.287.

㈠濡化

文化變遷的動因、形態、歸趨，以及對於經濟、教育和現實政治的影響，都是很複雜的。而這一複雜的全體是在一整個的文化動理（cultural dynamics）場合中進行的。一個文化的變遷，或由內部的動因促成，或由客體文化擴散的刺激引起。然而，無論是哪一種，都在濡化程序以內。

現時在一般人士之間流行的一個名詞「文化沙漠」，是一個不合事實而無所指謂的名詞。依據我們在前面第二章後面的推論所說的，凡有人類生存的地方就有文化。因此，文化沙漠不能是一個有何實際指謂的名詞。製造這個名詞的人之所以製造這個名詞，也許是因爲在他看來這裡沒有值得他欣賞的文化事物，也許是因爲這裡沒有足夠數量的文化事物，也許是因爲二者。無論是因爲何者，世上並無「文化沙漠」。地球上沒有文化的心如白紙（*tabula rasa*）。任何一個文化，對於外來文化刺激所作反應，總是站在自己的文化基線（cultural base line）上作反應。一個文化站在自己的文化基線上來反應另一文化的刺激時如行濡化，那末濡化的基礎便是濡化基線（base line of acculturation）。濡化基線是決定文化濡化過程是否順利和濡化所生文化特徵爲何的先在條件。不同的濡化基線決定不同的濡化過程及不同的結果。這也就是說，當甲文化與乙文化接觸時，甲文化不是以一文化眞空來與乙文化接觸，而是在它自己的基礎上來與乙文化接觸。這一帶著自己的文化本錢的主體文化，在文化接觸的程序中，就是濡化基線。中國對日作戰時期，美國飛機初次飛臨雲南省土司地區上空，土人以爲天神飛臨，紛紛下跪膜拜。這種模式行爲就是在他們自己的文化基線上對美機飛臨這一刺激所作反應。在他們的腦海中沒有「飛機」是「飛行的機器」、飛機不是崇拜的對象之觀念。

我們剛才談到濡化基線，沒有分析到構成這一概念的成素概念「濡化」。爲了作深進一層的瞭解，我們現在對於這個概念略加分析。濡化是文化變遷的一個程序，在這個程序中，兩個或兩個以上不同的文化連續著發生接觸。結果，其中一個文化吸收了另一個文化的要素。例如，中國文化和西方文化接觸，逐漸吸收了「洋文」、「船堅炮利」、喝咖啡、吃巧克力糖、彈鋼琴等等。濡化有不同的類型。文化接觸時文化份子的團體之大小，接觸時是出於被動抑或自動，文化份子的相對地位，雙方的態度是友好或是懷敵意，彼此的風俗習慣是否相同，這等等因素決定濡化的類型之差異。其中特別值得注意的情形之一是同化，文化的同化乃A、B兩個文化接觸時，其中之一的某些特徵消失，而形成一組新的特徵。殖民地的文化中多有這類現象，移民眾多的地帶也如此。另一種情形為前面一再說及的擴散。擴散乃濡化之有條不紊的程序。擴散並非發明，但使許多社會產生相似之處。例如，結婚程序，醫藥程序，法律程序，許多社會相似。

我們現在更進一步觀察濡化的情形。同一個文化C向甲乙兩個不同的社會擴散時，甲社會與它的濡化不順利，乙社會與它的濡化順利。這是因為通體社會（Gemeinschaft society）的社會功能與結構濡化難，而聯組社會（Gesellschaft society）濡化易。比較起來，在通體社會裡，行為模式固定，對文化價值的基本前提少發生疑問，堅持固定的規律，堅持傳統，以社會制裁作維持倫範的方式，傾向於要年輕人「向後看齊」，注重地位與聲威，動輒訴諸權威和情緒。在這樣的社會，文化是剛性的、固持的和保守主義的，並且缺少適應的彈性。這種文化具有一種「不全則無」的特徵。這種文化是相對孤立的文化。它的份子與別的文化份子較少往來，因此易於形成自我中心的觀念以及由此觀念出發所作的論斷，並且未發展出適應多樣變化的機動習慣（mobile habit）。這種社會的社會結構相當同質（homogeneous）；⑥而

⑥ 例如，清一色的宗法社會。

不太容忍異質（heterogeneity）。[7]從這種社會文化裡泡大的人多喜簡單的確定（simple certainty），[8]並崇尚複雜問題之簡單的解決。所以，這種社會對因文化變遷所引起的挫折之「忍受閾」較小。於是，在濡化過程中，一般文化份子對不願接受的外來文化事物常持抗拒態度。尤其當外來文化攻擊他們所抱持的核心價值[9]時，他們常持「寧爲玉碎，不願瓦全」的犧牲精神來保衛這種價值。中國改朝換代之交傳統文化裡所謂的「忠臣死節」，韓國婦女不惜犧牲生命以抗拒日軍姦淫等等都是。這種性質的文化，在受到不同質的客位文化之大量進擊時如它尚未解體，那末它對這一刺激的反應常爲防衛核心價值堡壘。所以，在文化的接觸之秋，我們常易聽到「保衛固有文化」的呼聲。可是，保衛的方式，常爲訴諸文化的尊嚴（cultural dignity），訴諸我族中心主義（ethnocentrism），訴諸民族情緒（national feeling）。這些方式固然多少可以激起若干漣漪，但經不起理智認知的考驗，並且不是建立在一客觀經驗的基礎上面。於是，這樣的文化如果驟行大量文化變遷並進而觸及核心價值，便易於發生嚴重的文化解體。這樣的文化一旦解體，要再行整合，勢必甚難，至多只能扳回一點形式。

聯組社會的價值的彈性較大，傳統規範對行爲的規範力較鬆，老人沒有權威，注重青年的一代，進步

---

⑦ 因此，對於所謂「奇裝異服」特別不寬容。

⑧ 所謂「喜簡單的確定」，即是有些問題，不是簡單的二分法「是」或「否」所能解答的，而必須用「或」、不同程度的概然（probability）、「如果——那末」等等方式來想的。但是，在通體社會裡的人對於這些方式常感不耐。他們無寧好用「是」或「否」的二分法。這固然常得不到真切的事物認知，但卻可滿足簡單的確定要求。所以，這類人在做理論工作時困難，但極易被態度肯定者俘虜。

⑨ 倫理道德是文化的核心價值。倫理道德的價值是其他文化價值的總裁官，也是文化價值的中央堡壘。如果一個文化的倫理道德價值解體了，那末這個文化便有解體之虞。所以，談挽救文化的人，常從「挽救倫理道德」開始。

成爲動力之一，社會份子與別的文化份子交往頻繁，我族中心主義比較淡薄，由此觀念出發所作論斷的排他性也不強烈，社會份子富於適應多樣變化的機動習慣。總括起來說，這種社會富於文化適應力。因此，它和別的文化接觸時，濡化往往易於進行。紐約、巴黎和東京社會是顯著的例樣。這樣的社會因其文化不僵固而富於調整機能，所以不易發生文化解體的情形。恰恰相反，它是時常在吸收新的文化要件的過程中而改變它自己。所以，它是在「進步」中。這樣的「進步」才是實質的進步，而不是表面枝節的進步。

甲乙兩個文化，如果核心價值相同[10]或至少不相扞格，二者有歷史的關聯，或有平行的發明，那末彼此的濡化便不困難。例如，英國人移民到澳洲，美國移民到西德，或西德移民到美國。在這些條件之下，二者在濡化過程中，文化的敏感地帶、基本前提、價值體系，以至於基本技術，都可以和諧一致。因此，北大西洋聯盟之所以成爲可能，而且繼續發揮其防禦東歐集團軍事勢力入侵的功能，它的文化基礎在此。因此，北大西洋聯盟的成員之間即令有何歧見，也不致歧見到破裂的地步。在另一方面，構成聯合國的一百一十五個國邦的文化眞是五花八門。直到目前爲止，這些文化之間的分歧力大於它們之間的凝聚力，共同點小於差異點。所以，與北大西洋聯盟的文化基礎比較起來，聯合國的文化基礎眞是脆弱得可憐。因此，聯合國所能號令於各會員國的事端只限於各會員國共同承認的那些不違背各個單位文化的核心價值的一點點，例如衛生等等。

如果甲乙兩個文化沒有足夠多的共同前提作共同的基礎，沒有重要的橋樑以資溝通時，如果甲文化的文化份子要吸收乙文化的文化事物，那末常常勢必首先拋棄自己原有文化的文化事物之或多或少的部分，然後從頭學習新的乙文化的文化事物。顯然得很，這種困難是雙倍的，而且涉及性格形成

---

⑩ 例如，都宗奉基督教及其倫理價值。

（personality formation）。中國文化份子已經舊式結婚者，如果要學西洋的「文明結婚」，首先必須正式或非正式地跟原有的「黃臉婆」脫離關係。所以，在近幾十年來的所謂「新舊過渡」階段，婚姻悲劇比比皆是，遠近皆聞。復次，作詩、塡詞、做對聯所受訓練和所需心性（mentality）與習數學及物理學是大不相同的。可是，自中國不得不從事「洋務」以後，二十幾歲的文士必須拋棄前者而轉移心性來習後者，這種困難和挫折是不難想見的。在白種人光降澳洲以後，澳洲土人的「固有文化」瓦解，並且土人逐漸歸於消滅。歐洲人惠臨美洲大陸以後，紅印第安人及其文化步步式微。這都是文化濡化困難所造成的結果。

在濡化的過程中，接受客位文化的，有時只限於較少數的文化媒人。例如，商人、留學生、工程師，或其他從事文化工作的精幹（elite）。這些人物可說是濡化的「先進份子」。可是，當著這些先進份子接受濡化時，社會極大多數文化份子和原有文化的主峰可能並未觸及。中國在近代「西化運動」中就產生這種現象，這種現象就是文化脫節現象。在文化脫節現象中，原有的一個文化分化而爲「新文化」與「舊文化」。二者之間產生裂痕和距離。主張新文化的先進份子從事「新文化運動」。這一行動引發舊文化份子自衛，於是反應而爲「保衛傳統文化」的運動。這麼一來，文化的競技場就形成。在這一競技場中，無論從事新文化運動成功或不成功，或如成功而成功只到什麼微小的程度，無論保衛傳統文化是否有效，都天然地產生或多或少的文化動力。這一文化動力或多或少促致文化變遷。文化變遷可能被暫時抑制，但不能被永久抑制。

當一個原有的文化分裂爲新舊並且正陷於難分難解之際，相應的可能出現新舊兩種聲威團體或其表徵人物。中國五四運動前後，同一個北京大學，就出現洋學者胡適之和拖小辮子的辜鴻銘。因爲當客位文化入侵主體文化時，極易引起主體文化份子自覺。在這一文化的自覺中，產生了文化的比較作用。在文化的比較作用推動之下，很自然地產生了文化的優劣問題，誰該領導誰的問題。這類問題常不易得到一個客觀認知的解決，而常受帶情緒的價值評判所左右。例如，甲文化如果缺乏乙文化裡所有的工具，那末甲文化可能採取它；但不必然採取它，也許因酸葡萄主義而故意鄙棄它。至少在一時如此，例如，葉德輝不肯用電燈。既然如此，在這一關聯中，易於出現「各是其是」的情況。新起的「文化先進」在「文化改革」聲中，依前所述，常常走在大家前面。在這種情形之下，如果他們介紹進來的客位文化事物或派頭紛紛為新生代或一般大眾接納和仿效，那末原有的文化貴族可能藉口鄙夷「追逐時髦」或「輕浮少年」或「低級趣味」或「忘本」而不屑「隨俗」。比方說，中國一部分文化份子之接受西化者，常住洋房、坐汽車、穿洋服。在這些文化事物初來中國的時候，都是新進人物的聲威符號（prestigious symbols）。然而，就在這同一時候，以保衛本有文化為己任的人士卻鄙夷這些東西。他們常穿長袍馬褂，手持旱煙袋，戴墨晶眼鏡，頂瓜皮帽，作文言文，走八字路，談吐儒雅，斯文一派。這種典型的人物也可形成一個聲威集團，而與前種人物相抗。

如果外來文化衝擊本有文化，那末本有文化的反應形式可能很多。有的時候本有文化作自導改變；可是有的時候卻作被迫改變。被迫改變所行的速度如果大於本有文化份子所能消納的程度，那末便容易引起混亂、撤退，以及價值與行為脫節。碰到外來文化事物在某些情形之下無可抗拒時，主位文化份子在一方面不得不應付，可是在另一方面又要保持自己的文化事物。在這種情況之下，常常出現「雙重標準」。有許多中國文化份子從前在外面穿西裝，一回到家裡就穿中裝。從前有許多學生在上海讀洋書，可是假期回鄉還得讀四書。現今還有人在一方面行新式婚禮，可是同時還得向岳父行跪叩禮。這些都是行的「雙重標準」。雙重標準之所以採行，因為它可以作文化的適應，可以減輕外來文化的壓力，又可多少保存自己本有的文化。這麼一來，於是在此類過程中，許許多多文化份子或團體之間的若干價值觀念和行為常常不協調。演變所及，在同一社會裡，新的與舊的不協調，激進與保守衝突，「十里洋場」的生活與農村的刻苦質樸相去不知若干里，熱中於革命的與主張保皇的各行其是。所以，整個的文化就這樣被撕碎了。

(二)文化價值的移接

當著外來文化與原有文化接觸時，其中含有兩個價值系統的接觸。外來文化要件合於原有文化價值，或至少不與之衝突時，才可能比較容易得到廣大的接受。當眾人直接看到帶入新價值的改革可有助益於增進既成價值時，便比新的價值單獨出現容易被一般人接受。所以，當著有人採用新的價值時，常以大家已經接受了的價值作引介或導誘定義。⑪這是價值變遷程序中的「移花接木」法。例如，有人要把「民主」的觀念介紹到中國來，便說「民主」是中國固有的東西，中國自古就說「君爲輕，民爲貴」。儘管這是附會其詞，但是畢竟減少一點若干人對「民主」觀念的抗力。任一新的文化價值或價值系統通過了原有文化的檢查站以後，可能產生一個新的價值界域。在舊式中國社會裡，年輕未婚女子是不可以在外面拋頭露面的。但是，女子在西式醫院作護士，既合固有的「僕婦之道」又合新的「服務人群」價值，二者結合

⑪一個導誘定義是將一個新的概念意義（conceptual meaning）給予一個已經熟知的字，而又不在根本上改動這個字的情緒意義（emotive meaning）。下導誘定義的人在有意無意之間是要藉著這個定義來改變人的興趣或態度。例如，說麵包就是饅頭。藉著這一定義的橋樑作用，可以導誘沒有吃過麵包但卻曾喜吃饅頭的人吃麵包。蘇俄把美國迫降的某一飛行員抓住套取口供時說，「我們希望你合作」。招認「口供」是人所拒絕的，但是「合作」是一般人不能拒絕的概念。他們拿這一概念跟招認「口供」聯接在一起，較易使人說話，至少可以減少他的抗力。在文化價值的接觸時也常有意無意用這種方式。發財是最大多數人喜歡的價值觀念。「香」也是如此。推廣種植咖啡的人說，種植咖啡怎樣怎樣獲利，咖啡比茶還香，有利於推廣。在中國文化裡，洋槍取代弓箭，汽車取代八人大轎而成聲威符號，都是在增益既有器物的價值之上而實現的。

Charles L. Stevenson, Facts and Values, Yale University Press. 1963, III. Persuasive Definitions.

成一個新的價值界域，於是女子在醫院作護士的事終於比較順利地被接受。

某一價值在原有社會結構、經濟形態，或風俗習慣裡可以維持得住，如果這些條件變了，那末該一價值便也不易再懸空地維持得住。例如「儉德」，在不重商和不發展生產的時代是一項濟窮的辦法。如果消費量抵不過生產量，那末從節約消費上預防物資匱乏的後果，這種「儉德」未嘗沒有實際的價值。可是，到了工業化的生產時代，大量生產第一，貨物大量傾銷為要務。要能大量傾銷必須能夠大量消費，貨物像潮水似的向你們沖來。在這種情形之中，再要無條件地提倡「節約」的古道德，不過是口頭說說而已。據許烺光所說，我們可知一個非西方的文化在與西方文化密切接觸時並非全面抗拒變化。這個文化是會發生改變的。不過，它的改變不一定要全盤的，而是有選擇的。它在選擇或拒絕西方文化事物時，有幾點值得我們注意：⑫

第一，科學成果之採用時不致冒重大風險者，比較易於接受。例如，郵局、汽車、銃槍等等。可是，一種科學上的新成就之採用，如需冒重大風險，則不易為一般人接受。例如，要一般農人採用新式抽水機就不是一件簡單的事。中國傳統農人用的水車之效率固然低，可是他們對它的性能已經熟習而且造價低廉。他們幾人合買一條水車，不致太影響一年的生計。新式抽水機的灌溉效率固然比舊式水車高，可是農家要買一架的話，得冒至少一年經濟上的風險。依此推論，科學成果的採用所冒風險愈是接近經濟負荷力等方面的邊沿，則愈不容易被社會普遍接受。由此可知，如果一項新的科學利器被介紹到所謂「落後地區」來而竟被拒絕採用，那末可能含有很實際的理由，我們不能馬上說是「頑固」。

第二，新來的文化事物如果不擾亂原有的社會組織，或者與現存的風俗習慣綜攝起來，那末便比較

---

⑫ Francis L. K. Hsu. Religion, *Science and Human Crisis*, London, 1952, pp.126-127。

容易被接受，或抗拒作用較小。例如，西式「文明結婚」對原有社會組織抵觸相當多，所以引起的抗拒也大。但是，到上海外國工廠去做事，到洋行去當「寫字」，則毋寧受到鼓勵。陰丹士林布在中國鄉村，是「皆大歡喜」的外來客。然而，婦女穿短袖上衣違反「禮教」，容易「招惹是非」，所以奮鬥了相當長的時間才實現。

第三，需要鉅大資金才能興建的大規模的技術設備，即令不必考慮風險，如果不是少數個人或一個單獨的社區所擔負得起的，也不易被採用。例如，大規模的水壩工程。西方人士看見中國一般人對水旱之災常採漠視的態度而感到迷惘。殊不知這主要由於中國一般人無控制水旱災變的能力。因為中國一般人沒有這種能力，所以對於自然災變之來臨，除了避退和忍受的消極抵抗以外，常持一種「聽天由命」的態度。這種態度同西方文化裡「人定勝天，人能征服自然」的積極態度剛好相反。

㈢文化與性格

文化材料（cultural material）是文化份子構成的必要條件。一個文化份子的性格系統基本地受他所在的文化型模和社會傳統塑造。因此，在一個文化中，固然各個文化份子的性格各有其個別差異，但是大多數文化份子的基本性格結構或模式性格（model personality）有根本的相同和相通的地方。而在濡化過程中，文化份子的基本性格決定對外來文化價值和事物之迎或拒。例如具權威性格的文化份子就很不容易接受民主制度和自由平等的觀念。最大多數文化份子的性格系統在童年時期涵化[13]在社會裡時基礎已經奠

⑬ 涵化是有意或無意學習一個文化傳統的程序。這種程序在實際上就是社化。社化（socialization）是一個人學習著適應他所在的社會之風俗、習慣、儀節、基本觀念，以便獲致該一社會所認可的行為。

定。在這個時期或成年期，如果文化份子與另一文化接觸，因著事勢的需要或好奇或其他原因，他們可以重新學習。但是，他們很難得完全改變已經內化的基本前提和核心價值觀念。依此，當他們原來呼吸的文化空氣之基本前提和核心價值觀念令人懷疑或崩解時，他們往往會發生極大的性格衝突和焦慮反應。

中國在清朝末年和民國初年這一段時期裡，許許多多知識份子在「作新民」和「作舊臣」之間徘徊就是因此。這種時間經歷一久，文化份子的性格會分裂。性格一分裂，觀念的變化愈來愈快。觀念的變化愈來愈快，心靈的失落可能愈來愈厲害。這時，重新調整性格並且整合生活方式也愈來愈困難，但也愈來愈需要。我們試看中國文化在這一段轉型所經歷的調整性格之痛苦以及為求思想出路所受苦悶與掙紮，就可明瞭這類實情。在這種情形裡，大家的心靈毫無防禦地暴露在各種各色的「主義」說詞之下，很少知識份子不是「狂想曲」的俘虜，而「革命去」則是自我徬徨的崇高解救！⑭

二、本土運動

在文化再組合的過程裡，文化動理的反應之一種為本土運動（nativistic movement）。本土運動，依它的性質來觀察，可分為兩種：

一種本土運動是存續式的本土運動（perpetuative nativistic movement）。存續式的本土運動包括類似宗教崇拜儀式和行為。這種運動在一方面是為了保存傳統符號、制度和生活方式；在另一方面是為了反濡化。當原有文化受到外來文化衝擊而發生保存傳統符號、制度和生活方式的機制作用時，這種作用是返

⑭ 這是從心理的裡層來分析「革命」的成因。當然，在這一裡層的表面，另有說詞堂皇的意底牢結。不過，這樣的意底牢結也是一種自圓之說。古代有組織的群眾運動的自圓之說是「弔民伐罪」之類。

回適應（reactive adaptation）。在返回適應中含有返退作用（regression）。[15]原有文化在外力——軍事的、政治的和經濟的——壓力之下，即令在表面看來是臣服了，平靜無事，可是，在實際上於其文化的潛力裡也許滋生文化的「地下活動」。這種地下活動與「小傳統」[16]互相表裡助長而不可分。近代中國政治性的群眾運動常與「江湖」或「下層社會」發生某種關聯。這種活動，蘊積既久，一方面可形之於仇視那代表外來文化的地上文化活動，另一方面可爆發而爲排外運動。一個原有文化受外來文化危及其核心價值時，最易與恐外症（xenophobia）合流的。在這種時際，可能出現意志剛強的領導人物，民族救主，奇理斯瑪（charisma），[17]和類似宗教並夾雜魔術的群眾運動。美國印第安人之群集跳鬼舞就屬此類。中國的義和團也屬這一種本土運動。

另一種本土運動是同化式的本土運動（assimilative nativistic movement）。這種本土運動主張吸收

---

⑮ 返退作用是一個回到較早的或較不成熟的階段。或者，在學習過比較成熟的形式以後，又表現出一些比較原始的形式。當人遇到壓力，困難和失敗時，容易發生返退現象。在心理解析學中，返退作用意即溜回到幼稚的行為。

Horace B. English and Ava Champney English, *A. Comrehensive Dictionary of Psychological and Psychoanalytical Terms*, p.450.

⑯ 小傳統是比較下層社會中或農村社會中不假思索而且視為固常的傳統規格或傳統價值。例如，中國舊社會裡流佈的「忠」、「孝」、「節」、「義」、「師徒關係」等。

Robert Redfield, *Peasant Society and Culture*. Chicago, 1963, pp.41-42。

⑰ 依照神學的用法，奇坦斯理是富有神寵因而具有特殊能力的人。在社會學中，奇理斯瑪意指自命具有特別領導力的人物，或被別人認為有特別領導力的人物。韋伯（Max Weber）說奇理斯瑪人物有兩種特色：第一，給群眾的行動恢復情緒、畏懼和魔力。第二，在他自己或別人看來有神寵的權威。這種人物在古代頗多。漢武帝、穆罕默德、朱元璋都是。現代人物中有凱末爾、希特勒、佛朗哥等等。

Gerth and Mills, *From Max Weber: Essays in Sociology,* New York, 1958. IX. The Sociology of Charismatic Authority.

外來文化，並把原有文化之有價值的要素與所需新的要素合併起來，創建一新的文化整合。這種本土運動是開灑的。它所涉及的級距頗寬：從文化的基本前提到政治制度，從政治制度到經濟生活，無不在想要更新之列。而更新的程序從極不切實際的或不可能實現的烏托邦到政治性的民族主義，從政治性的民族主義到文藝復興，都在「文化革命」者腦海蕩漾。中國的五四運動及其餘波屬於這一種本土運動。這類的「文化革命」常常是波瀾壯闊，可是對外來文化要件的選擇不嚴。因爲選擇不嚴，所以呈現紛然雜陳的光景。五四運動以來的出版界和思想界是這種光景的寫照。

第二種形式的本土運動是走上文化重建的康莊大道。任何基本變革性的文化重建運動，在起初發動的階段，都難免是反偶像的、浪漫的和有掃蕩性的，但卻富於衝力。但是，這一階段過後，就慢慢走上文化再肯定之路。文化重建運動走上再肯定之路的階段，就脫離了起初階段的浮氣，而與「再生運動」同流。文化的「再生運動」常爲文化份子之比較精密的，多少有計劃的和有意識的努力，來建造適合基本要求的文化。一個文化重建運動要由起初的階段，走上建設性的階段，需要相當的穩定住境和足夠的時間。可是，就中國社會文化而論，顯然沒有這些最起碼的條件。

三、文化的羅聚形態

任何一個文化份子的「自我」⑱之形成必定是在一個制度化的社會生活之中。這種情形可以用一個圖

⑱ 廣義說來。自我乃一個人的性格系統（personality system）的核心。這一性格系統是由他對他自己的自覺組成的，以及他有意無意趨進對他最關重要的利益和價值組成的。因此商人的自我和科學家的自我很不相同。除此以外，一個人的自我又包含一個人的認同、地位、欲求，以及他所牽連進去的觀念和行動。米諦（George Herbert Mead）和弗洛伊德（S. Freud）

解說明：⑲

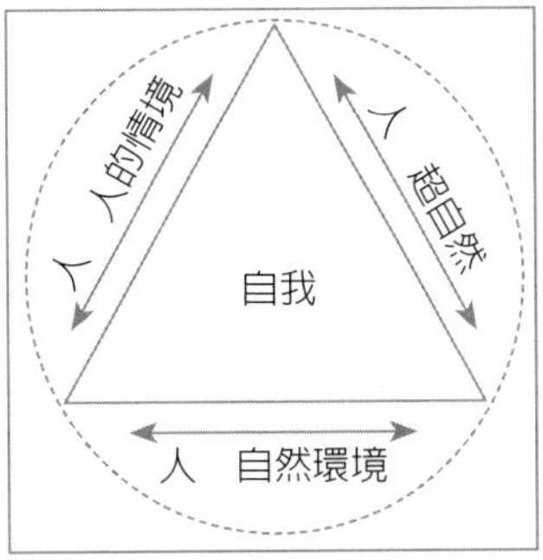

這個三角形所表示的文化的羅聚形態及其中的自我形成是一種最簡單的素描。雙箭頭表示箭頭兩端的因子之相互影響。虛線的圓形表示文化的存在和發展之生物邏輯的限制。實線方形表示物理邏輯對生物邏

把「自我」又分作許多部分。米諦說「自我」有一部分是約定俗成的。即是依別人的態度和意見而形成的；另一部份是自發的並有創造力的。前者是社我（Me）；後者是主我（I）。當群體生活太嚴格，而且限制重重時，「社我」就即宰制著「主我」，因此個性也萎縮。可是，在適當的社會情境中，「主我」可以伸張出來，支配「社我」。於是，它可能自動影響社會，並且可能重建社會。

See *A Dictionary of the Social Sciences*, edited by Julius Could and William L. Kolb, article by Manford Kuhn, 1964, pp. 628-630.

And Leonard Broom and Philip Selznick, *Sociology*, 1960, pp.86-88.

⑲ Adopted from Mischa Titiev. *The Science of Man*, 1963, p.394, with modification.

輯的限制。

圖中所謂「人的情境」可以指稱另一個個人，也可以指稱由多人構成的社會。無論是另一個人或由多人構成的社會，都可以成爲某一個人之人的情境。這也就是說，某一個人之「人的情境」，可以是一個人，也可以是社會。別人對「我」而言可能是「我」之人的情境；同樣，「我」對別人而言可能是別人之人的情境。這一社會可能是另一社會之「人的情境」；另一社會也可能是這一社會之「人的情境」。總括起來說，「人」與「人的情境」之間的關係乃「人際關係」。「人的情境」與「自然環境」大不相同，因此，「人與自然環境的關係」與「人際關係」也大不相同。人對「人的情境」可以有「尊敬」、「同情」、「掃蕩」等反應。人對「自然環境」往往有片面的「欣賞」，片面的「改造」，和片面的「利用」之類的反應。某些文化中的「朝山」或「謁聖山」的觀念，並非人對純自然環境的被動反應，而是該文化自身的宗教意識或類似宗教意識的意識向外投射到山上。

人對自然環境的相互關係即指人與人所在的氣候、河流、湖沼、山脈、土壤、地形的關係而言。固然人常常主動地欣賞、改造和利用自然環境，但是自然環境也以各種不同的程度來限制、影響或迫害人類。例如，地震、海嘯、山崩、颱風、水災等等。[20]

當然，這是就事實而論，並非說自然界有意主動這樣做。人對超自然的關係即是人對自己所奉信仰，所制倫範和所尊道德等等。這些東西固然是人所創制的建構，可是，這些東西一旦社會化與傳統化，便對人的思想和行爲多少發生拘束作用，並且轉過來成爲人的制度行爲（institutional behavior）[21]的主要

⑳ 要知道自然界對歷史和文化的影響，可看Thomas Buckle, *General Introduction to the History of Civilization in England*.

㉑ 二、三歲小孩的傻笑並非制度行為。曹操打的一個哈哈，已有社化成分，更有政治成分，所以是一制度行為。立正、稍

建構力。

上圖三角形的三個邊之長度是可變的，而且這三個邊之間的關係是一動理的關係。在一變動之中，任意一個或多個因子對這個三角形的任意一邊加以壓力，或任意一邊的長度或角度有何改變，可使其他二邊相應地發生改變，因此也就是使一個文化的羅聚形態發生改變。有的時候，一個文化要件的改變與或核心價值的變動，對整個文化的變遷有「一髮動全身」之勢。㉒

一個人的所謂「自我」是在上圖所示文化的羅聚形態中成長的。他必須適應這一文化的羅聚形態。而文化的羅聚形態又必須合於生物邏輯。對於地球上全人類的一切文化而言，生物邏輯的拘限力普遍恆常不變。沒有人能夠永遠倒過頭來行路。沒有人從生到死不吃東西。甘地和楊妹只能在相對短的時間內作示範性的絕食。沒有生理正常的年輕人視結婚爲入地獄。而生物邏輯又受物理邏輯的拘限。地心引力對於每個人的負擔相當大，所以沒有人能夠一天到晚不眠不休站立而感到輕鬆愉快。

四、文化的特徵

文化特徵（trait）是文化之最小限度的有意義之單位。這樣的單位在時間和空間中可以當做一個觀察的單位來行觀察。來客倒茶，喝咖啡，天熱在戶外納涼，包小腳，男人腦後留長辮子，家裡供著「天地君親師位」的牌子，教堂中擺十字架等等，都是文化特徵。特徵可依種種聯繫而形成特徵叢結（trait-

---

息、升旗、船長領航、明星試鏡，都是制度行為。

㉒ 例如，清末考試制度的廢除對中國知識份子以至於整個社會結構的影響是多麼大。女權的解放對家庭制度的影響是多麼大。教育由重文而變到重理對中國文化的走向之影響又是多麼深遠。

complex），或這樣那樣的制度（institution）。文化特徵可分爲四種。我們現在分述於下：

㈠規範特徵

一個文化系統中，對文化份子的思想、行爲，甚至情感，規定其應當或不應當，善或惡等等預規（prescriptions）或應迫（imperatives），就是規範特徵。倫理和道德是規範特徵的總滙。宗教有很強烈的規範層面。康德說的「無上道德律令」就在這種特徵範圍以內。文化的規範特徵常透過社會控制、㉓傳統力量、獎勵、懲罰、批評等等展布出來。

規範特徵常爲一主宰特徵。不同的文化之最核心的差別乃規範特徵之不同。許多文化衝突之最後「決戰」乃規範特徵之戰。就中國文化來說，住洋房，坐汽車，所遇到的抗力較小；可是，要人不拜祖宗，不孝親，打破男女界線，那是極其困難的事。至於要學人士子不讀「聖賢書」，那更是「大逆不道」的事。

㈡藝術特徵

文學、音樂、繪畫、舞蹈、歌唱、裝飾等等，都屬藝術特徵。顯然得很，在文化的一切特徵之中，

㉓社會藉以把個人的行為納入社會模式中的程序就是社會控制。社會控制的方式有兩種：第一，訴諸鎮制力。例如，假若有人當街裸體，那末會捉將官裡去。第二，規勸。小兒子對父親太不恭敬，在從前的中國至少會受到大哥的規勸。風俗、習慣、道德等都是社會控制的動因。
See Henry Pratt Fairchild edited, Dictionary of Sociology, New York, 1944, p.279.

藝術特徵是最富於特殊色調的一種特徵。它是一個文化之最直接呈現於感覺的層相。因此，當不同的文化份子接觸時，最易引起彼此注意並且藉以識別彼此的文化類別的就是這一特徵。印度婦女的裝飾與法國婦女的裝飾是那末顯然不同。文化的藝術特徵並不出於實用的需要，而係起於人的創造衝動或愛美的心理要求。這麼一來，文化的內容因之豐富，且人生的趣味由之增加。衣服的器用作用本來只爲蔽體禦寒。但是，把衣服裁成各式各樣，或繡上花鳥蟲魚，那就與實用無關，而是爲了悅目。

(三)認知特徵

認知特徵是一個文化的文化份子對他們所在的自然環境、歷史傳統，以及人事周遭所作的認知瞭解之總和，這一特徵的典型成就當然是經驗科學。但是，時至今日，並非所有文化的認知特徵都已達到科學的階段。有些文化的認知特徵只在前科學的（prescientific）階段。例如，煉丹術之與化學，占星術之與天文學，便是如此。

(四)器用特徵

器用特徵是一個文化的文化份子因生存或求知等需要而應用或採用的工具之特徵。器用特徵在人類文化的演變歷程中，就已有的紀錄來說，似乎出現最早。從舊石器時算起，如前所述，器用特徵之出現距離目前至少已經一百萬年了。之所以如此，係因器用常爲人類基本生存之所需。人類自出現在地球上以來，第一件大事就是求食以維生存。這就必須工具來幫助了。

我們在上面簡略地陳示了文化的四種特徵。緊接著這四種特徵的陳示之後，有幾點值得我們注意：

第一，上列四種特徵在實際上是多少互相滲透的，而不是各自完全分離的。作者在上面把文化的特徵分列爲四種，作者不希望這會引起讀者一個意象，以爲在實際上文化的這四種特徵是各自截然獨立的。其實，在文化事物中，很不容易找出任何兩個特徵是各自截然獨立而不相互牽連的。我們在上面所陳示的文化的四種特徵，從方法上著眼，是四種建構（constructs）。我們藉這四種特徵可以比較方便地聚攝並且觀察文化的特徵。在實際上，文化的四種特徵多少是相互滲透的。茲以寫字爲例，現代西方人寫字是有器用的作用。這也就是說，寫字是爲了表達或交通。除此以外，西方人寫字有時也講求美觀。這就是把藝術特徵和器用特徵在寫字這件事上摻合在一起。從前中國士大夫寫字，除了表達和交通以外，特別講求書法。除此以外，磨墨時必須把墨拿得很正，否則就是「墨磨偏，心不正」。除此以外，又注重寫字時整個身體的姿勢——必須「正襟危坐」，以達到「正心」的境地。這就是把中國文化之器用的、藝術的和規範的三種特徵在寫字這件事上「合一爐而冶之」了。婦女穿上空裝是器用特徵加藝術特徵。但是，不準穿上空裝，說穿上空裝「傷風敗俗」，那就是牽涉到規範特徵：規範特徵在穿衣這件事上起拘束或干涉作用。電能觸死人，這是一認知的結果。依據這一結果，我們發出「不可觸電」的告誡。在這一關聯上，我們是把認知特徵和規範特徵絞合在一起。

第二，在上列文化的四種特徵之中，並非任一種特徵與其他三種特徵同樣重要或同樣不重要；而是同一文化在不同的時代所著重的特徵可能不同，或同一時代不同的文化所著重的特徵可能不同。在歐洲中古時代教權盛行，因而規範特徵居於主宰一切的地位。可是，工業革命以來的歐洲，經濟發展成爲富國的主導力量，於是器用特徵凌駕其他特徵之上。在中國文化未受到西方文化挑戰以前，道德倫理的價值特別被強調，別的「奇技淫巧」受到輕視，於是規範特徵特別肥腫，而認知特徵、藝術特徵和器用特徵相對地顯得消瘦，都受到規範特徵的抑壓。

第三，既然文化的四種特徵多少相互關聯而且其中常有輕重之別，於是某一特徵過分膨脹時別的特徵可能相應地萎縮。例如，現在許多地區的人唯錢是務，爲了賺錢不擇手段，爲了賺錢要衝破一切宗教、道德和倫理的防制。許多中國文化份子爲了賺一點點錢不惜「出賣靈魂」，爲了賺小錢不惜「卑躬折節」。美國有種假裝在外和姦而替人構成離婚條件的男女職業份子。演變所及，錢財成一推動社會的主導力量，腐蝕甚至蕩泱道德、倫理和宗教戒律。經濟幾乎決定一切，道德成了空虛的口頭禪。這就是器用特徵空前發達，而規範特徵由被壓縮而失去對行爲的規範力。時至今日，由於器用特徵空前發達，不僅規範特徵被壓縮，而且認知的努力受其左右，藝術活動必須向其靠攏以求生存。所以，純科學的研究在今日不及它在十九世紀時代受到尊重，純藝術愈益難以維持其獨立性了。

第四，在上述文化的四種特徵之中，各個文化的規範特徵和藝術特徵還在「各是其是」，我們還不容易樹立一個公認的標準來評判孰優孰劣。道德的高下是很不容易作比較的。但是，認知必須是客觀的，而且有一個經驗世界擺在那裡。因此，認知活動的成果是貫穿一切特殊文化的。美國文化和蘇俄文化固然頗不相同，但我們總不能說美國物理學和蘇俄物理學是兩種不同的物理學。據此，如果我們一定要甄別一個文化「進步」與否，那末可採用的尺規有而且只有看它的科學發展到什麼程度。於是，我們可以在這一意義之下說，科學高度發展的文化較高，科學低度發展的文化較低。當然，這完全是就現有的成就而論。就現在的科學成就來評判文化之高低，是唯一可以行得通而且比較客觀的標準或參考點。除此以外，直到目前爲止，我們還找不到任何其他可用的比較標準。當然，這樣的標準之應用所得到的高低評判，與「先天」無關。何況沒有任何文化是「先天」的。

五、文化價值與生物邏輯過分違離的問題

文化價值與生物邏輯之間的關係有三種：一，二者互相增長。例如，口腹之欲與請客風氣之盛，男女之欲與「不孝有三，無後爲大」的聖人之教，都是相得益彰的。這也就是說，在這些場合，某些文化價值替飲食男女之欲提供「理由」，使人做來更覺確有所本，理直而氣壯。二，各不相干。中國文化從前以士爲「四民之首」。一個知識份子之可作四民之首與他是否力舉千鈞毫不相干。三，互不相容。「生我所欲也」，「義我所欲也」，「二者不可得兼」。究竟是「捨生取義」，還是「捨義取生」，這是很難決定的一個問題。在這種場合的衝突，就是基本的生物邏輯與傳統加上去的文化價值之衝突。現在值得我們分析的就是這個問題。

依照生物邏輯，肚子餓了就要吃東西。可是，依照一種文化價值，「餓死事小，失節事大」。依照生物邏輯，人有了性的衝動就得滿足。可是，依照一種文化價值，人的行爲必須「發乎情，止乎禮」，不可以隨便「亂來」。在這類情形之下，怎麼辦呢？就傳統中國的文化價值來說，這是「人禽之分」的關頭。在這種關頭，人應須犧牲情欲，而服從道德律令。這也就是宋儒所說的「去人欲而存天理」。

然而，這是一件很難的事。所謂「天理」與「人欲」之戰，自古至今無時或息。時至今日，由於科學知識發達而將那蒙上一層聖化色彩的「天理」之神秘揭穿，以及技術的發達而給人的生物邏輯之「解放」以種種幫助和便利，例如性的氾濫，於是「天理」已經打了決定性的敗仗。不過，它並未消滅。即令是最徹底的存在主義者，只要他不是狼人而是活在人的社會裡的人，也扔不掉那與風俗習慣糅混在一起的道德倫範之或多或少的限制。因此，「天理」與「人欲」的交戰還會繼續，直至人類完全變成「聖人」或完全歸於「禽獸」爲止。

這是生物邏輯與文化價值之間的一個嚴重問題，也就是生物層界與道德層界的一個永久不息的問題。這個問題是站在古往今來一切治亂背後的問題。歷史上大的道德倫理說教之出現無一不是爲瞭解決這個問題。

因爲生物邏輯對人的驅迫和某些文化價值對人的規範或要求常常不相容，於是使人常常陷入動機衝突（motivational conflict）之中。黎溫（Lewin）把動機衝突分作三類：第一類是趨進與趨進的衝突（approach-approach conflict）；第二類是規避與規避的衝突（avoidance-avoidance conflict）；第三種是趨進與規避的衝突（approach-avoidance conflict）。文化價值與生物邏輯之間的衝突所造成的動機衝突屬於這三類。

在趨進與規避的動機衝突中，一個人被同一目標所吸引又被它所排斥。而這種衝突是在內心的，因此往往極難解決。同一目標，就文化價值說是應須趨進而就生物邏輯說必須規避，或者，就文化價值來說應須規避而就生物邏輯來說必須趨進。這兩種情形都構成內心的衝突。我們拿文天祥做個例子來說明第一種情形。就中國宋明理學家所高調的文化價值來說，文天祥既然是朝廷大臣，他就應該「慷慨赴死，從容就義」；可是就凡人有求生之欲的基本生物邏輯來說，他最好是投降敵人以「保全首領」。這種關頭是最難決定的關頭。這種關頭所作的決定是人生最大的決定。我們拿另一個例子來說明第二種情形。「踰東家之牆而摟其處子。摟之則得妻，不摟則不得妻。然則摟之乎？」這裡就含有就文化價值來說應須規避而就生物邏輯來說必須趨進的動機衝突：如果「踰東家之牆而摟其處子」，那末即爲表現一種文化價值的「禮法」所不許，因爲這是被視爲反禮教的勾當；如果「踰東家之牆而摟其處子」，那末正合人的基本生物邏輯的需要。在這種關頭，人對於同一個目標既想規避又想趨進：文化價值的力量拉著他後退，生物驅力推著他前進，所以他不得不陷於動機衝突之中。動機的衝突使人挫敗。挫敗易於導向侵略。㉔在一個因文化解體而形成的動亂社會中，大多數人的目標不能達到，於是大多數人陷於種種動機衝突之中。既然動機衝突使人挫敗，於是這種社會到處潛伏著侵略傾向。潛伏著侵略傾向的社會就是「革命」的溫床。在這種社會裡，如果有解決動機衝突的意底牢結流行，又有奇理斯瑪人物出現，給大家的侵略傾向匯成一條出路，那末洪流就沛然莫之能禦了。第一次大戰以後的德國，近五十多年來的中國，以及第二次世界大戰以後剛從殖民制度之下解放出來的若干新興國家之動亂，都足以例示這種情形。

文化價值與生物邏輯之間的違離還有程度的大小問題。生物邏輯對其違離有一個忍受域。這個忍受域之大小又因受不同文化的影響而有大小之別。例如，中國古老文化以「忍受」爲最高美德。因此，中國一般文化份子除了具有特別忍受暴政的美德以外，對於忍受饑餓、水災、旱災、蟲災，以及疾疫所能到達的忍受域，絕非年輕的美國人所能企及。在這一方面，中國文化似乎總是名列前茅。雖然如此，中國文化份子究竟還是人，而不是化石。所以，中國文化的忍受域固然特別大，但不是無窮大。因此，中國有黃災委員會之出現。任何文化對其文化價值之違離生物邏輯的忍受程度都是有一條最後忍受線的。一過此線，任何文化價值的要求，都會打回票，或變成呆帳，或根本被推翻。當著文化價值違離生物邏輯時，其所要求違離的程度在忍受域以內因而可以「將就」時，生物邏輯可以有彈性地向文化價值調整。例如，我們的生物邏輯之一是喜歡吃好東西，可是我們的傳統文化價值是講節約。在這種情形之下，如果有道德夫子叫我們不要大魚大肉的吃，而吃青菜豆腐。我想，爲了勉學作「聖賢」，許多人是可以照辦的。然而，如果我

㉔ 挫敗是我們起意要達到的目標因受阻礙未能達到，而產生的受挫感覺。挫敗的結果常使人產生侵略，尤其是移位侵略。例如，一個賭徒在外面輸了錢，回到家裡來打小孩。這也就是找替罪羊。

們的道德夫子對於這種成績還不滿意，他要大家向甘地看齊，人人向伯夷、叔齊學習，那末大家恐怕只好「作鳥獸散」了。復次，當違離生物邏輯的文化價值不復有社會基礎，然因其尙爲一形式條件，因心理慣性而使它餘威猶存，很少有人敢於正面反對時，就很容易變成舌頭上服務的詞令。如果現在有人強調「婦道」，強調片面的「貞操」，我想就會落空。

六、文化對文化的倚賴

不同的文化可以分作這個文化或那個文化。同一個文化可以劃分作不同的發展階段或不同的制度或不同的要件。依據這裡所作分別，所謂「文化對文化的倚賴」可以有這幾種意義：第一，這一個文化對另一個文化之全般的或局部的倚賴。例如，在技術上，清末中國人興建新式海軍非仰仗西方文化不可。第二，在同一文化之中，後一個發展階段對前一個發展階段的倚賴。這也就是說，如果同一文化沒有前一個發展階段，那末便不能有後一個發展階段。因爲，後一個發展階段是從前一個發展階段衍生出來的，或者後者至少與前者相承。例如，就儒學而論，沒有孔孟就沒有程朱。就器用而論，沒有電學上的發現，就不可能有今日的電化世界。第三，在同一文化之中，這一個或這一類簇的文化要件的出現或存立常以另一個或另一類簇的文化要件的出現或存立爲必要條件或充足條件。農耕之出現，可以大量生產食糧，支援較多人口生存，並養成一反遊獵時代的奔馳習慣而安於定住。這樣，才有固定疆界的國邦初型出現，大規模的戰爭才成爲可能。輪之出現才導致交通系統。㉕

㉕ 從邏輯結構來看，第三是第二的複雜化，而第二是第三的例。

在人類文化發展的歷程中，最早的擬人（hominids）只能用手、腳、牙這些生物的裝備來獲取食物以維持生存。後來，他們大概用木棍或石頭獲取食物。依照舊石器時代下期（Lower Paleolithic）考古記錄，擬人之用工具是一件發展緩慢的事。此後，經過舊石器時代中期（Middle Paleolithic），舊石器時代上期（Upper Paleolithic），中石器時代（Mesolithic），新石器時代（Neolithic），青銅時代，……鐵器時代，一直到現代，人類愈來愈倚賴非遺傳的設備來營生。這裡所說非遺傳的設備，即是文化的設備。我們現在倚賴當前的文化要件以遂生，而當前的文化要件又是由過去的文化傳衍得來，因此多少不能不受它約制。這就是文化對文化的倚賴。哥倫布向西航行的事改變了歷史。他之所以敢於作這種冒險，因為科學家已經算出地球是圓的。蒸汽機發明了，新的運輸和動力系統才能使十九世紀的世界改觀。電的利用和原子能的釋放，更為人類文化展開一個新紀元。一五〇〇年陸地運輸馬力日行一百英里。一九五〇年航空機日行二千英里。地球為之運作地縮小者四百五十年後為四百五十年前的二十倍！這些驚人的成就，倚賴於過去的成就者不知凡幾！如果人類今後不集體自殺，那末人類的文化勢必還要繼續發展下去。如果人類的文化還要繼續發展下去，那末今後的文化對於過去文化的倚賴雖然不一定很多，但是同一時代的文化發展之相倚程度一定與日俱增。這一趨勢從第二次世界大戰以來各國間的文化交流，經濟互通、外交協調、軍事聯防，以至於和平工作團的派遣……很容易看出。巴西咖啡歉收，世界咖啡市場就要漲價。這類情形顯示人類向世界文化走去。

文化對文化的倚賴，無可避免地產生下列的幾種結果：

第一，人類享受到文化發展的便利。試看今日的電話、電視、電冰箱、噴射機、電腦計算機……所給人類的方便到什麼程度！

第二，但是，科學技術又是它自己的弗蘭坎斯坦（Frankenstein）。㉖直到目前爲止，科學技術固然重大地給予人類以便利，但是它卻無法消滅它所形成的不便。我們且看羅素有趣的描寫：㉗

電力被當做一種動力來源比起用電報來，是新近得多的一件事，而且尚未產生電所能產生的一切結果。電力來源對社會組織的影響之最值得注意的特點乃電力站之重要。電力站之設施，無可避免地增進〔權力〕之中央化。雷普塔（Laputa）的哲學家們能夠藉著把他們的一個浮島安置在叛變的附庸和太陽之間來使附庸降伏。今日能夠操縱電力站的人們可以做與此極相類似的事。只要一個社區在照亮、暖氣和煮食方面倚賴他們所操縱的電力站，那就不愁這個社區裡的人不對他們唯命是從。我在美國住在一個農家裡。這個農家完全倚賴電力維生。有時，風雪交加，電線就吹斷了。結果引起的不便，簡直難以忍受。如果我們是叛徒而被官方有意切斷對外聯絡，那末我們只有束手就擒了。

文化所造成的不便不止科學技術所引起的而已。文化常常桎梏人的思想活動並且壓平了人的原創能力。這在事事講求規合「古法」的文化尤然。當著一切思想和學術都得以「古法」爲標準，哪有今人活動的餘地？今人事事必須法古，豈不是爲古人而活？

於是，人被淹沒在文化對文化的倚賴所形成的文化墮性的大海裡，離著人的「自然狀態」日遠了！因

㉖ 弗蘭坎斯坦是有人造的一個怪物或毀滅的機器。但他不能控制這個機器，或者這個機器毀滅了他。這是隱喻科擊技術——不是科學的本身——之導向自我毀滅。

㉗ B. Russell, *The Impact of Science on Society*, London, 1952, p.36.

此，產生了反動。許多人喊出「回到自然」。有些實行家則提倡「天體運動」。李耳是這一反動之最老資格的偉大導師。他在兩千幾百年前給文化肥腫到矯僞不堪的君子吃一服清涼散。時代到了二十世紀六十年代，更需要這服清涼散！

第三，時至今日，人類文化的器用發展，已大大逼近了人類體能所企及的潛能極限。今日高速工具的飛躍發展，支付了我們多少緊張，又製造了多少精神病例？流風所及，要血肉之軀在運動場上像賽車似的，爭一秒十分之一的快慢。勝者像僵屍一般倒在地上笑；敗者像僵屍一般地倒在地上哭。這不是瘋狂麼？社會的存在支配著人的意識底層。在這個高速和複雜的機器時代，人不知不覺地跟著機器學樣。結果，他們在高速和複雜中掙扎。人在這偉大的機器時代成了機器系統的附庸。有一位飛行專家這樣說：「我們的飛行機器迅速接近許多能力，以致飛機用人來駕駛的話，與其說是幫助飛行，倒不如說是對飛行的懲罰。」㉘

第四，一個文化的現階段既然必須倚賴在它前面的階段，於是，如果我們愈能清楚地認知某一群體過去的文化發展的線索或支配它的潛力是些什麼，那末我們愈能測知這個群體的未來行爲。例如，說英國在五年之後會變成一個獨裁國，或蘇俄在一九七〇年變成英國式的民主國，這都是不可想像的事。

七、歷史與文化

如前所述，至少在一百萬年前人類即已有文化，但是人類在一百萬年前並沒有寫的歷史。在這一意義

㉘ Mischa Titiev, *The Science of Man*, 1963, p.373.

之下，文化是歷史的先驅。這也就是說，人類可能有無歷史的文化，但不可能有無文化的歷史。文化是歷史的必要內容。德國晚近有一派學人喜把歷史與文化絞在一起談，這似乎不算不自然的事。早期開始從事這類工作的人有福洛賓尼斯（Frobenius）、格雷布尼爾（Graebner）和安克爾曼（Ankermann）等人。後來施梅特（Schmidt）創用「文化歷史的方法」。就重建過去而言，這個方法的確是歷史的，但同時又是圖式的。歷史學家可依這一圖式來任意選擇過去的文化史實，這就不大合於科學的態度與方法了。

溫德邦（Wilhelm Windelband）認爲嚴格的科學是普遍的，因而是可以推廣的；而歷史是特殊的，因而無從推廣。瑞克特（Rickert）認爲科學是研究自然的，而歷史所涉及的則是屬於「精神」的題材。屬於「精神」的題材就是文化。自然與文化各有其範圍。前者可用科學方法來研究；後者則只能用歷史方法來研究。瑞克特和狄勒泰（Wilhelm Dilthey）這些人的學說各有不同的地方，但是他們都把歷史中心論（historicism）與源自康德及黑格爾傳統的唯心論聯繫在一起。依此出發，他們認爲歷史之最後的成素是人類的思想、目的和動機，而不是自然界的東西。歷史之眞正目的是再建這些「精神的」事實之原義。除此以外，瑞克特更致力於批評歷史與自然科學之邏輯與方法學的差別。在一大堆歷史事件中，我們選擇什麼，以什麼爲值得研究的，系受主要的價值觀念之支配。所以，瑞克特認爲，歷史學家只研究那些與價值有關聯的事實。

狄勒泰算不得是十九世紀下半葉的最大思想家，但他卻維護歷史中心論甚力。正如梅葉霍夫（Hans Meyerhoff）所說，[29]狄勒泰的重建歷史中心論的工作是分兩個方向進行的：第一，他認爲研究歷史需要一種新的心理學，藉以窮究心靈活動之實在。第二，狄勒泰試行制定一套概念和範疇，藉以區分文化之學

㉙ *The Philosophy of History in Our Time*, edited by Hans Meyerhoff, New York, 1959, Introduction, pp.17-18.

及自然科學。

我們怎樣知道有關人事研究的界域呢？狄勒泰說有三種方法。第一，藉黑格爾及蘭克（Ranke）的方法，從瞭解歷史之流及其中所表現的觀念來透察歷史問題。第二，照施賴爾馬赫兒（Schleiermacher）的解釋法，他試行瞭解歷史之流的普遍觀念怎樣進入一個人的心中。第三，從研究康德的範疇和傳德倫堡（Trendelenburg）的類型，他企圖建立歷史的理性在人心中凝成的形式。㉚

所以，巴拉克勞（G.Barraclough）說：

就狄勒泰而言，正像唯心學派其他的人一樣，他們據以反對科學的歷史之基礎，乃是自然與精神二者之互反，尤其是他們所說的自然世界與歷史世界之互反。這也就是說，自然科學所涉及的世界與歷史所涉及的世界是互相反對的。他們認爲那些劃分歷史與自然科學的特別要件，是歷史所涉及者乃一道德世界，而道德世界不能用統計方法或依因果「律」來研究。因爲這些方法消除人的創造功能。歷史所涉及者爲單一的事件，爲精神，爲變化；而自然科學所涉及的是整齊劃一的現象，是可以重演的現象，並且科學所致力的是要發現普遍的原理。科學家對特殊事實之所以發生興趣，只是爲了發現或證驗普遍律；歷史學家所涉及的是對特殊事實的估量。特殊事實的性質，即令可用普遍律來說明，也不能完全說明。所以，簡單地說，歷史學家的工作是欣賞獨特性和價值。㉛

㉚ William Kluback, Wilhelm Dilthey's Philosophy of History, Columbia University Press, 1956, p.59.

㉛ G. Barraclough, Scientific Method and The Work of the Historian, in *Logic, Methodology and Philosophy of Science*, edited by Ernest Nagel, Patrick Suppes and Alfred Tarski, Stanford University Press, 1962.

這一路學人的辦法有兩個步驟：第一步是將「自然」與「人文」一刀兩斷地切開。第二步是把歷史與文化視作互爲表裡的精神實體，並且從而強調歷史和文化的獨特性。這種想法，作爲一種體驗來看，有時頗爲深切。這種想法有時頗易被人接受。之所以如此，有這幾種原因：一，所謂「人文」尚未大量用科學方法研究，以致還有許多死角未被科學方法達到；二，合於人的直覺感受和感情的纏繞；及三，價值觀念對認知作用的牽連。儘管如此，這類說法沒有現代科學的根據，並且經不起解析哲學的分析。㉜

克魯伯的看法比上面所述看法較有改進。他把瑞克特的看法與現象的概念化之層面的看法聯在一起。他放棄科學與歷史之截然劃分的二分法，而採取層層漸進的看法。㉝依此，他把文化史與歷史科學同樣看待。

近年來若干中國文化份子所說的「歷史文化」，實在既不成其爲歷史又不成其爲文化。這等人士之談「歷史文化」先設立了一套玄學。這一套玄學是採取黑格爾精神現象衍發的軌轍，加上擬似康德的理性架構洗禮過了的中國理學，糅合我族中心主義的情感而形成的。從這套玄學基礎出發，與「唯物史觀」對立，將歷史事件作塡料而構成一個文化史觀。不多也不少，這是一種玄學思辨的演習和思古之情的彈奏。它不是對文化作經驗科學的研究，也不是對歷史作緊貼史實的客觀曬露。因此，它不能幫助我們對歷史和文化作任何眞切的認知。在邏輯程序上，如果一個人要接受這種文化史觀，那末先得接受站在它源頭處的那套玄學。如果一個人不接受那套玄學，那末便不接受這種文化史觀。乍看起來，這種文化史觀好像包羅

㉜ 探討這類問題之比較深切的論著近年來在增加中。讀者如有興趣，可閱下列兩種：Patrick Gardiner, Theories of History, Illinois, 1959, Part II. Philosophy and History, edited by Sidney Hook, New York University Press, 1963, especially Part IV.

㉝ Alfred L. Kroeber, Integration of the Knowledge of Man, in *The Unity of Knowledge*, edited by Lewis Leary, New York, 1955.

萬象。在實際上，這種文化史觀只是依帶情緒的價值判斷而做成的選擇系統，而且是一種線條不清或界劃不明的選擇系統。唯其是一種線條不清或界劃不明的選擇系統，所以許多東西可以被收容進去也可以被排斥出來。多少像柏拉圖一樣，這些文化份子在自己的文化斷成碎片時用哲學名詞和美感想像交織成一幅綺麗的文化夢境。他們藉著神遊這一夢境而自大，而勇敢，而避免了失落的空漠之苦。

我們於是面臨一個選擇：在這一現實的、蛻變的動亂時代，我們是鴕鳥式的躲進幻構的美麗文化織錦裡去，還是本著科學的態度和方法睜大眼睛正視現實？

八、文化的繁縟化

文化的繁縟化之最顯而易見的層面是器用和裝飾，但不限於器用和裝飾。語言、思想和制度都可以是繁縟化的著落處。繁縟化是文化發展的重要推動力之一。在這個地球上，完全沒有繁縟化的文化是很難發現的。如果其他條件不變，那末文化的繁縟化之趨向是無可避免的。現代西方文化因講求效率在禮儀方面的繁縟化已較中世紀減少了許多。現代西方人已經很少花很多時間用在彼此的禮儀上。但是，現代西方文化在器用方面之繁縟化遠非中世紀可比。因此，現代西方人固然很少花很多時間在彼此的禮儀上，但是卻很少人不花很多時間在享受器用上。時至今日，至少在西方世界，大多數人幾乎無日不與器用接觸，他們的精力幾乎大部分用於適應科學技術所造成的器物。現代的飛機固然快速，但是人旅行的次數相應地增加。電話固然方便，但是人際接頭的事件也相應地增加。這可以使我們明瞭，爲什麼現代西方的器用這麼發達，可是並未給現代西方人帶來安閒，反而造成緊張和忙碌。工業主義是今日世界文化發動的引擎。全世界正在這一引擎的發動之下忙著走。佛家不能與之抗，李耳拖不住它的後腿。

如前所述，繁縟化是文化發展的一個主要動力，如果人類的文化活動像別的高等動物的活動一樣，只是爲了純生物性的生存或基本欲求的滿足，那末其演變動力一定不及迄今之大，甚至會停止下來。果眞如此，我們不難想像，人類現在的文化狀況與一百萬年前的舊石器時期相差無幾。可巧，自古至今，有些文化在許許多多方面發展到滿足了其中文化份子的基本生物需要就停下來，然而另外有些文化要件的發展則多少超過基本生物需要的程度。「茹毛飲血」式的吃是爲了滿足吃的基本需要。但是，「國宴」就遠超過基本需要以外。很少能夠參加「國宴」的大人先生會因少吃那一頓而餓得死的。太古時代穿獸皮是爲了禦寒；但現代穿巴黎時裝則遠出基本需要以外。敦煌壁畫至少與直接的需要無關。人類在他們文化發展的途程上，常常爲了一些無關實用的目標而努力。理想是其中之一。爲藝術而藝術，使藝術的發展趨於純粹。爲學問而學問，使學問易於接近眞理。畫「最後的晚餐」並非爲了最後的晚餐，所以不朽。如果說人類和其他高等動物有什麼分別，那末這是一個基本重要的分別。

迄今爲止，很少社會的文化份子安於把他們的文化之每一方面都停留在僅夠滿足基本的生物需要之階段；而是在許多方面向著繁縟化或文飾階段走去的。原始藝術便是很好的說明。南太平洋中復活島（Easter Island）上巨大的石像，法國的凡爾賽宮，紐約的帝國大廈，巴黎的艾佛塔（Eiffel Tower）和印度的泰姬陵都是顯著的例子。在「物質文化」方面是如此，在禮儀方面也是如此，於是而形成「繁文縟節」。「歷史文化」愈悠久者，繁文縟節之堆砌可能愈多。一個文化繁縟化過度，舉凡行動、思想或反應方式都爲繁縟所累，顧忌特多，這個文化是難免於潰崩之局的。㉞

㉞ 例如。思想也要「接著」宋儒講下來。這好像把血緣方面的統緒觀念移到講思想。所謂歷史中的「思想脈絡」根本就是事後藉一種眼光的選擇來湊成的。誰能證實有一幻想中的先天的思想脈絡，而後天的思想只是實現它？

在歷史中，一個文化過分繁縟化時，如果遇到外來文化的挑戰，那末發生反應不靈的現象。如果這一外來文化是一少繁縟而又生機蓬勃的文化，那末原有文化殆難免於消滅的結局。自古文明帝國之敗於「野蠻的」新興民族，原因之一在此。宋帝國之敗於蒙古人，明帝國之敗於滿州人，重要的原因之一在此。新興的民族因繁縟較少，無論是考慮問題，還是採取行動都牽掛較少；於是他們能充分施展能力，發揮銳氣，而創建新的局面。

九、文化理想與文化現實

「人是根深蒂固的規律製造者。」這也就是說，在人的內心深處，喜歡製造一些規律。這裡所說的規律，並不是自然律，而是行為所當遵守的規律。人在一方面喜歡製造規律，同時又要求大家遵守，在這背後蘊涵著價值與理想。克羅孔說：

人這種動物的天性似乎為著種種理想而努力，正如同為著基本的生存而努力一樣。在這一田地裡，理想同價值二者的範圍幾乎是相等的。可是，理想的概念中並沒有「選取」或抉擇的性質。選取或抉擇乃價值的一個別異類（differentia）。況且，至少在公共的發言場合，「理想」一詞含有

一定要「跟著前人講」，就是一定把自己的思想作垂直式的封鎖。思想天地裡沒有孝子賢孫。一定要撇開前人的思想，是斷送自己思想的可能資源，至少是可參考的去處。一個在思想上真正有辦法的人，既不是為了滿足酸溜溜的「接香火」的統緒感而刻意跟著前人走，又不是為了做叛徒而故意避開或拗逆前人，而是：該怎麼想就怎麼想。

「不可達到」的意思。不可達到，與可欲的及可能的意義相反。除有擬似神秘的意涵以外，理想還有來自柏拉圖以及別處的玄學意味。因此，理想一詞是否能夠成爲一個科學名詞，令人不能無疑。也許有人說，一個理想是一個人或一個團體特別視爲有價值的目標。阿底亞（Thomas O'Dea）提議把理想定義爲「在一個假設的具體情況裡一個價值之有條理的實現」。他舉例來說明這個意思。孔制傳統中國裡的士君子，印度的獨立，以色列的天國，都是理想。㉟

當一個文化高度發展時，文化所構成的體群習慣常語言化或概念化而成理想的規範或行爲模式。實在，每一個文化都或隱或顯地有其文化理想。基督教文化有基督教文化的理想。伊斯蘭教文化有伊斯蘭教文化的理想。孔制文化有孔制文化的理想。這些文化理想，除了含藏在經典和世界觀裡以外，又形之於傳統的社會規範。傳統的社會規範規定個人或群體應該怎樣。這類要求就是制定行爲的規範型模（normative patterns）。在涵化過程中，文化份子藉著規合於這類行爲的規範型模而向該一文化理想趨進。就中國傳統文化來說，這就是「法古今完人」，就是「希聖，希賢，希天」。一個文化的這一層界叫做理想文化（ideal culture）。和理想文化在某種意義之下對待的，就是實際文化（real culture）。實際文化就是一個人或一個群體在實際行爲中的文化。例如，「勿取不義之財」是理想文化中的一個項目，而我們日常的「忙財」則是實際行爲中的文化。

我們在上面把文化分作「理想文化」和「實際文化」。嚴格地說，這一劃分只是概念的劃分。問題討論到這裡，很容易轉出下面一個問題：實際文化是否能夠完全規合於理想文化？我們的答覆是：實際

㉟ *Toward a General Theory of Action*, edited by Talcott Parsons and Edward A. Shils, Harvard University Press, 1954, p.432.

不可能的。何以呢？假定理想文化爲一極限，實際文化向它逼近，這會產生下列幾種情形。第一，如果一個個人的行爲規合於一個文化理想的某一個要求或某一些要求，那末他不一定能在一切情形之下規合於一個文化理想的一切要求。就中國傳統文化來說，確有文化份子不取「不義之財」。這種人可視『錢財若糞土』。但是，他也許好色。這就不規合於「聖人之教」，雖然「聖人」自己也不見得一定不好色。如果這個人既不好貨又不好色，那末他也許好罵人。這也不合「聖人之教」，雖然「聖人」自己對罵人頗感興趣……這樣一直想下去，只要有一個要求他有一次不能規合，那末就是他在實際文化中不能完全規合於理想文化。第二，個人尚且如此，包含許多個人構成的群體的實際行爲之更難規合於文化理想，那是更不用說了。第三，實際文化之向理想文化逼近時，逼近的程度之大小受逼近時文化份子所在的實際情境之影響甚至決定。在同質而且穩定的社會裡實際文化規合於理想文化的程度大於異質的和不穩定的社會。這種變化很容易見之於道德行爲中。在同質而且穩定的社會裡，要婚姻關係穩定，要人說話守信，要人講義氣，都比較容易。可是，在異質而又動亂的社會裡，要人規合於這些要求，那就困難得多。在一個社會文化的變遷裡原有文化要件逐漸歸於消失或廢置時，規範型模常能延續一段時期，至少它在教堂或孔廟或學校教科書裡存在。其實，在這種情形之下，這樣的規範型模已與當前的社會情況不合了。例如，現在還要中國婦女守「三從四德」，是不會引起太多人附和的。因爲它已經失去了實際的內容和原有的道德動力。如果有任何權威把這樣的規範型模予以倡導、強調或灌輸，那末因它表面的應迫聲威猶存且夾雜著現實權威，以致少有人敢於正面迎頭反對，而不得不相率作表面的附和。在這樣的情形之下，一定會出現道德的「僞君子」，打起「道德官腔」。於是，道德愈提倡愈空虛，愈沒有人聽。到了這個地步，道德之被糟蹋，已是無以復加了。

十、文化與價值

價值是文化組成的要素。價值爲文化質料的組織提供種種羅聚的方式。我們要充分瞭解一個文化，必須深入地去瞭解它的價值系統。如果我們不瞭解一個文化的價值系統，那末該一文化的事物呈現在我們前面時，將爲不知有何意義且在時空中偶然碰在一起的一堆東西而已。比如我們遊歷埃及。埃及人自己正在金字塔旁玩得起勁，我們則瞠目不解，只是傻笑。之所以如此，一方面的原因，是我們沒有摸清埃及人爲什麼有這種動作之背後的價值系統。第二次世界大戰期間，我在雲南昆明等地看見美國軍人常請中國小姐一起拍照，但常遭中國小姐拒絕。美國軍人就說：「我不明白她爲什麼這樣害羞。」他們的確不明白。他們從自己的文化價值出發，沒有摸清那藉中國風俗習慣而展布出來的文化價值系統。「入境問俗」之必要在此。我們不能設想這個地球上有無價值含在其中的文化。我們只能設想有價值而尚未明文化或形諸社會實際的行爲。例如，某些道德理想、宗教天國、黃金世界等等。價值常常藏在目的裡面。人往往爲實現某一目的而活動，因此也就是爲著某一價值的追求而活動。美國商人瘋狂競爭是爲追逐經濟價值；印度人曾成千地跳入恆河是爲了追求解脫現世苦厄的永恆價值。價值是有生物稟賦並且在社會中生活著的人之文化的心靈活動之產品。這種文化的心靈活動回頭又延續、豐富或改變文化。文化的改變常爲價值的改變。

價值有屬於某一個人的，或一小群人的。卓越的藝術家，時代的先驅，偉大的思想家，宗教的創建者，這些人物的價值常常是各自醞釀的。在他們的價值尚未得到眾人瞭解與接納時，他們的價值只是屬於個人的。於是，他們受到冷漠，有時甚至受到迫害。蘇格拉底，早期的皮卡索，早期的蕭伯納都是。一旦他們的價值被眾人瞭解和接納時，他們的價值便社會化了。在一個歷史悠久的文化中，最大多數的價值是社會活動的產品。當著一組價值只爲社會中一小群人所分享時，這一小群人常被視爲特殊人物。例如，

「竹林七賢」、「四大寇」。

毫無問題，價值是每一個人的心靈眞實內容之一。人的心靈與高級計算機的重要差別之一，就是人的心靈能作價值判斷，尤其能作超越一個時代的好惡和一個人群的是非之偉大的價值判斷。羅素就是這種人物，梁啓超也有這種氣象。[36]個人所涵攝的價值，有時是他自己創造的，有時是社會價值的內化，[37]有時是二者之混合。可是，無論是怎樣形成的，個人的價值有而且只有這個人的價值才是一切的價值的眞正著落點。離開這一眞正著落點而談價值，一概是虛構（fiction）。同樣是文化價值，有個別差異。一個人的價值觀念，固然多由社會價值的內化形成，但畢竟在他個人私有經驗裡涵育。當然，他在其個人私有經驗裡涵育的價值，一旦見之於行爲，可能受到社會的接受。如果他的價值受到社會接受，那末便是得到社化。於是，他產生大家的事即是他自己的事之感覺。他做公事與做私事一樣認眞。在一個群體中，如果大多數人的價值取向相同或輻輳於同一目標，而且又得到種種鼓舞，那末就會發揮巨大的動力。在歷史上，許多劃時代的運動之所以能夠成功，都含有這個必要條件。狂飆時代，明治維新，德意志復興，土耳其復興，工業革命，美國拓殖，辛亥革命，北伐運動，戰後亞非反殖民運動，都是顯著的例子。

然而，這一點也不意含著說，一個群體或一個時代大多數人分享的價值，一旦離開了一個一個的個人心靈，尙有一個獨立的實體存在。如果尙有這樣一個獨立的實體存在，那末它是掛在哪棵樹上的呢？如

㊱ 我們看他的〈志未酬〉等作品。

㊲ 這裡所說的內化（internalization）並不是什麼神奇的事。內化就是一種學習程序，或已經習得了的情況。內化的學習與別的學習程序不同的地方是，在內化時本人對促致他內化的情境、條件和影響力都未自覺。在這樣的情形下，最易滋生一些附會。例如說，「先天道德」、「先天理性判斷」。我們把一個人從小送到一個渺無人煙的孤島上，吃魚蝦和海鳥蛋謀生，我們看他到哪裡去「找先天道德」，哪裡去找「先天理性判斷」。

果許多個人集成群體時有共同的價值取向，那末可能表徵而爲共同的模式行爲。例如，行納粹敬禮、唱國社黨歌、打殺猶太人、爭取生存空間。在這類情形之下，我們說有一個「普遍的心」，這只是一種方便的說法。拆開一個一個的個人的心靈，哪裡去找那樣的一顆心？依此，某一價值在某一時代爲某一群體所共用時，我們就說這一價值乃群體價值。價值之這樣的群體性適足以表現其無名性，而且爲什麼像是從「良心」發出的任何價值，當開始內化時，似乎是新的。但是，爲時既久，而且前後左右上下的人都是一樣的，這種新異的感覺逐漸消失，而且日漸覺得是「若固有者」。中國文化份子從前之敬皇帝就是如此。因爲敬久了，就不成其爲問題。人間有些所謂「眞理」常常如此。在這種情形之下，價值對個人及群體的支配力，不僅未曾消失，反而增強。因爲大家未自覺而視若當然，行之習之而不察之。這是文字前期的社會的一大特色。

十一、文化的普同基礎和特殊形色

各個文化的普同基礎是些什麼，並沒有像太和殿的基石般地擺在那裡歷歷可數。各個文化的普同基礎是藉著觀察、分析、比較及綜合得來。所以，嚴格地說，各個文化的普同基礎是一些概念的建構（constructs）。既然各個文化的普同基礎是一些概念的建構，於是無可避免地牽涉到理論問題。既然概念的建構無可避免地牽涉到理論問題，於是難免有所出入。

我們要追尋各個文化的普同基礎，首先必須找到各個文化共同的「恆常基本單位」。各個文化的恆常基本單位是什麼呢？這是一個基本而又頗難解答的問題。在生物學中，我們可以拿細胞作生物的恆常基本單位。我們拿細胞作生物的恆常基本單位，比拿「一塊肉」或「一段木頭」要方便研究得多。在物理學中，我們拿原子、核子、美遜等等作恆常基本單位。我們拿這些東西作恆常基本單位元，在作物理研究時，比拿「一粒沙」或「一斤油」要有結果得多。各個文化的恆常基本單位是什麼呢？現在，有許許多多人士一提到文化，有的把它說成「人文」和「理性」。如果「人文」和「理性」係指文化的全體，那末我們不能由之而知道怎樣的全體形態。如果把「人文」和「理性」作恆常基本單位，那末我們由之建造不出有關文化的任何積極和特定的知識。既然如此，於是它們只是兩個空漠的名詞。可是，正因如此，任何對文化沒有特定知識的人士可以很方便地舞弄它們，而得到孫悟空翻筋斗式的滿足。這樣空漠的有元，顯然不能作各個文化的恆常基本單位。頭腦稍微清楚的人不會這樣玄鬧的。與這種「人文」「理性」說相親近的，還有另一蒙說。這類人士談起文化，給人的感覺是文化像一種氣氛，一股流水，或籠罩著大家而又帶感情的一團煙霧。克裡特島上有許多年老的橘樹。當冬天霜降時，橘農放些煙霧來暖護這些橘樹。許多人在心地淒寒且怕見外界眞相時，這樣的煙霧對他們是很受用的。可是，他們的眼睛卻因此陷入半盲狀態。人在半盲狀態裡可能產生奇妙的世界觀、人生觀、歷史觀和社會觀。這些個觀可能是偉大文學或悲劇藝術之難得的題材，然而卻不適於作各個文化的恆常基本單位。

各個文化的恆常基本單位是什麼？正如克魯伯等人所說，[38]在一般文化裡找不出像純生物世界那樣基本而又齊一的單位，像細胞、基因（gene）之類。有的文化學家說，特徵（trait），有面對面的關係之小社群，都是構成文化的恆常基本單位。哈瑞斯（M. Harris）說文化的最小單位是行子（Actone）。[39]這些建構各有其相當的理由。可是，關於這方面的問題似乎尚未作基本的研究。顯然得很，就特徵而論，我們

㊳ A. L. Kroeber and Clyde Kluckhohn, *Culture*, 1952, p.162-165.

㊴ Marvin Harris, *The Natrue of Cultural Things*, New York, 1954, 3, The Smallest Cultural Things.

很不容易確定地把它劃限爲一個單位。復次，在同一文化裡，許多被認爲單位的特徵可以結合起來成爲更大的文化叢結單位。例如，結婚是規範特徵和藝術特徵加器用特徵形成的一個文化叢結單位，葬禮也是如此。雖然是這樣，我們還是可以找出一些文化的普同基礎。

各個文化無論怎樣不同，它們不可能不受二大層界的限制：第一，物理的限制。任何文化，無論它標榜理想和精神的價值到何等地步，它逃不過這第一關。客人一進門就「請坐」，這在文化上也許是表示禮貌。可是，藏在這一禮貌背後的是生理舒適之必要。而這一生理舒適之必要之所據，係爲了避免受地心引力之苦。長期罰站是一件吃不消的事！依此，椅子、沙發、蓆子、榻榻米之類紛紛出籠。我們沒有聽說客人進門「請上吊」的。第二，任何文化要能出現並能存續，必須不斷地滿足生物邏輯的需要。一個人在較長時間以內可以不結婚，但一個社會不可能在較長時間以內不結婚。

除了共同受上述限制以外，各個文化共同的地方還有許多。我們現在且臚舉最重要的。第一，無論精粗，所有的文化都有工具。如果一群人聚集在一起而且毫無工具，那末怎樣構成一個文化並繼續生活下去，實在是不可想像的事。考古發掘，常常發現若干工具和人的骸骨在一起，可爲明證。第二，語言與或文字與或符號的發明及使用。如果沒有這些東西，那末人類的觀念根本無由表現、傳達和滋衍。所有的眞人（Homo sapines）都有語言，有些現代人有文字與或符號。有了這些工具，人類的代數心（algebraic mind）才有著落處和運展的可能。這麼一來，觀念的應用才不局限於一例而能概念化或普遍化。例如，「0」這一符號爲巴比倫文化、印度文化及馬雅（Maya）文化各自獨立發明。可見，就這一方面來說，眞是天下「此心同，此理同」。第三，既然人的生理稟賦在基本上相同，生物邏輯的需要也在基本上相同，於是有些文化的始基常項爲一切文化所共有。沒有文化視死亡爲遊戲的節目，獎勵無條件撒謊，盜竊自己人的東西，親子性交，對社群以內的人無故施暴，平常時期置死人於不顧，對精神病患者樂與之遊。

宗教與魔術似乎是一切文化所同有的。關於兩性關係，照料下一代，對不同年齡的人之地位安排、社交生活、權力欲怎樣滿足、死亡的解釋及其處理、疾病的治療，這些問題任何文化都得正視。所以，克魯伯等人說：「……如果我們能夠恢復足夠的古老和失去的證據，那末我們就不得不承認每一個文化藉著傳衍方式在內容方面與地球上每個別的文化有相同之處。……」。[40]這雖然只是一個假設，但這個假設卻可導引我們進一步探究文化的普同基礎。

然而，對於同一問題常有不同的解答，於是，文化之種種不同的形色便出現。同爲禦寒，不同的時代和不同的社會有不同的設備。打仗的花樣更是日新月異。試把不同的文化加以比較，我們就可以發現不同的文化有不同的價值權量和不同的價值取向。所以，我們要眞正瞭解各個文化，必須瞭解作爲各自文化精髓的特殊價值系統與或次級價值系統。

依此，我們必須承認各種文化份子有保持各自不同文化價值的權利。於是，憑藉武力來把自己的風俗、制度、價值觀念灌輸給不同的文化，而且對不接受者施以懲罰，這可能引起文化的不安。文化的不安對雙方都是不利的。有的社會宴客時要用那末多的器具以顯豪華；可是，在食前必須洗手的社會看來，餐桌上擺那末多東西簡直是不潔，並且那些做作近乎鄙俗。印第安人從磨光的石斧得到美感，也許中國農人會把它丟在屋角裡去。非回教徒覺得紅燒豬肉鮮美；但回教徒則認爲不潔。當美國人說中國茶苦時，他忘記咖啡更苦。當中國人聽說非洲土人吃蟲時搖搖頭說他們野蠻，卻忘記了自己吃蠶蛹，而廣東人對蟲蛇的興味正不下於非洲人。英國人笑法國人吃青蛙，可是他們自己喜歡吃螞蟻。雖然如此，這並不涵蘊著說一切文化形色背後所佔立的價值都是同效的。奴役、活埋、溺嬰、獵頭祭、火焚殉夫等等都違反生物邏輯。

---

⑩ 同註㊳，Note 39.

這些「野蠻」的事端正在地球上慢慢消逝。這表示正有一個更高的普遍可欲的價值在形成和增長中。聯合國正是促進這一價值的偉大機構。

十二、文化所在的層次、原料和功能

文化是有關人的一切事物，但不止包括生物的或有機的東西。文化之形成，預先含有人的身體，也一定預先含有在群體中聯繫起來的人。一個單獨的人創造不了文化。文化不止是生理及行動的總和。因爲文化現象不止於是這些東西之總和，所以文化不能僅藉這些東西而得到完全的瞭解。僅僅靠生物邏輯不能完滿地說明人爲什麼會造斧頭、有財產法、有禮儀、並且作祈禱；爲什麼這些東西各有其功能並且繼續發生作用；爲什麼這些東西常有各形各色的特徵。任何文化，除了物理的層面作必須的基礎以外，還有生物的層面作其必須的基礎。除了生物的層面作其必須的基礎以外，還有心理的層面作其必須的基礎。在實體層面與生物層面之間有一個中間的界域。這個界域叫做物理生物的（physico-biological）界域。在生物層面與文化層面之間有一個中間的界域。這個界域叫做生物文化的（bio-cultural）界域。在這一界域裡，生物的因素與文化的因素交混起來滋衍出生物文化的行爲。例如，男女間的純性行爲是生物邏輯的。在教堂做禮拜是文化層面的事。在教堂舉行結婚禮則是「生物文化」的行爲。從實體層面中間經過物理生物界域到生物層面，從生物層面中間經過生物文化界域到文化層面，是一長期演變的歷程。生物層面的律則有異於實體層面的律則。文化層面的律則有異於生物層面的律則。這些層面可以分開來述說，但在實際上它們不能完全劃分開。這些層面之間的關係，我們可以作一個圖解表示出來：

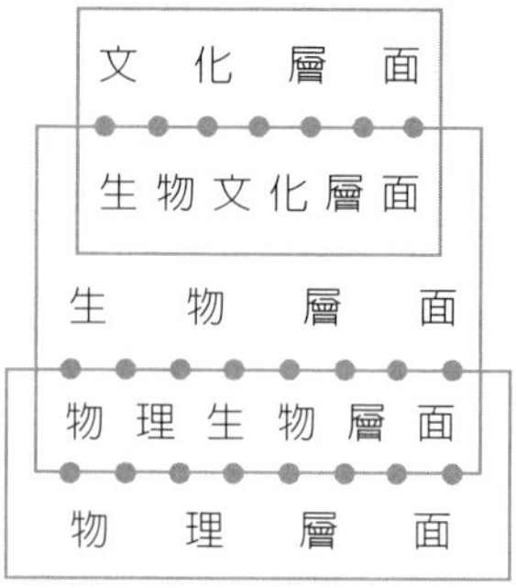

構成文化的原料是千殊萬別的。有些原料很古舊；有些已經瀕臨死亡；有些雖老但還是很有活力；有些在往昔從別地借來，至於來自何處則早已淡忘；有些浮動於一時，有些則根深蒂固。文化原料中之屬乎觀念和價值方面的，可以形變爲政策，可以形變爲哲學材料，[41]可以塑成人生觀，可以形之於正氣歌，可以表現殺身成仁，捨生取義，可以特定化而爲十字軍精神，捨身救世，也可以表現在切腹自殺方面。

除了前面所說的種種以外，我們要認識文化的功能，比較容易入手的方法是將文化看作某一群體生活的整合模式，或一個社會整合的程序。人要能聚群而生，在價值觀念或行爲模式上大家必須有公認而且共守的「整合」模式。這樣，人與人間才能打交道，才能預料期待的結果。[42]於是，社會秩序才能建立。社會秩序建立起來了，人與人間才有安全感。人與人間有安全感，社會團結才有可能。如果不然，那末一

---

[41] 中國哲學，尤其是古代哲學，比如《易經》董仲舒的陰陽五行說，與其說是哲學，不如說是人類學的題材更恰當。

[42] 舉個小事為例。在中國社會文化裡，甲碰到和他相識的乙即點頭示意。這時，甲是認為不成問題的乙會回點頭，而不會一耳光打來。甲之所以能作這種預料期待，這是因為在中國社會文化裡大家在行為上有這樣共守的「整合」模式。如果「整合」模式破壞了，那末大家就不好打交道了。

定導向社會崩解。比如說，張家少爺準備娶李家小姐。兩家在五月端陽節約定明年正月初十男娶女嫁。在這中間的一段時間，男女雙方各各籌辦大事。到了明年正月初十，不成問題，女方的李小姐被用轎子抬往男方完成大事。這裡所說的「不成問題」，就預先涵蘊了一個經歷長久時期建立起來的並且經社會公認的有關婚事之「整合」模式。就中國文化來說，愈是在文字前期的鄉村社會裡，這類整合模式愈硬性：在中國文化基型尙未崩解以前，鄉村裡的婚姻關係要解除，在風俗習慣上是一件難事。在這種氛圍裡，有所謂「指腹爲婚」，有所謂「一言定終身」。就剛才所舉的例子來說，如果到了正月初十李家準備把小姐用轎子抬到男家去完婚，但是站在男家禮堂中的卻已經是趙小姐，那末受到這種死刑式羞辱打擊的李小姐，只有「鑽地洞」了。這一例子說明，在任何文化中一個個的人在一個複雜的社會群體中被各種各樣的方式聯繫起來。而在這樣的聯繫中，個人與個人間的社會關係便以各種不同的程度被限定了。

第四章 近代中國文化的基線

一部《紅樓夢》，現在有些人說它是一部出色的文學作品，也有些人對它不感興趣。的確，現在一般青年男女對於那部作品裡的生活情調是難以領會的。尤其是在群集社會（mass society）裡長大的青年，對於賈寶玉和林黛玉式的委婉、含蓄而又軟性的愛情，簡直難以想像。從前中國人談愛是以情爲主調；現在一般人談愛是以性爲中心。彼此之間的文化鴻溝是這麼大，怎會容易瞭解呢？同樣，對於一部作品，怎能有相同的感觸呢？

如我們常見的，同樣一本書，有人看了說「好」，另外人看了可能說「不好」。即令一本書的好壞有它的「內在絕對價值」，而且許多人的確有這種眞實的感覺；可是，如果我們要訂立一條普遍的評準以便在「好書」和「不好的書」之間劃一條客觀的界線，即令不是不可能，也將是一件極其困難的事。當著人們辯論一本書的好壞時，大都忘記了自己。在目前這個地球上，許多人忘記了自己。愛管別人的尤其健忘了他自己。愈是愛管別人的人，愈是愛健忘了他自己。跟人辯論一本書的好壞的人忘記了自己的什麼呢？他們忘記了自己頭腦裡裝的東西。他們不曾自反到，無論他們評論哪本書的好壞，都是從他們在讀那本書以前自己既得的知識之深淺、感情偏向、價值觀念、實際的需要，甚至於時髦或風尚出發的。而這些條件各個人或各個群體在各個時代都是多少有所不同的。因此，他們閱讀同一本書以後，所作判斷很可能各不相同。在閱讀同一本書時構成不同判斷的上列諸條件之總和，我叫做閱讀基線（reading base line）。依照這一定義我們知道閱讀基線是相對的。這也就是說，當而且只當我們閱讀時，我們提出閱讀基線，才有意義可言。如果一個人像原始澳洲人那樣不讀書，那末便不發生閱讀基線之須否提出的問題。

同樣，如果地球上有而且只有一個文化，那末根本就不發生文化接觸的問題。如果不發生文化接觸的問題，那末也就無所謂文化基線的問題。然而，可巧得很，這個地球上不只有一個文化而是有許多文化。這個地球上不只是有許多文化而且在這些文化之間常有接觸。既然在這些文化之間常有接觸，於是就發生文化基線的問題。任何一個文化與另外任何一個文化接觸時，它不可能站在文化基線的零點上。無論怎樣，它不可能不站在它與該另一文化接觸以前自己既有的文化累積上。這一既有的文化累積，也就是它與該另一文化接觸時的文化基線。這一文化基線，基本地決定著它對該另一文化和它接觸時所產生的反應結果。自中英戰爭一百二十多年以來，中國文化受到西方文化的重大衝擊，中國文化也不斷作著反應。我們現在要觀察，中國文化所做的這些反應，是從什麼基礎上出發的。我們在從事這件工作時，也就是在尋求近代中國文化的基線。

一、家

「家」的雛形之出現可能跟舊石器時期同樣早。家是文化的一個常數。但是，不同的文化裡家的建構規律和展示的倫範各不相同。在中國文化裡家的形成也早。唐朝末年巨室式微。宋代儒家再度發現家庭之社會的和道德的功用。他們重新建立家庭，藉以安人心、正風俗，而維持社會穩定。北宋時張載認為要定人心必須聚集族人，並且振起善俗，同時使民不忘本。要達到這些目的，必須立家譜，確定家庭組織，和恢復古代宗子制度。如果家族而無家譜，民不知身由何來，而且不能長保聚居，如果血親間的倫序不確立，那末親子的情份也就難以保持。到了南宋，朱熹藉引程頤的話來闡明家的「理」：

伊川曰：正倫理，篤恩義，家人之道也。古今莫難於齊家。而家之所以齊者，分與情耳。分之不嚴，則尊卑長幼，不能各安其所，而家道紊矣。情之不親，則愛敬綢繆，不能相通無間，而家道乖矣。故必正倫理，使父父子子，兄兄弟弟，夫夫婦婦，有秩然不敢干之名分，然後大小相畏，上下相維，而家道以正，家運以興。又必篤恩義，使父慈子孝，兄友弟恭，夫和妻柔，有肫然不可解之至情，然後天合者不拂，人合者無違，而家道以和，家聲亦振。家人之道，孰有踰於此乎？①

這是訂立「家人之道」的恆常倫序。又說：

伊川曰：管攝天下人心，收宗族，厚風俗，使人不忘本，須是明譜系，收世族，立宗子法。譜者，氏族之冊籍也。系者，宗派之聯屬也。宗子之法，有大有小。古者諸侯之嫡子嫡生，繼世爲君。其餘庶子，不得禰其先君。因各自立爲本派之始祖，其子孫百世皆宗之，所謂大宗也。族人雖五世外，皆爲之齊衰三月。大宗之庶子，又別爲小宗，而小宗有四。其繼高祖之嫡長子，則與三從兄弟爲宗。繼曾祖之嫡長子，則與再從兄弟爲宗。繼祖之嫡長子，則與同堂兄弟爲宗。繼禰之嫡長子，則與親兄弟爲宗。蓋一身凡事四宗，與大宗爲五也。言在上者欲統攝天下人心，收拾宗族親愛之情，以厚風俗之化，使人不遺忘根本所由來，須是修明譜牒，以辨其支派之系屬，收世代族氏之人，而立宗子之法。庶幾人人知尊祖敬宗，各有所統，而情意不至於渙散已。②

又進一步闡明「宗子之法」的重要性：

---

①《近思錄》卷六，頁一八九。
②《近思錄》卷九，頁二五四。

伊川曰：宗子法壞，則人不自知來處，以至流轉四方。往往親未絕，不相識。今且試以一二巨公之家行之。其術要得拘守得，須是且如唐時立廟院，仍不得割分了祖業，使一人主之。宗子之法，所以使人知木本水源之思者也。此法既壞，則人心離散，不自知其宗派所由來之處。以至輕去其鄉，流轉四方而不惜。往往有親愛之誼未絕，遂爾不相識若路人者，深可慨也。今欲使天下盡行其法，亦難卒行。且試以一二公卿士夫家行之，亦謂以風示天下。但其術要得拘謹堅守得定方可，須是且如唐時故事，世族立宗廟院宇，以爲棲神承祭之所，子孫仍不得分割祖宗所遺之業，於族中擇一能幹之人主管其事。夫有廟院，則人心有歸屬而不散。不分祖業，則眾志知所保守而不遷。宗法之善，凡以此也。③

又認爲族人須常相親會：

伊川曰：凡人家法，須月爲一會以合族。古人有花樹韋家宗會法，可取也。每有族人遠來，亦一爲之。吉凶嫁娶之類，更須相與爲禮，使骨肉之意嘗相通。骨肉日疏者，只爲不相見，情不相接爾。凡宗族之人，須時常相見，則志意親熟。故人家之法，每月須立爲一會之規。此乃所以合族眾使之敦睦也。古人中相傳有花樹韋家宗族聚會之法甚善，可取而行之也。其法每有族人自遠方來者，亦爲之合族人而一會，使之交相熟識；或有吉凶事及嫁娶之類，族人更須相與問遺爲禮。使親親之情，時常成貫通。蓋從來骨肉之親，所以日漸疏薄者，只爲久遠不相見。遂至篤摯之情，彼此不相接，不再傳而與行道之人無異爾。④

③《近思錄》卷九，頁二五四。
④《近思錄》卷九，頁二五四～二五五。

這裡所規劃的是家族之人維繫並貫通情誼的方式。除此以外，對於祭祀也極重視：

伊川曰：「冠、婚、喪、祭，禮之大者，今人都不理會。豺獺皆知報本，今士大夫家多忽此。厚於奉養而薄於先祖，甚不可也。某嘗修《六禮大略》。家必有廟，廟必有主。」本注云：庶人立影堂。又云：今人以影祭，或一髭髮不相似，則所祭已是別人，大不便。◯伊川言冠、婚、喪、祭四者，乃禮之大關係者，今人都不料理體會，使其名義各有所當。夫豺獺皆知祭以報其本，今士大夫號稱禮義之家，偏多忽略。豐於奉養其身，而薄於享其先世之祖宗，忘背根本，莫此爲甚，大不可也。故嘗修六禮之書。其制凡人家必立廟，以爲奉先之所。廟必有主，以爲棲神之位。而祭禮可自此行矣。月朔必薦新。本注云：薦後方食。◯月朔，每月之朕也。子孫之於祖宗，月必勿敢忘焉。因思每月各有物之新出者，供而薦之。而未薦則爲子孫者，不敢先食。所以示尊敬也。時祭用仲月。本注云：止于高祖。旁親無後者，祭之別位。◯時祭者，四時之祭也。天道三月而一變。時既易而念其祖，亦人情也。故四時必祭。而祭必用仲月者，蓋以其時之中也。冬至祭始祖。本注云：冬至，陽之始也。始祖，厥初生民之始祖也。無主，於廟中正位設一位，合考妣享之。◯冬至陽氣始生之時，始祖子孫所從生之始。祭此以時者，取報本返始之義也。立春祭先祖。本注云：立春生物之始也。先祖，始祖而下，高祖而上，非一人也。亦無主。設兩位分享考妣。◯立春者，天地生物之氣方長。凡祭始祖以下諸先祖必於此時者，取其生生不已之意也。季秋祭禰。本注云：季秋成物之時也。◯季秋者，天地成遂萬物之候。禰者，生成吾身之人，故祭禰者必取此時。蓋以萬寶告成之意。寓吾顧復鞠育之思也。忌日遷主祭於正寢。凡事死之禮，當厚於奉生者。人家能存得此等事數件，雖幼者可使漸知禮義。◯忌日，當死之日而子孫所忌諱者也。忌日必祭，祭則遷其所祭之主，安置於正寢而祭之。凡事死亡之禮義，當加厚於奉養生人之數，方爲盡誠敬之道。凡人家能存此等重祀報本之數件，常行於歲時之間，則雖家中幼小無知者，亦可使習見其事，而知生人禮義之不可無也。⑤

這是在倫教的面貌之下復祭祀之古，於是，「厚於奉養而薄於先祖，甚不可」，「凡事死亡之禮儀，當加厚於奉養生人之數」。這也就是說，死人比活人重要。

「立宗子法」與治道的關係密切。這可尊「朝廷之勢」，且也是「天理」：

伊川曰：今無宗子，故朝廷無世臣。若立宗子法，則人知尊祖重本。人既重本，則朝廷之勢自尊。宗子之法，有祿者世襲其祿，則有世臣。今無宗子，故朝廷無世祿之法而無世臣。若使宗子之法既立，則人知其所從來之祖而尊之。尊宗子者尊祖也。因祖所正出之本而重之。重宗子者重本也。既知重本，則人心定於一尊。推之何處，不有本之當重。宗子者一族之本；朝廷者又天下之本也。此意不言而喻，而朝廷之勢自尊矣。古者子弟從父兄。今父兄從子弟，由不知其本也。且如漢高祖欲下沛時，只是以帛書與沛父老，其父兄便能率子弟從之。又如相如使蜀，亦移書責父老，然後子弟皆聽其命而從之。只有一箇尊卑上下之分，然後順從而不亂也。若無法以聯屬之，安可？古之時宗法鄭重，故人知尊尊親親。而子弟卑幼，一惟父兄之尊長是從。今則尊尊親親之意蔑如。父兄之衰邁，反從子弟之壯盛而不能違。如此者由於宗法已壞，人不知重本故也。且如漢高祖時，去古猶未遠。當其欲下沛郡時，只是以帛爲書，與沛中諸父老，勸諭輸誠。其父兄便足以服其眾，而率其子弟順而從之。又如司馬相如使蜀時，亦必移書責備蜀中之父老，然後子弟皆降心聽命而歸化。由此觀之，只有一個尊卑上下之分，然後人人有和順親長之心，乃易於順從而不亂也。若無法

⑤《近思錄》卷九，頁二五五～二五六。

度以聯屬其情意，安可以化民而成俗乎？此宗法所以不可不立也。且立宗子法，亦是天理。譬如木必有從根直上一干，亦必有旁枝。又如水雖遠必有正源，亦必有分派處，自然之勢也。此見宗子之法，乃出於自然而非強立也。蓋宗子之法，不惟關係甚大，不可不立，且立之亦是本天之理，原有不可易者。譬如木之生長，必有從根底直上一干，亦必有從旁分出之枝。其直上者本也，其分枝則附於本者也。又如水之流行，必有正出之源頭，亦必有分析爲別流之派。其正出者一源相承也；其別流則同其源者也。此其分由於一而統於正，皆自然之勢，而非故有所區別於其間也，然而又有旁枝達而爲幹者。故曰：古者天子建國，諸侯奪宗云。正本偏枝，不容混視，是固然矣。然而有旁出之枝，後來亦可直達而爲幹者。故曰，古者天子建立侯國，則天子爲一宗。諸侯既主其國，則諸侯亦得別自爲宗，無非以其有大功德故也。⑥

從上面的徵引，我們可知家庭對中國社會文化的重要。在中國社會文化裡，個人觀念很不發達。我們傳統地沒有近代西方自由制度興起以後的個體主義（individualism）。⑦在傳統中國社會裡，未成年的「小孩子」的地位是不受重視的；已屆成年而尚未結婚成家立業的「單身漢」，社會上總覺得他是輕飄飄的沒有落根的人。個人而離開家族背景或門楣的高低來享受何種榮譽或權利，這是一件不易想像的事。家

⑥《近思錄》卷九，頁二五七～二五八。

⑦個體主義（individualism）和唯我主義（egotism）意義不同，至少有程度的差別。在政治層界，個體主義著重把財產權作為自由的一個必要條件，並主張限制政司對社會及經濟事項的干涉。在倫理上，個體主義者認為個人本身是一目的，個人應該實現他的自我，對問題自作判斷，即令社會力量壓著人，事事得合於社會的成俗或標準，個人還是必須自作自主。在近代西方，這種觀念導源於宗教改革。Consult, A Dictionary of the Social Sciences, article by R. V. Sampson, 1964, pp. 325-326.

庭是個人的經濟、安全、教育和遊樂中心。自古來，家是中國社會結構的單元，也是政治組織的基礎。在所謂「專制時代」，中國就是以一個家族作中心統治著所有的家族。⑧由此我們不難想像家族對於中國文化的建造和發展上居於什麼樣的地位。

顯然得很，家族是中國傳統文化的堡壘。中國文化之所以這樣富於韌性和綿延力，原因之一，就是由於有這麼多攻不盡的文化堡壘。稻葉君山說保護中國民族的唯一障壁，是它的家族制度。這種制度支持力量的堅固，恐怕萬裡長城也比不上。當然，家族制度並非保護中國民族的「唯一障壁」；不過，確爲重要障壁之一。中國的傳統家庭，尤其是傳統的大家庭，可以說是一個「自足體系」，或一小宇宙。這個小宇宙能給其中一切份子的要求以高度的滿足。一個份子生下來，從搖籃到棺材，至少在理論上，都由家庭供給。如果一個家庭經濟不足，子弟在外面向別家借貸，那末被認爲是極不體面的事。生產事業也是以家庭爲基礎，不是以個人爲基礎的。

孝是家族中心主義的靈魂和基本命題。孝是非對稱性的（asymmetrical）。這也就是說，盡孝永遠是下一輩向上一輩仰視的事。下一輩的子孫一代接著一代向上追著盡孝，這就構成祖宗崇拜。祖宗崇拜是家族份子認同的依據。只要是「一個祖人傳下來的」，彼此便親熱起來。「親熱起來」是認同的程序。所謂認同，在家族關係中的份子覺得家中的人之所作所爲乃自己之所作所爲，家中的人有地位乃自己有地位，家中的人受侮辱乃自己受侮辱，家中的人有榮譽自己也分享榮譽。

谷德（William J. Goode）說：「……在許多社會中，一切主要制度性的活動是正式以血緣結構爲基礎的：例如，做父親的人可能就是一家產業的主腦和經理。如果沒有家庭裡的心理動力的經驗，那末無論

---

⑧ Edwin O. Reischauer and John K. Fairbank, *East Asia, the Great Tradition*, Harvard University, 1960, Chapter One.

是技能或價值都不能沁入人心。……」⑨中國傳統家庭把這一結構和功能發揮到一個高度。之所以能夠如此，係因家庭乃一始原群體（primary group）。⑩在一個家庭裡面，各個份子之間的關係乃所謂始原關係（primary relation）。所謂始原關係，有下列幾大特色：第一，在始原關係中，如果有何反應，這一反應係對全體的反應，而非對其中一部分人的反應。一個兒子不盡孝，常常帶累全家挨罵。兒子做賊，怪母親教得不好。在始原關係中，各份子的交互影響乃單一的而且是全體一致的。所謂單一也者，乃反應一個特定的人，而且這一反應不能渡讓給另一人。例如，兒子對父親的反應不能渡讓給自己的兒子。兄弟儘管鬩牆，但能「外禦其侮」，這是全體一致的交互影響。這也就是說，他們在對外時不是各行其是，而是像一個人。中國人在抵禦外侮時常用的詞彙「萬眾一心」就含有這種意謂。這種心理狀態是從始原群體的反應方式衍發出來的。第二，在始原關係中，各個份子之間的交往深切而且廣泛，並且不問時地，不太拘形跡。直到現今，許多人不事先約定，隨時跑到朋友家裡，閒坐聊天，這就是始原關係的遺痕。第三，在始原關係中，個人的情感常能得到高度的滿足，而且直接給其中的份子以安全感。中國有句俗話：「在家千日好，出外一時難。」中國人過去深以「背井離鄉」爲苦。把這種情形和今日以旅行觀光爲樂事作一比較，可知時代的價值觀念變動的幅度多麼大！依始原關係而構造並且又支持和發展始原關係的群體叫做始

---

⑨ Willam J. Goode. The Sociology of the Family, in *Sociology Today*, edited by Robert K. Merton, Leonard Broom, and Leonard S. Cottrell, Jr. 1961.

⑩ 原始群體的構成有這幾個條件：第一，面對面的組合；第二，這一組合的機能並不專門化，至少沒有明文的專門化，例如在家庭中一個人既可當家庭教師又可以當園丁；第三，持續相當久遠，在中國，從前「五世同堂」不算稀奇，「三代同堂」是很平常的事；第四，人數相對的少，中國傳統的社會文化即令獎勵大家庭制，可是人數比軍隊少得多，一家成一軍的事是不經見的；第五，份子之間的關係比較親近，「家人父子」就表示這種不同平常的密切關係。

原群體。以血緣為基礎的家族是始原群體中最自然的一種。

中國社會既然一直把家族作為建造的礎石，於是即令時至今日，公司行號以至於政司機構，在骨子裡還有濃厚的家族成素。「中國是用家族倫理作中心的社會，故中國人最愛把家族的情誼硬加到朋友的關係上去。」朋友容易變成弟兄。對平輩寫信往往稱「吾兄」、「仁兄」；自稱就是「弟」、「小弟」。現在還是有年輕人稱朋友的父母為「老伯」、「伯母」。現今在下層社會朋友結拜為弟兄，便是「情同手足」的表示。傳統中國文化份子趨向於把家族觀念和關係擴大。直到現在，自己的兒女常被教導稱謂自己的朋友作「伯伯」、「叔叔」；自己朋友的太座作「伯母」、「阿姨」之類。縱然這多少已經趨於成為禮貌的口頭禪了，但畢竟是傳統的遺跡。無論是「好」還是「壞」，這個傳統在實際上是中國人公私不分的一個重要根源。而公私不分又是引用私人、樹黨營私、假公濟私，以至於貪汙舞弊的一條現成的通路。

通常，在一家之中有一個最高的位置擺在那兒。只要一個男性在輩分上「熬」到那個資格，並且合於族中代代相傳的約定俗成或不成文的規條，他便可以享受應有的聲威、尊敬、利益和支配權。如果這些特權受到挑戰，那末便是一件嚴重的事端——嚴重到被認為動搖根本。如果這些特權式微，那末便意味著社會結構從根本上動搖。所以，這種男性中心的特權主義，一直被傳統維護著使不致受到侵犯。既然如此，於是中國的傳統家庭，溫暖中有森嚴，富於人情味但要付出忍隱的代價，[11]真摯時還有虛套的一面，可以

⑪ 我們試看唐朝的張公藝九世同居，要靠「忍」字來維繫便知端的。唐高宗南巡的時候，到他家裡住，問他何以有這樣的神通。張公藝一連寫了一百多個「忍」字。人和人相處，相當的容忍或寬容確是必要的；而且必須依一原則來行，即是在保持對方自尊心的條件之下促其自動覺悟，而無須訴諸法律或鎮制力。可是，忍到了張公藝這種程度，不是痲木，便是心理上蘊積著滿肚子緊張。緊張到了忍受限度以外，就難免爆發。所以，中國舊式大家庭，常常鬧出兇事；要不然就有人嚷著「出家」。

依賴但也得作無條件的奉獻。除了家長以外，至少在理論上，旁的人不能有錢，愈是輩分低和年歲小愈不能有錢。如果他們有錢，那末在名義上叫做「私房錢」。私房錢是不好見太陽的。婦女沒有財產權。婦女在性的貞操方面被嚴格要求著；而男人在性方面的放縱則可得到較多的寬容。

婚姻的事關聯到家族系統的維繫，財產的承繼，秘方、秘技的傳授，和社會地位之確保這些次元。所以，在中古時代，英國、法國和義大利的上等家庭，即令配偶不當，也是不大歡迎自由戀愛的。王室戀愛自由的範圍更是小得可憐。在中國的傳統婚姻裡，男女雙方當事人的感情因素向來是不在考慮之列的。當事人的婚姻，除非作「司馬相如之奔」，是不能自主的，而須由「父母之命，媒妁之言」來決定。這種婚姻方式的涵義，與其說是著重男女之間個人與個人的結合，毋寧說是著重男女原屬的兩個家族的結合。這就是所謂「聯姻」。所以，「結婚」和「聯姻」不僅所指不同，而且涵義也不同。甲乙兩個聯姻的家族，又各有其聯姻。所以，過去的家族關係，一扯就是一大串，牽一髮而動全身。這種社會結構，很容易使中國人產生「通體相關」式的及「全體主義」式的思想形態。⑫復次，這種親上加親和親外有親的葛藤式的關係網之顯明的界線何在，是很不容易劃分的。所以，如果你嫌寂寞而愛攀扯的話，全中國人都非親即故。並且，這種愈扯愈多的心理取向，曾爲社會所獎勵。「單門獨戶」，冷冷清清，是大家可憐的影子。

在中國文化的傳統裡，婚姻和子嗣被認爲一件不可分離的事體。當著財產、秘方和秘技必須傳授給

---

⑫ 這是從知識社會學的觀點來看的。Emile Durkheim認為人的基本的思想範疇導源於他所在的社會結構。社會不僅是傳達這些基本的思想範疇，而且創造這些基本的思想範疇。Marcel Granet應用Durkheim的學說為指涉架構（frame of reference），把中國古代思想裡的典型時空觀念和封建組織以及社群行為的聚散聯繫起來：他又認為中國文字的構造與中國的社會結構有關聯。依我的觀察，作為一個大量現象來看，中國人的思想基型和中國社會文化的模態是息息相關的：中國這樣的社會文化滋衍出中國一般人的思想基型；而中國一般人的思想基型又濡育著中國這樣的社會文化。

後代但無人可傳時，便是具體的「絕後」。一旦絕後，何以上對祖先？一旦絕後，一了百了，生命即行幻滅，這是何等嚴重的事！所以，小孩，尤其是男小孩，被看作自己生命的延續，也是自己人生辦總移交的對象，和接祖宗「香火」的奧林匹克火炬傳遞手。除了這一超自然的（supernatural）意義以外，尚有一實際需要問題。正像許多史前社會一樣，在中國傳統社會裡，將來能從事生產的男性小孩就是父母年老的保險費。「養兒防老，積穀防饑」，保險費不患其多。所以男性小孩生得愈多意即自己的庫存資本愈雄厚。這一「形而上」的思想加上「形而下」的思想，大有助於中國成爲世界人口第一多的國度。

在以男性爲中心的家族或家庭中，族長或家長是合模（conformity）的標準。⑬族人或家人的世界觀、社會觀、人生觀、模式行爲、價值觀念、教育方式等等，都得向他看齊。他又掌握著經濟、嫁娶、葬喪、營建、遷移諸權力。下一輩的人，尤其是女子，從小就被教導得必須對長輩尊敬、畏懼、小心、將就、自抑。家長不嘉許的人，他不能接近；家長喜歡的人，他可不能公開討厭。所謂「孝順」，不只是要提供服務，而且是要順其心，隨其情，以至於無微不至。中國傳統的家庭是血緣、生活及感情纏織起來的蜘蛛網。在這個網裡，濃密的情感核心中有一個不可渡讓和不可侵犯的父親意像（father-image）。這個父親意像輻射出一股權威主義的（authoritarian）氣氛。父親說話，兒女只有洗耳恭聽。至少在制度上女兒不能同父親辯論，媳婦更不用說了。即令父親說錯了，因被權威主義的氣氛所壓，或者爲了顧到父親的尊嚴，兒女有理也只好往肚裡吞。所以，中國一般人很會恭維人，也很會罵人，但卻沒有養成平等討論問題的習慣。中國傳統的家庭是雛形的權威主義之自然的養成所。

中國社會文化裡的這一權威主義的父親意像，好似物理學家所說的「膨脹的宇宙」，有一種膨脹的趨

⑬ 行為、觀念或思想之合於既定的型模、倫範或標準，叫做合模。通體社會注重合模，而不太容忍異模。

勢。從前的縣官大老爺，叫做「民之父母」，老師被看作是父親那一輩的人，所謂「師徒如父子」。從前中國男人罵人好充「老子」。這一定是因爲站在「老子」的地位便是站著上風。

二、中國社會的基型

頓尼斯（Ferdinand Tönnies）把社會分作兩個類型。一個叫做通體社會，另一個叫做聯組社會。所謂通體社會，是通體相關的、比較小單位的、聯繫密切的社區。這種社區是以意志之協同爲基礎的，並且是建立於其中份子的和諧關係之上的，同時又是依社習（folkways）、[14]基德（mores）[15]和宗教而發展，而得到尊榮。所謂聯組社會是比較大單位的，無關特定人身的，及由無歷史關係和各不相屬的片斷聯組而成的社會。這種社會的結合係以理知爲基礎，並且建立於約定和協議之上。在通體社會裡，人同人間的關係之本身就是一個目的；其中各個份子之間期必有親密的關係，而且裡面的行爲規範是傳統性質的。這也就是說，通體社會的行爲是以已經確立且爲大家視爲當然的規範爲依據。可是，在聯組社會裡，各個份子及其間的關係是工具性的；行爲的相互影響是超出特定人身以外的；情感是可以配給的；各人對於彼此的特別情況不太明瞭；行爲規範與其說是傳統式的，毋寧說是以理知爲歸依的。

通體社會和聯組社會各有各的特徵。爲了易於瞭解起見，我們現在把二者各有的特徵列一個表對照出

---

⑭ 社習是一個社會通有的習慣和傳統。例如，在西方社會，舉手敬禮、婦女先行……等等。違反了這些習慣和傳統的人便遭人冷落、白眼或排斥。

⑮ 公認維繫社會而必須遵守的基本德目。違反了這些德目會受到正式的嚴厲的懲罰。例如，下可偷盜、不可搶劫、不可姦淫……等等；否則要科以法定的刑罰。

來：⑯

聯組社會←向極的記述輻輳	通體社會←向極的記述輻輳
普遍主義的	特殊主義的
感情中立的	感情用事的
功能專化的	功能普化的
理智主義的	傳統主義的
契約中心的	家族中心的
俗世化的	神聖化的
不固執成見的	固執成見的
有所為而為的	無所為而為的

我們在這裡是把通體社會和聯組社會當做記述的和分析的兩種區別。我們把這兩種區別作爲彼此相反的社會理構型模（ideal types）。⑰嚴格地說，通體社會在實際上是不存在的，聯組社會在實際上也是不存在的。這也就是說，在實際上沒有一個社會是百分之百地爲一通體社會，也沒有一個社會是百分之百地

⑯ 這個對照表是以魯密斯（Charles P. Loomis）的為根據，但加以改動。Charles P. Loomis, *Social Systems*, New York, 1962. p.61。

⑰ 所謂理構型模與倫理之所當然毫不相干，與柏拉圖的完全形式也毫不相干。這裡所說的理構型模是一邏輯的意義。即是，我們把所要研究的現象之樣品與性質集中起來，藉邏輯方法而構成型模。這一型模的內部結構是互相一致的。韋伯用這種方法來研究社會現象。例如，資本制度、官辦制度，都可以藉此法研究。

爲一聯組社會。不過，有的社會的通體性大於聯組性，而另外有的社會的聯組性大於通體性。上列圖表裡的中線代表這兩種社會之人爲的劃分。爲了概念化之易於清楚進行，我們把通體社會當做一極，把聯組社會當做另一極。我們又把趨向於通體社會的那些特徵聚集在一個極，把趨向於聯組社會的那些特徵聚集在另一個極。二極的特徵兩相對照，它們的理構差別可以一目了然。這樣一來，不同社會的實際差別也可以分開裝進兩邊，像雞裝進一個籠裡，鴨裝進另一個籠裡似的。

在未開發的、未工業化的和未城市化的生產團體裡，一切社會活動與勞力的絕大部分被食物生產的事項所吸收。這麼一來，文娛活動勢必不能大量發展，而且文化水準長期停留在文字前期的階段。這樣的社會自然趨向於成爲通體社會。這種社會的成員之間的關係常爲血緣關係，或鄰居關係。在這種社會裡，各份子之間常能「守望相助，疾病相扶持」；而且前後左右的人不是「伯伯」、「叔叔」，就是「大哥」、「大嫂」。所以，這種社會最能滿足其中份子認同的要求。可是，在這種社會裡，感情的牽連特別大，而且風俗、習慣，以及一家一人的成敗對人的拘束力也特別大。於是，社會控制（social control）對人的效力也特別強。所以，在這種社會裡，法律是陌生的東西，邏輯的思考更是格格不入，成規定俗是統治一切的天經地義。因此，讀書即是讀經。

可是，一旦工業化開始，大規模的辦事制度必須取代此前的私相授受和隨便搞搞。於是，特定的人際關係不能維持了。家庭工業、手藝等等生產單位也無法不在合理化的經濟應迫之前被大規模的生產單位替代。雖然，相同的牆腳下不一定長住相同的花草；但是牆腳拆掉了，原有的花草確實失去了依附。社會的基層變了，社會的制度，甚至於一般的想法，也不能不跟著作某種程度和某種形態的調整，或作某些方式的適應。於是，原有的通體社會或快或慢地成了歷史陳跡，代之而起的是聯組社會。

傳統的中國社會是一種什麼社會呢？在基本上它毋寧是通體社會。這種社會的特徵簡直彌漫全國。

但是，這並非說傳統的中國社會裡完全沒有聯組社會。至少，以官辦制度（bureaucracy）作組織原理的社會是聯組社會。不過，在傳統中國，這樣的社會，實在是飄浮在通體社會海洋裡的小舟而已。通體社會的特徵幾乎籠罩著並且滲透到所有的聯組社會。通體社會和聯組社會的關係並不是同在一個平層之上。通體社會是中國傳統社會的基底；而聯組社會則是在這基底之上的面子。所以，在傳統中國，我們可以說通體社會是原級社會（primary society），聯組社會是次級社會（secondary society）。雖然聯組社會和通體社會不同，可是在實際上中國的聯組社會很少不從背後受通體社會影響的。在傳統中國，朝政爲一個家族所把持，一個官府有時被「太座」或「小舅子」或「門生故舊」在幕後操縱，都是由來已久的事實。所以，要深入一層去瞭解中國社會文化，必須從瞭解中國的通體社會的結構和性質著手。

三、社會的層級

每個社會都有社會層級（social stratification）⑱和依之而行的社會流動（social mobility）。⑲社會層級是社會分類和社會價值及社會地位由之而劃分的架構。社會流動，如注解十九所述，有直流和橫流二種。兩千多年來，中國的社會層級在基本上沒有改變。在這麼長久的時間裡，即令最高一層位置的佔據者代有更迭，而且社會結構周而復始地被戰爭、變亂和社會騷動所搖撼，可是，名號變來變去，人事換來換去，社會層級在基型上依然保持原樣。它的各層之相對位置仍舊，價值系統如故，特徵也是相似。在

⑱ 將社會成分依不同的層面而加以安排來構成不同的群體，這種社會程序就是社會層級。依此，社會地位高下就出現。

⑲ 社會份子從這一群體流向另一群體便是社會流動。社會流動有兩種。一種是橫面的。例如，從佛教改信基督教、從民主黨改成共和黨都是。另一種是垂直的。例如，從師長升為軍長，從神甫升為大主教都是。

傳統的社會層級中，父對子的關係是最基本的或最原基的關係（proto-relationship）。以這一種關係作底子和出發點，向社會的許多方相（phases）投射。投射到行政體制裡的君臣關係時，君臣關係的分際之嚴和不可逆性以及君主之唯一性和無可替代性就是父子關係的一種形變（transformation）。當然，我們只說君臣關係是父子關係的一種形變，並沒有說這兩種關係相等。顯然得很，除了上列共同的特徵以外，二者有許多不同的地方。政府與庶民的相對地位是長老之於子民。這也是家族形態之一直接的投射。天子以下是孔門儒士所構成的官吏制度及其組體。在這一層級底下的一個層級是士紳和地主。在士紳和地主底下的是廣大的農民。在廣大的農民底下的有不務正業的無賴群體。這一層級的人素來是中國一般「正人君子」所瞧不起的。可是，在這一層級的人中，也素來不乏奇才異能之士；而且，機會來臨時，他們是促使中國社會發生變動的一種重要酵素。當著時運到來的日子，他們爬到最高的那一層級上的事，在中國歷史上並不是絕無僅有。中國傳統社會的社會層級，我們看看後面的圖解就可明瞭：⑳

顯然得很，這個圖解有過分簡化的嫌疑。這也就是說，傳統中國社會的社會層級和社會流動並不像上列圖解所表示的那末簡單。比如說，落第秀才也可以加入或創造武裝群體而從事叛亂。雖然關於社會文化現象的圖解常易趨於過分簡化的弊病，可是這個圖解畢竟將傳統中國社會的社會層級和社會流動之最基本的骨架和理則刻劃出來。因此，這個圖解至少可以作爲研究傳統中國社會的社會層級和社會流動之一概念圖式（conceptual scheme）。這樣的概念圖式誠然不是完全沒有缺點，可是有這樣的概念圖式比沒有這樣的概念圖式對於研究畢竟方便得多。我們試行分析這個圖解，至少可以得到下面的瞭解：

---

⑳ 這個圖解採自布魯門（Leonard Broom），但加以修改。
See Leonard Broom and Philip Selznick, *Sociology*, 1960, p. 168.

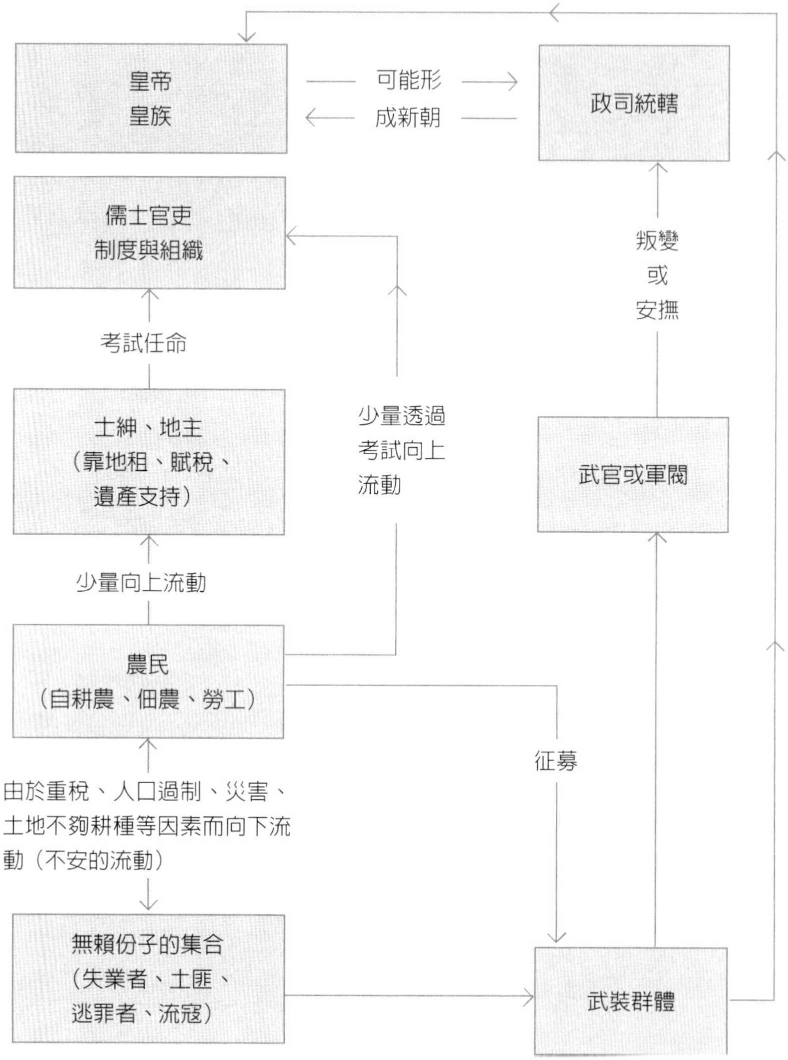
皇帝
皇族
可能形
成新朝
政司統轄
儒士官吏
制度與組織
考試任命
叛變
或
安撫
士紳、地主
（靠地租、賦稅、
遺產支持）
少量透過
考試向上
流動
武官或軍閥
少量向上流動
農民
（自耕農、佃農、勞工）
征募
由於重稅、人口過制、災害、
土地不夠耕種等因素而向下流
動（不安的流動）
無賴份子的集合
（失業者、土匪、
逃罪者、流寇）
武裝群體

第一，中國社會文化的發展並非依一個平面而前進。駢文、八股、律詩、詞曲、神品畫，不是一般人有機會學習的。在中國要寫得一篇響亮的文章或寫得一手能上朝的好字，必須有閒、錢、名師指導、十年寒窗等等社會文化條件的支持才有希望。終年胼手胝足爲孝敬肚皮而忙碌的一般農民，怎易到達這種地步？中國文化的發展是有層級差別的。中國文化發展之層級差別大致與中國社會的層級差別相符合。在上列圖表所示的五個層級裡，各個層級所吸收的文化內涵並不完全相等。承平歲月的皇族是站在金字塔頂尖上的錦上之花。宮廷文化份子從不吝惜他們的精力和智力來培育這富於象徵性的花朵。儒門士子是文字文化活動的中堅，是大傳統的保持者也是普遍教化的推行者。士紳與地主層級是承上啓下的中間層。農民層級位於社會層級之底層，他們的一般文化水準也相應的較低。廣大的農村文化一般地滯留在文字前期的階段。一般農人不識文字，他們的文化靠小傳統來維繫和延續。無賴份子是教化的相對脫軌者。

當一個國度的資源只有較少部分必須用來維持基本生活而較多部分不用到戰爭但用到經濟發展等等增益性的活動時，這個國度才可能成爲富有的國度。在富有的國度文化的高度發展才具備進行的必要條件。然而，中國的可用資源的絕大部分消耗於膨脹的人口，而且有時還塡不滿那些嗷嗷待哺之口。這種情形，在廣大的農村尤爲嚴重。而同在農村之中，首先直接負擔這種威脅的是農人。所以，農人沒有餘暇從事高級的文化活動。於是，他們的文化水準不可能不較低。更何況他們一直是戰爭人力消耗的一大來源。

第二，就作爲一個動員系統來看，[21]政司的發動是由皇帝透過儒士官吏制度而下及於百官以至庶民。這是一個單行道。這也就是說，只許皇帝管老百姓的事，不許老百姓管皇帝的事——除非造反。

㉑ David E. Apter, Political Religion in the New Nations, in *Old Societies and New States: the quest for modernity in Asia and Africa*, edited by Clifford Geertz, 1963.

第三，可是，就爬「成功的梯階」來說，走向剛好與前者相反。爬成功的梯階的人，無論他的起點是農民層級或士紳層級，一旦爬上了較他原來的層級高的層級，他不願回頭往下爬。從官吏層級退回到士紳層級或做地主，這是「告老還鄉」的退步。這種退步，對有志於仕途的人而言，已經構成「不得志於有司」的挫折。因爲，中國的傳統不是學而優則商則工，而是學而優則仕。如果要一個做過官的儒士退回成功的梯子而脫下長衫與勞工爲伍，同農人一樣生活，那末他所受的難堪和挫折只比自殺好一點點。所以，「貶」成爲一種對有身分和地位者的處分。「退隱林泉」是保全地位的一種遠隔方式。安全！

第四，從儒士官吏到皇族皇帝是「此路不通，行人止步」。至少在制度的理論上，每個男人可以做官，而且可以做到宰相。至於做「君臨萬方」的皇帝，不用說在制度上根本無路可通，而且想都不可以這樣想。這種想法，老早在儒門「君君」、「臣臣」的觀念之教育化和社會化的過程中消弭於無形。「彼可取而代也」的念頭只有特別出格的人才會靈光一閃的。這樣出格的人似乎百年難得一見。儒門的「忠君」制度在堵防「篡奪」行爲上確曾收到相當的實效。所以，無論什麼商標和行號的天之子，爲了維護現狀，一律接納儒學。

然而，還有一大缺口儒士始終未曾堵塞起來。這一大缺口就是前圖所示的「不務正業之徒」的社會流動。這些人物流動的通路是「做土匪」，「做流寇」，或者「當兵去」。這條通路是中國歷代動亂之一源，而且弄得不好也是「江山易姓」之一源。這些人物本來是些生活不安的「不逞之徒」。萬一他們之中出了個把作「彼可取而代也」之想的人物，而且機會湊巧，他們就可能冒天下之大不韙跑到金鑾寶殿裡坐起來。只要他坐穩了，就不愁沒有儒士來替他搬道具，正名位，奉正朔，行人臣禮。幾千年來，這樣的政治戲劇不止重複上演多少次！儒門的政治哲學竟完全是政治的現狀主義！

我們看上面的圖解，可知武裝群體是一個不穩定的因素。它有時固然可被安撫，但是有時卻「行不由徑」，坐直升飛機來「竊竊神器」。這時，參加的人面臨「成則爲王，敗則爲寇」的決定關頭。在這種情形之下，坐在宮殿裡的人也面臨「存在」或「覆滅」的考驗。中國社會文化的價值取向是拒變，視變爲不可欲，因此，長期沒有發展出一套適應變的機能，尤其是價值觀念。可是，人類的生活不能完全不變。在許多情形之下，大幅度的變是無可避免的。在這兩種力量相激之下，於是在中國「變」與「亂」常釀成一回子事。這是大値得研究的一個根本問題。

四、我族中心主義

這裡所說的我族中心主義是文化人類學研究的題材之一。在通常的情形之下，一般民族或文化單位對於自己的風俗、習慣、制度、文物、傳統、生活方式、價値觀念和文化理想，當其繼續發揮功能時，總是有意無意持愛護的態度。籠統地說，如果一個國度就是一個文化單位而且這個文化單位就是這個國度，那末一國的國人之愛護其國的文化毋乃一件自然而然的事。因爲從文化的觀點來說，這個人是其國文化對他涵化之產品。所以，就這一意義來說，任一文化的文化份子多少都是我族中心主義者。

但是，從這一基礎上出發，碰到不同的——順利的或不順利的——情境，我族中心主義有不同的發展：一種發展是良性的；另一種發展是惡性的。良性的我族中心主義是肯定並且愛護自己文化的風俗、習慣、制度、文物、傳統、生活方式、價値觀念和文化理想，但是同時也欣賞並且尊重其他文化裡的這些東西。惡性的我族中心主義首先未自覺地肯定有些絕對的價値，而且這些價値就是存在於我族中的，並且眞是優於一切文化者，因此對別的文化特徵都看不順眼，而有意無意存一種鄙夷甚至排斥的態度。㉒

㉒ Consult David Bidney. The Concept of Value in Modern Anthropology, VI. Cultural Relativism and the Transvaluation of

同是我族中心主義，又有程度強弱之分。我族中心主義的強度與文化之濡化成反比。因此，愈是通都大邑或交通輻輳之地，我族中心主義愈淡薄。反之，愈是閉塞之地，我族中心主義的色彩愈濃厚。依此，在文前社會裡，我族中心主義成爲倫範規律或價值觀念的根源。在文前社會中，本鄉人如果違犯了該一社會視爲神聖的規律，那末將會受到種種嚴重的處罰；異鄉人如果違犯了這些規律，那末將會遭受極端的厭惡和反擊。之所以如此，是因在這種社會的份子之間有意無意流行一種觀念，即是把己群的意索視爲一切價值的中心，而且比任何別的東西更較重要，一切他人的行爲必須以之爲標準來評價。例如，梁啓超的「筆鋒常帶感情」常爲中國文人所稱道。之所以如此，因爲中國社會文化在基本上的意索是重感情，而厭讀「枯燥的文章」。其實，說理的文章而又不枯燥，是易蹈歪曲之險的。當然，我們這樣說並不表示文前社會在一切情形之下都是不可取的。在事實上，文前社會有許多令人愉快的地方。在許多情形之下，所謂「野蠻人」並不比「文明人」更野蠻。時至今日，「文明人」之間的欺哄、詐騙、殘害、壓榨、利用、威脅，一點也不比「野蠻人」更文明。所謂的「野蠻人」，在他們自己的社群裡面往往並不太野蠻。他們愛用「咱們」這個觀念來思想。對於親近的人，他們較少用懲罰來治罪。同一件事，外人犯了可能懲罰，自己人犯了則常寬免。所以，在這種人裡非人身的法治很難建立起來。他們的「野蠻」之發揮，多向著社群以外的人。他們對於社群以外的人缺少憐憫，並且輕視外方人。他們覺得「非我族類，其心必異」。於是，俘虜、屠戮、火燒，或用毒箭射殺，都不是稀奇事。納粹黨人之大規模地消滅猶太人則是聳人聽聞的現代活報。在許多語言中，「人」的意思就是「我們的人」，而「那些人」意即「敵人」。這些字眼，並不是單純地用來指謂人身或團體，而是帶有強烈感情作用的價值判斷並且暗示一嚴格不可踰越的彼此之

Values, in *Anthropology Today*, 1953.

分。這種念頭又是建立在狹隘的世界觀和社會觀之上。維斯特馬克（Edward Westermarck）所記述的實例頗饒興味：

像別種利他情緒一樣，愛國之情往往使人過分高估他所感觸到的事物之品質；而一個人愛他自己的國邦之情則較此尤甚。一個人愛他自己的國邦之情，和愛他自己之情，幾乎不可分地攙合在一塊。一般典型的愛國者具有一種強烈意志來相信他的國邦是世上最好的。像今日許多人所想的一樣，如果這種硬是把一件事固執地信以爲眞的意志是眞正愛國心的特徵，那末野蠻民族和任何人一樣是好的愛國者。當野蠻人和白種人打交道時，他們常常特別對於白種人那股優越自大的氣氛感到驚奇。照他們自己看來，他們遠比白種人優越。照愛斯基摩人的信仰，第一個人雖然是上天所造，但造得不成功，終於拋到一邊去了。這個被拋到一邊的人叫做苦農納（kob-lu-na）。苦農納的意思就是「白種人」。但是，上天第二次造的人成功了。上天第二次造的人是一個完人。這個完人叫做英綠（in-nu）。英綠是愛斯基摩人自稱之名。澳洲的土著，當著有人叫他工作時，往往回答說：「白人在工作，不是黑人工作。黑人是紳士。」奇帕瓦斯人（Chipewas）在做錯了任何事時就說：「像白種人一樣笨。」當一個南太平洋島民看見一個極其愚笨的人時，他便說：「你多麼蠢，也許你是一個英國佬。」威廉士先生（Mr. Williams）告訴我們，有一個費基島人（Fijian）到過美國。他的首領問他白人的國是否比費基島（Fiji）好些，而且如果是好些的話，好在哪些方面。在他開口尚未說太多的眞話時，一個人就喊道「他是一個饒舌的傢伙」，另一個人喊「他是一個老臉皮的人」，又有人說「宰掉他」。柯瑞克斯人（Koriaks）則比較善於辯論。當他們聽到別國的人說別國怎樣怎樣好時，他們爲要證明這些話是謊言，便對這位異鄉客說：「如果你在家鄉有那末多好處，那末爲什麼費這麼多的事來到我們這裡？」可是，柯瑞克斯人又被他們的鄰人楚克齊（Chukchi）看不起。楚克齊人管居住在附近的人叫做老婦人。老婦人只會喂雞養鴨，此外別無用處，因此只配做他們的僕人。艾奴人（Ainu）瞧不起日本人。日本人也瞧不起艾奴人。他們都相信「他們自己的血統及後代比世界上一切別的民族都優秀」。甚至錫蘭地方倒楣的維達人（Veddah）也把自己看得很高，而看不起他的文明鄰人。正像文明人一樣，野蠻人把一切美德都歸於他們自己。……莫頓桑的愛斯基摩人（Eskimo of Norton Sound）自命爲優皮客（yu'-pik），意即優秀和完美的民族。可是他們卻管印第安人叫做英加里克（in-ki-lik），這個名字是從「跳蚤蛋」一詞轉出的。當格陵蘭人看見一個外國人謙和而且彬彬有禮時，他往往說「那個人幾乎和咱們一樣的教養好」，或者說「他開始像個人樣子了」，這也就是說，他像個格陵蘭人了。野蠻人把他們自己的人當人，把他們視作一切其他民族的根源，並且是佔據大地的中央。霍頓圖人（Hottentots）喜歡將他們自己叫做「人上人」。美國赫德遜灣（Hudson Bay）烏格瓦區（Ungava Bay）的印第安人自稱爲尼尼奈（nenenot）。這個名詞的意思是眞正的或理想的紅色人種。伊利諾州印第安人的語言裡「伊利諾（illinois）」意即「人」——好像他們將所有其他的印第安人都看作野獸似的。海第（Haiti）島上的番人相信他們的島是天下第一的島，日月是從島上的一個岩洞裡出來的，而人是從另一個岩洞裡出來的。照蔻爾先生（Mr. Curr）說，每個澳洲部落的人都把他們的家鄉看作大地的中心。而且他們大都認爲這個中心在任何方向的面積都只有幾百英里。㉓

一個費基島人開口尚未說太多的眞話報告他在美國所見所聞的事實時，就被同鄉嚷著要「宰掉他」，可見「是什麼就說什麼」是一件多麼難的事。原因之一是島民傳統地認爲他們的島是世界上最好的。他們不願意聽說世界上有更好的地方來打破了他們心中的完美圖像。「月是故鄉圓」。善辯的柯瑞克斯人當聽到別國的人說別國怎樣怎樣好時，便反問人家說，既然你們的地方那末好，爲什麼還要往我們這

㉓ Edward Westermarck, *The Origin and Development of the Moral Ideas*, Vol. II, London, 1908, Chapter XXXIII.

裡跑。現在你們往我們這裡跑，足證你們那裡不好。在這一論證中柯瑞克斯人假定了一個前提，就是凡自己的故鄉好的人一定不會往外面跑。顯然得很，柯瑞克斯人需要學習一點初等邏輯。他們的這個前提是不能成立的。當一個人的故鄉好的時候，他可以因戀鄉之故不往外跑；也可以因別的緣故往外跑。既然如此，我們就不能藉他往外跑這一事實來證明他的家鄉不好。美國人覺得美國好，但是他們有些人還是要深入非洲蠻荒。這些人都自命優秀民族，但同時又被別人不承認所抵消。這倒是很有趣的現象。

但是，這種我族中心的念頭，並不限於未開化的部族才有。許多文化古老的民族，或文化複雜的社區，甚至有文字的文化之早期，也有這類窄狹的世界觀。維斯特馬克接著說：

在有古老文化的民族中，我們可以碰到類似的感情和觀念。中國人一出生便被灌輸一種觀念，說他們比一切其他民族都優秀。在中國人的著作裡，無論是古代的還是近代的，「外國人」一詞與鄙夷之詞絞在一起，意即無知、粗野、頑固不化、低級的異邦，並且得依中國而活。照孔子自己看來，中國是「中朝」，乃「合諸大邦而成者」，「此諸大邦都在天之下」；在中國以外，只有未開化的和野蠻的部族。照日本人的觀念看來，日本是上天創造的第一個國邦，並且是世界的中心。古代埃及人自認爲一特別的民族，特別爲上帝所寵愛。只有他們才可叫做「人」（romet），至於別的民族，則是黑人、亞細亞人、利比亞人，而不是「人」。依據迷執（myth）說來，這些民族都是從上帝的仇敵傳衍下來的。希伯來的先知們常常提到亞敘人的民族驕傲。這事在楔形文字的銘刻上隨處顯然可見。亞敘人自稱怎樣聰明，勇敢，而且有力量。他們像洪水似的沖走了一切抵抗。他們的國王是「無敵的，不可抗拒的」，而且他們的上帝是遠在一切民族的上帝之上的。照希伯來人看來，他們自己的土地是「一個特別美好的地方」，「流出牛奶和蜂蜜」，「乃一切土地的光耀」。希伯來人是上帝的選民。這些上帝的選民是「上帝特有的人民，高於地上其他一切人民」。至於古代波斯，據希羅德特斯（Herodotus）說：「他們自認在一切方面遠優於其餘一切人類。他們認爲別的民族，愈是住的與他們鄰近，便愈優秀；反之，愈是住的離他們遠，則愈是人類之中卑下的。」在這種時日，波斯君主的稱號爲「宇宙的中心」。要說服一個土著的伊士法罕人（Isfahan），要他們相信歐洲的任何首都比他故鄉的城市好，爲事匪易。希臘人把德勒菲（Delphi）或德勒菲廟的一塊圓石叫做「肚臍眼」或「地球的中點」。他們認爲他們自己和野蠻人之間的關係自然是主人和奴隸之間的關係。㉔

既然許多文化都有我族中心的觀念，可能是文化發展到古代形態的飽和階段都難免如此。這種形態要文化發展到了現代的階段才可消除。我們且看一七九三年乾隆皇帝複英國國王的來書：

己卯賜英吉利國王敕書曰：諮爾國王，遠在重洋。傾心向化，特遣使恭齎表章。航海來庭，叩祝萬壽，並備進方物，用將忱悃。朕披閱表文，詞意肫懇，具見爾國王恭順之誠，深爲嘉許。所有齎到表貢之正副使臣，念其奉使遠涉，推恩加禮。已令大臣帶領瞻覲，賜予筵宴，疊加賞賚，用示懷柔。其已回珠山之管船官役人等六百餘人，雖未來京，朕亦優加賞賜，俾得普霑恩惠，一視同仁。至爾國王表內懇請派一爾國之人住居天朝，照管爾國買賣一節，此則與天朝體制不合，斷不可行。向來西洋各國有願來天朝當差之人，原準其來京。但既來之後，即遵用天朝服色，安置堂內，永遠不準復回本國。此系天朝定制，想爾國王亦所知悉。今爾國王欲求派一爾國之人住居京城，既不能若來京當差之西洋人在京居住不歸本國，又不可聽其往來常通信息，實爲無益之事。且天朝所管地方至爲廣遠。凡外藩使臣到京，譯館供給，行止出入，俱有一定體制，從無聽其自便之例。今

㉔ 同㉓。

爾國若留人在京，言語不通，服飾殊制，無地可以安置。若必似來京當差之西洋人，令其一例改易服飾，天朝亦從不肯強人以所難。設天朝欲差人常住爾國，亦豈爾國所能遵行？況西洋諸國甚多，非止爾一國。若俱似爾國王懇請派人留京，豈能一一聽許？是此事斷斷難行。豈能因爾國王一人之請，以致更張天朝百餘年法度？若云爾國王爲照料買賣起見，則爾國人在澳門貿易非止一日，原無不加以恩視。即如從前博爾都噶爾亞、意達哩亞等國，屢次遣使來朝，亦曾以照料貿易爲請。天朝鑑其悃忱，優加體恤。凡遇該國等貿易之事，無不照料周備。前次廣東商人吳昭平有拖欠洋船價值銀兩者，俱飭令該管總督由官庫內先行動支帑項代爲清還，並將拖欠商人重治其罪。想此事爾國亦聞知矣。爾國又何必派人留京，爲此越例斷不可行之請。況留人在京距澳門貿易處所幾及萬里，伊亦何能照料耶？若云仰慕天朝欲其觀習教化，則天朝自有天朝禮法，與爾國各不相同。爾國所留之人即能習學，爾國自有風俗制度，亦斷不能效法中國，即學會亦屬無用。天朝撫有四海，惟勵精圖治，辦理政務，奇珍異寶，並無貴重。爾國王此次齎進各物，念其誠心遠獻，特諭該管衙門收納。其實天朝德威遠被，萬國來王，種種貴重之物，梯航畢集，無所不有，爾之正使等所親見。然從不貴奇巧，並無更需爾國制辦對象。是爾國王所請派人留京一事，於天朝體制既屬不合，而於爾國亦殊覺無益。特此詳晰開示，遣令貢使等安程回國。爾國王惟當善體朕意，益勵款誠，永矢恭順，以保乂爾有邦，共用太平之福，除正副使臣以下各官及通事、兵役人等正賞、加賞各對象另單賞給外，茲因爾國使臣歸國，特頒敕諭，並錫賚爾國王文綺珍物具如常儀。加賜彩段、羅綺、文玩器具諸珍，另有清單。王其祇受悉！朕睠懷！特此敕諭。……至於爾國所奉之天主教，原係西洋各國向奉之教。天朝自開闢以來，聖帝明王，垂教創法，四方億兆率由有素，不敢惑於異說。即在京當差之西洋人等居住在堂，亦不準與中國人民交結，妄行傳教。華夷之辨甚嚴。今爾國使臣之意，欲任聽夷人傳教，尤屬不可。以上所諭各條，原因爾使臣之妄說。爾國王或未能深悉天朝體制，並非有意妄干。朕於入貢諸邦誠心向化者無不加以體恤，用示懷柔。如有懇求之事，若於體制無妨，無不曲從所請。況爾國王僻處重洋，輸誠納貢，朕之賜予，優加倍於他國。今爾使臣所懇各條，不但於天朝法制攸關，即爲爾國王謀亦俱無益難行之事。茲再明白曉諭爾國王：當仰體朕心，永遠遵奉，共享太平之福。若經此次詳諭後爾國王或誤聽爾下人之言，任從夷商將貨船駛至浙江、天津地方，欲求上岸交易，天朝法制森嚴，各處守土文武恪遵功令。爾國船隻到彼，該處文武必不肯令其停留，當立時驅逐出洋。未免爾國夷商徒勞往返。勿謂言之不豫也。其懍遵毋忽。特此再諭。㉕

㉕《東華續錄》，卷四十七，頁十五～十七。

不止是帝王有那種口氣，知識份子也有。我們且看李元度〈答友人論異教書〉這篇美妙的文字：

來書以泰西人行異教於中國，愚眊多為所惑，慮奪吾堯、舜、孔、孟之席。謂此開闢以來未有之變。其言深痛若此。有心哉！有心哉！然某之隅見，竊謂不足慮，抑且深足為喜。不惟不慮彼教奪吾孔孟之席，且喜孔孟之教將盛行於彼都，而大變其陋俗。請畢吾說以廣足下之志焉。蓋堯、舜、孔、孟之教，為天地立心，為生民立命，乃乾坤所繇以不敝者也。天地之生，人為貴。人之道，以倫常為本。彼際天並海之夷以千百國計，皆人也。有血氣即有心，知皆可以人道治之者也。特自古不通中國，又相去七萬里。禮聞來學，不聞往教。故末繇近聖人之居，而聞其教耳。天誘其衷，以互市故，朋遊於中土，而漸近吾禮儀之俗。彼自知前者之蔑棄倫紀，不復可以為人，有不幡然大變其故俗者邪？天主耶穌教，僅法蘭西一國耳。然且諸國皆擯之不使闌入其境。蓋亦共知其陋矣。惡能加毫末於堯、舜、孔、孟之教哉！且子未讀中庸乎？惟天下至誠能盡其性，則能盡人之性，能盡物之性。物主性且當盡，況彼固人也，同在並生並育中，聽其自外倫紀，而終失其性，其何以贊天地之化育，而與天地參乎？天心仁愛，聖人有教無類，必不忍出此也。聖人之道，譬如天地之無不覆幬，無不持載。是以聲名洋溢乎中國，施及蠻貊。舟車所至，人力所通，天之所覆，地之所載。日月所照，霜露所墜，凡有血氣者，莫不尊親。故曰配天。此正堯、舜、孔、孟之實錄也。其曰舟車所至，人力所通。則以大地九萬餘里，尚有舟車人力所不及者。今此通商諸國，天假其智慧，剏火輪舟車，以速其至。此聖教將行於泰西之大機括也。繼諸國而來者，將不知其紀。堯、舜、孔、孟之教，當徧行於天地所覆載之區，特自今日為始。造物豈無意哉！且夫堯、舜、孔、孟之教，在中國亦以漸而及也。堯、舜都冀州。其時惟今山西、山東、直隸、河南、陝西數行省為中原，餘皆要荒服也。孔、孟時，吳、越、荊、楚尚以蠻夷擯之。宋以來，三江兩湖，閩、浙、黔、滇、川、粵、始大盛。聲明文物，視鄒魯不少讓。謂非聖教之自近而遠，自狹而廣歟？至若唐、虞之苗，三代之玁狁、獯鬻、犬戎，漢之匈奴，晉之氐羌。唐之吐番，回紇，宋這篇大作可以說是典型的我族中心主義的作品。這篇作品的口氣頗令人想到我族中心主義是一種高級享受。

五、離隔和心性凝滯

離隔有兩種。一種是自然地理形成的；另一種是人理條件形成的。雖然，自然地理的形勢在某種程度以內可以影響到人理條件形成的離隔，但是二者究竟不是一件事。我們不難設想即令完全沒有自然地理形成的離隔但是還可以有人理條件形成的離隔。在過去，自然地理形成的離隔較多，而且自然地理形成的離隔助長人理條件形成的離隔。時至今日，由於輪船、航空、電訊，及地球衛星等科學交通技術與工具之

> 之契丹，其故俗類皆斁彝倫，娶同姓，兄收弟媳，弟室兄妻，習然不為怪。自元、魏、遼、金分主中國，其俗即已大變。元大一統，稱尤勝。今之西北蒙古部，皆元裔也。世為國家臣僕，賢哲代生，非復當年之舊矣。向使其閉關絕跡，不與中國通，不至今猶睢盱狂榛之故俗邪？不但此也，我朝雍正中，滇、黔、川、楚、兩粵諸蠻夷，改土歸流，亦自開闢以來，始沐王化。至乾隆中，新疆拓土二萬里，則真天下一家，中國一人矣。堯、舜、孔、孟之教，蓋漸推漸遠，初無一息之停也。今泰西諸國，適以互市來，其必將用夏變夷，而不至變於夷也決矣！抑考元會運世之說，堯時在午，距今不過四千年，正中天之運也。天地之氣，日趨於文明，故西人之繁富靡麗，乘時已達中土，殆有氣機以感召之。其舟車、器械、天文、算學，亦未嘗無補於中國。天殆使之竭智慧以助中國之文明，而即以親炙中邦者，漸使染於堯、舜、孔、孟之教，豈偶然哉！王者無外，聖人無外，天地之心，更無外。當此中天景運，聖教被絕域，必自今日始矣。孟子曰：逃楊必歸於儒，歸斯受之而已。抑何必視之若讎，去之若浼乎？吾故曰：不慮彼教奪吾孔孟之席，而喜吾孔孟主教將盛行於彼都也。若夫自強之術，有國者所當務。豈必因遠人之狎至，而始為之所哉！偶書所見，伸紙不沉累幅。惟垂祭不宣。

這一晚清作品可說是不朽。近年李元度的幽靈復活，以不同的形相出現，而且看來頗為活躍。之所以如此，我想是因為它可使人藉忘記現實而得到暫時的欣樂。

高度發達，自然地理形成的離隔在迅速失去作用中。㉖可是，這並不必然意味人際由人理條件形成的離隔條件之消失。東西柏林之間的一道圍牆便是很刺目的說明。政治原因、民族情感、經濟壁壘、觀念歧異和國防理由，都是構成人理離隔的重大條件。鐵幕就是一個具體表現。我族中心主義所構成的情感與價值之幕更是種植在文化份子心裡的人理離隔。懷抱強烈的我族中心主義者，對於「異族」的東西，即令近在眼前，他也以其「不如我」或「沒有價值」而不肯吸收或虛心學習。塞門波（Ellen Churchill Semple）說：

> 一個民族具有……兩種位置。一種位置是直接的。直接的位置是以其實際的領土爲基礎。另一種位置是間接的，或鄰近的。這種位置是由這個民族與其最接近的國邦之關係產生出來的。第一種位置是腳底下的土地問題；第二種位置是這些人民同他們的鄰居產生的問題。㉗

第一種情形是單純的地理問題，在交通技術和工具不發達的時代，一個文化因山川阻隔或大海橫絕而少與別的文化往來。一個文化少與別的文化往來，便天然在相對的離隔狀態之中。這種離隔即是前面所說的地理的離隔。古代的馬雅文化、印加文化、白種人未到澳洲以前土人的固有文化，都是在這種離隔之中。第二種情形主要是人爲因素造成的。例如，越南和越北目前的「對立」，古巴和美國目前的「對立」。處於人爲的對立狀態中的文化，即令近在咫尺，也拒絕交往。這種離隔的情形就是鄰近離隔（vicinal isolation）。

㉖ Consult Howard Becker and Harry Elmer Barner, *Social Thought from Lore to Science*, Volume One, 1961, 1.

㉗ 同②、⑦，p.6。

地球上的離隔狀態可說自古已然，到現在並未消失。如果一個農業社會在書寫相當發達並且交通頻繁的現代世界還是停留在文字前期的遂生狀態，並且跟外界不太交往，那末這個社會就是生存在離隔的藩籬裡。從前的猓猓與漢人的關係便是這種關係。這種離隔狀態極易衍致心性凝滯（mental immobility）。如果以游獵民族或海洋經商的人之心性作參考點，那末農村社會的心性是凝滯的，於是長年殊少變化。而拒變的倫範價值取向更有助於心性的凝滯。當著一個文化與別的文化之接觸範圍有限時，知識方面的貧乏及思想活動的易於定型是難以避免的結果。如果一個群體的份子一輩子只聽過一種言詞，只讀過一種經典，只看過一種樣品，那末他將會以爲這個世界就是他所見所聞的那個樣子。夏天的蟲是不容易想像地球上還會有冰。正如紳．比文（Saint-Beuve）所說，這類人只知道他們自己，而且只承認他們自己。這話頗値玩味。如果一個群體的份子在實際上不知悉新奇的事物，甚至連舊材料之新的安排方式也不知道，而只接觸到一再重複的安排方式、固定的習慣，從自然界得到的暗示，以及歷史和神話，那末其想像的天地之窄狹是可以概見的。像過去的澳洲、紐西蘭和非洲內陸等「禁地」，與夫中國往日雲貴山區，是很難不落後的。

離隔的結果是文化份子常年只受到同質的刺激。文化份子常年只受到同質的刺激，於是反應不免定型化。文化份子的反應定型化，於是心性無法不凝滯。文化份子的心性一趨凝滯，於是不願或不能改變其行動方式和思想路線，尤其是不願撤銷他的基本觀念和基本前提。當然，這並不表示他生來就是落後的，或保守的；而只是說長期的離隔和單調的刺激使人在許多方面形成固定的反應習慣。這種固定的反應習慣一經形成便衍生一種抗拒改變的傾向。所以，生活在比較離隔的文化裡的民族很少有顯明的和積極的改變其現狀的欲望。不僅如此，他們不歡迎一個突如其來的入侵因素打破其代代相傳的生活方式。中國的農村生活最足代表這種狀態。這種狀態並且衍發出一種「知足常樂」的人生哲學。這樣的人生哲學回過頭來又幫助心性凝滯。普遍的不識文字，這種情境有助於心性凝滯。

這樣的社會對於發展出嚴厲的社會控制是一個有利的溫床。當社會控制一旦建立起來，文化的固定性也就隨之增長。於是，永恆不變的世界觀和道德觀便被堅持固執。所謂永恆不變的形上哲學也滋衍出來。不變，是利於統治的。多利安人（Dorian）心性凝滯，而愛奧尼亞人（Ionian）則心性靈動。當柏拉圖訪問斯巴達時，看到多利安人因被離隔而心性凝滯大爲羡慕。他爲了建立一個理想國，主張人民與外界分開，把理想國封鎖起來，不與外界發生關係。眞人（*Homo sapiens*），正像灰狼等高級動物一樣，有領土和疆界的觀念。享有土地便利的民族常用人爲的方法來保持對外的離隔狀態。非洲部族往往在村落附近設下陷阱以防入侵。切爾克斯（Cherkess）、苦爾德（Kurds），及克夫爾（Kafirs）這些山地人居住在難以達到的地方，並且對外來的人深閉固拒。西藏人把他們奉爲諸神之神放在僻遠的山谷裡。這類情境可以防止外來文化之入侵，因此也就是利於保持自己社會文化的純潔性。滇緬邊境裡的住民還保持著明朝服裝並且操中原口音的語言。這類情境水到渠成地有利於各形各色的「愚民政策」之構成。社會文化因此政策所形成的固定不變的秩序，對於統治的維持是一個基本的便利。

我們的討論進行到這裡，我們碰到一個根本的問題：一般人在本性上究竟是趨向於抵抗變化還是喜歡變化？我們要解答這個問題，首先必須明瞭所謂「人的本性」是什麼。這個問題在科學上是很難解答的，也許根本就是一個擬似問題（pseudo-problem）。自來一般人和宗教家及道德家所說的「人性」是經過各種文化涵化染過了色的「人性」。沒有經過這一番染色的「人性」是個什麼樣子，我們實在難以想像。即令我們能夠想像，我們的想像之本身還是文化涵化之產品——甚至我們的夜夢也是文化涵化的產品。

㉘ See Roy G. D'Andrade, Anthropological Studies of Dreams, in *Psychological Anthropology*, edited by Francis L. K. Hsu,

㉘我們藉已經文化染色的想像來想像那已經文化染色的「人性」，就像戴上有色眼鏡來看有色的東西。這怎樣看得清楚它的「眞相」？所謂「人之初，性本善」的話，是無根之談。「人之初，性本善」之爲無根之談，正猶之乎「人之初，性本惡」之爲無根之談。「人之初」之性究竟是個什麼樣子，我們只能說不知道。因爲，在實際運作的技術上我們很難創造一個文化眞空的情境，讓受試驗者生活在裡面，因爲，這個情境還是「文化的」情境。即令我們將受試驗者分別放在地球上一切有代表性的文化情境裡讓他們平均地受到所有這些文化的涵化，我們所能求得的充其量只是一個平均數而已。這也就是說，我們無法將一組人所受文化的涵化抽盡到等於零，然後求得「人性」的絕對值。依此，嚴格地說，一般人所說的「人性」只是一個假設或一組假設的性質。而宗教家和道德家所說的「人性」更只是從宗教和道德的展望孔裡看的「人性」。

根據上面的分析，我們可以知道，所謂「一般人在本性上究竟是趨向於抵抗變化還是喜歡變化」這個問題，如果要能解答，只有把它當做一個社會文化的問題才有實際的可能。關於這個問題，許多人類學家和社會學家提出不同的看法。

巴格哈（Walter Bagehot）強調說，靜止的狀態乃人的常態。在歷史上最大多數種族是不進步的。他所得到的資料顯示許多文字前期的民族和準文字前期的民族極其固執地保持他們古舊文化的特徵。因此，顯示著高度的心性凝滯。柏拉雪（Vidal de la Blache）說，在孤立的文化中，還是有某種進步；可是，過

Illinois, 1961.

這篇文章的作者說：「人的夢，像人的他種行為一樣，可能表現某種程度的文化型模作用。」這也就是說，一個人所作的夢多少是會受到他所在的社會文化之影響。據作者說，一輩子沒有見過汽車的人作夢就不會有汽車。

了一陣子，進步又變得疲弱無力。對這種文化，除非有外界入侵的因素打破這種惡性循環，否則文化呆滯就取得優勢的拘束力。可是，我們不能由此就下結論說，人是天生下來停滯不前的。奧格本曾指明：「在某些情境中，人希望有所變動；而在另外的情境裡，人不希望有所變動。」㉙無論怎樣，最不利於文化變遷的情境是鄰近離隔。一個民族在文化變遷的過程中採取新的文化特徵時所遭遇的內部困難常有非局外人所易想像的。㉚文化呆滯以及與之相互滋衍的心性凝滯，並非所謂「國民性格」或「人性如此」的結果；而是文字前期的社會文化所常遭遇的特殊情境有以致之。我們試分析地觀察所謂「原始文化」的一些個案便可明瞭這一方面的眞相。

博斯指出，抗拒改變和孤立情境是相互關聯著的。原有文化份子處此情境之中在情緒上厭惡自己根深蒂固的習慣被外來力量換掉，也力保自己任何未假思索而發的反應方式不被攪亂。㉛

㉙ Ogburn, *Social Change*, 1923 p. 191. Cited from H. Becker and H. E. Barnes.

㉚ 蔣夢麟，《西潮》，一九五〇年，臺北，第十二章。
在這一本書裡，我們可以看到從幾個次元對於一個在變動裡的中國社會文化的描寫。第十二章裡說：「任何變革正像分娩一樣，總是有痛苦的。」……「『婆婆太老了，看不慣這種變化。』」……「三叔父告訴我，上一年大家開始用肥田粉種白菜，結果白菜大得非常。許多人認為這種大得出奇的白菜一定有毒，紛紛把白菜拔起來丟掉。」

㉛ 人，特別是一般上了年紀的人，最怕自己的世界觀、社會觀和人生觀被人打破，也怕自己的思想習慣被人擾亂。他們喜歡保持他們已經習慣了的一切秩序。對於一般老人而言，慣常不變和根深蒂固，都是真理。在從前，學生罵老師，老師順手就是一耳光打過去，這就是未假思索而發的反應方式。這個反應方式之被攪亂，並且被外來的力量換掉，是花了很多時間和努力的，並且老師們須做些克己服理的功夫。

> 我們親眼看見與我們習以爲常的反射行爲相違背的行爲時，就激起我們密切的注意。如果要我們也接受這一新的行爲，那末首先得克服這些強烈情緒的抗阻。㉜

由此可見，凡足以引起強烈抗阻情緒的文化變遷，其進行的過程沒有不困難的。生活在被重重情感與價值觀念的鐵絲網所束縛的鄰近離隔中的社群裡的人，他們長期不易滋生改變自己現狀的念頭，是不難想見的。

當然，這並不是說在離隔之中的文化絲毫沒有變遷。有變遷的，不過幅度恆常不大。它的變遷幅度通常只限於在社群的基本德目和基本價值觀念以及基本行爲模式，以及由此諸因子所形成的基本情感所能容納的範圍以內。這個範圍是有彈性的。但是，它的彈性有彈性極限。這一彈性極限也就是一個文化的適應極限（limit of adjustment）。外來文化的衝擊如在這一適應極限以內，那末它所帶來的文化特徵就可被原有文化吸收；如在這一適應極限以外，那末不是引起原有文化抗拒，就是引起它內部的紛亂，甚至文化解體。同爲適應極限，鄰近離隔的社會與鄰近開放的社會也不同。一般說來，如果其他一切條件保持不變，鄰近孤立的社會之適應極限比較小，而鄰近開放的社會之適應極限比較大。例如，美國東北部工商社會的適應極限比西南部農業社會的適應極限較大。一個社會文化裡未假思索的反射習慣愈是處於基本地位，則反應愈不易越出原有型模以外。在這種情形之下，特別從合於成規舊制的文化份子甚至對變遷有一種神話式的恐懼。站在這種恐懼背後的，是把古舊的和習見的事物視爲神聖不可侵犯的賜與。在這些份子的心目中，有一種感情的光圈圍繞前人留下的教言和制度。如果他們懂得歷史，那末他們的歷史天然是前

㉜ Franz Boas, *Anthropology and Modern Life*, 1927, p. 140. Cited from H. Becker and H. E. Barness.

人這些遺產的記錄簿。如果他們懂得哲學，那末他們的哲學天然是替古聖先賢之教提供理由的侍臣。傳統中國的社會文化裡就是這種情形。

上列情形裡加上家的作用，則血緣結構及其關係即容易滋蔓。在這種文化裡，社會聯繫的組成主要地靠血緣。這樣一來，其他非血緣關係的社會關係不是無從發展便是被切斷，至少不能發生應有的功能。在傳統中國，親戚六眷一來，現代化的公司行號就開不好，現代化的政治組織也形成不了，甚至一本現代化的刊物也辦不出。血緣關係是原始的，是利害與共的，也是唯感情主義的。所以，血緣關係在發生它的功能時，常使人只問恩怨，不問是非；常使人只講情分，不管對錯。結果，這類人滿腦袋盤算的都是人情方面的親疏厚薄，滿身纏繞的都是人事牽聯，一天到晚小心留意的是人際的得失利弊。於是，心靈固蔽，思想停滯，因而新創無由。不獨如此，血緣團體、傳統的養育方式，大大地影響泡在其中的小孩之性格形成。這麼一來，血緣團體及傳統的養育方式替成人的思想和行爲之合模性及齊一性打下牢不可破的基礎。我們試看「大老爺型」、「大少爺型」、「老太太型」、「少奶奶型」、「林黛玉型」等等，便知端底。我們再看宮中的「皇帝型」、「王爺型」、「太后型」、「太子型」、「太監型」等等，可思過半。光緒皇帝之所以失敗，原因固然不止一端；可是他在思想上和行爲上出格而不「合模」則是不可忽視的一端。在血緣結構裡，如果有人不從合於其慣例，並且打破其聯繫，那末簡直像剪斷了臍帶似的。在血緣結構中，對生物邏輯的適應力與生物文化的合模性之要求較之對任何別的社會團體之適應力的要求多得多。在聯組社會中，契約關係是主導的關係。公司的契約一旦解除，經理與屬員的關係即行終了。可是，在血緣滲透的社會中人際關係不是如此。他一朝做了你的長官，便永遠是你的長官。父兄與子弟的關係之陰影在這一場合出現。於是，人的觀念活動及情感一輩子被籠套在這個由上而下的架構中。在這樣的社會裡，人的心性自然而然就被凝滯住了。被凝滯住了的心性是合模作用的現成園地；雖然後者也鞏固

（consolidate）前者。在傳統的中國社會文化裡這種情形像空氣般地存在。

六、合模要求

這裡所說合模要求，依前所述，是指一個社會與／或文化要求其中份子之有意或無意的行爲合於成俗，要求其中的制度只是前在制度之複製（duplicate）。就這一意義來說，一切社會與／或文化之社化與／或涵化以不同的程度有要求合模的傾向。試設想一個情境，在這個情境中，社化與／或涵化對合模的要求等於零，這個社會與／或文化還能延續下去嗎？在實際上，不僅不能延續下去，而且根本會瓦解。所以，社會文化的合模要求是任何社會文化普遍的要求。可是，這裡的問題不在合模要求之有無，而在它的程度之多少。任何社會文化必須有合模要求以維持它的存在並作它的發展之所本。但是，合模要求太強，在一方面固然有助於維持社會文化的穩定，但是在另一方面也拘束了創造能量、適應力，以及進步的級距。中國社會文化的問題就出在這裡。

如前所述，傳統中國的社會文化在廣大的基底上是通體社會與文前社會及其文化。這種社會文化的合模要求是大於聯組社會與文期社會的。它固然產生了穩定作用，但同時阻礙了變和進步。傳統中國的社會文化要求文化份子在行爲、衣著等等方面須「同人樣」。如果有「異言異服」的，那末就受到社會一般人譏評，目爲「妖精」。在大家之間流行的口語「與眾不同」，意含對標新立異者之輕微的抨擊。女兒大了得包小腳，母親不假思索地這樣做，因爲大家都是這樣做。即令被包腳的女兒痛得流眼淚，也不能改變母親的這種模式行爲。在海禁未開以前，女兒的腳一代接著一代地被包下去，幾乎沒有人對於這一模式提出疑問，也幾乎沒有人產生這樣的疑問。只是後來海禁大開，中國文化份子親眼看見西洋女子的大「洋船腳」，才曉得並非普天之下凡女子都得包小腳。這才慢慢導致「天足運動」。但是，這一運動因不合成俗而引起抗阻。於是，在「還我天足」與「保衛三寸金蓮」之間引起拉鋸戰。這一拉鋸戰持續了半個世紀之久，「還我天足」運動才得到決定性的勝利。由此可見合模作用是怎樣頑強。㉝

至於制度的合模強度，並不下於成俗。在中國，一個制度的建立，在起頭的時候常常是很艱難的。一旦立之既久，就逐漸成俗化而與風俗習慣不能清楚劃分，因此要更改也就非常困難。除此以外，中國文化份子又發展出一套反對更改的「理論」，從思想方式之內化來阻擋更改制度。這種「理論」要求中國文化份子在制度的建立上必須遵守「古聖先王之法」。「自我作古」在中國是一句譏諷人的話。在思想上，中國知識份子自幼通過讀四書五經已將思路納入孔孟「正軌」，別的都被認爲是「歧路」。復次，許多人的功名利祿又和既成制度所形成的既存秩序相互依存。於是，合模力之強，除了訴諸激烈的行動或聽其自然萎縮以至於消滅以外，簡直是牢不可破。自王安石變法到康梁變法之所以失敗，一方面的原因在此。最奇妙的情形是，即令存心改變制度的人，也不敢和所要改變的制度正面去碰，而在戰術上必須抄到這一制度的後面，利用這個制度來打擊這個制度。這就是爲什麼康有爲要「托古改制」。在康有爲以後鬧「革命」的許多人利用「自古有之」來賺取一般中國文化份子的信服之例子是很多的。

上述成俗、思想和制度之有強烈的合模作用是顯然易見的。不僅如此，至少在傳統中國，甚至文學與藝術也隱含牢固的合模作用。中國人寫字必須臨帖。如果臨名家之帖而臨得逼眞，「得其神韻」，或某一筆像某某人的，便受到「內行」讚賞。如果一個人寫字別出心裁，自成體勢，那末要得到大家讚賞是很難

㉝ 一八八三年「前進份子」康有為反對為長女康同薇纏足。他並且糾合同志，發起「不纏足會」，發表宣言，倡導婦女不纏足。這一舉動遭親友嚴重反對。他繼續為這件事奮鬥。直到二十年後，婦女天足的事才慢慢成為風氣。

的。作畫、塡詞、作駢文、作律詩，都有嚴格的格律。如果一個人所作的畫、詩或詞，合於既成格律，那末便算及了格。如果從他的畫裡、詩裡或詞裡一個品鑑家看得見前代某某名家的靈魂重現，那末他會受到很高的評價。如果要有創新，那末只許依照原有派別的傳統小作出入。出入的幅度大到違離原有派別的傳統之核心，便馬上受到抨擊。在這樣「唯古是法」的價值取向驅策之下，文學和藝術的心靈活動大部分被「遵古炮製」的準繩限制住了。這麼一來，文學家和藝術家被一隻「合模」之手捏住了，他們還能有多少創作自由呢？更還能做多少突破現狀和獨創格律的非常舉動呢？當然，我們並不是說，在傳統中國文化裡從來沒有這種出格的天才。有的。但是，這種人很少得到社會的鼓勵並提供他發展的機會。這種人物在中國文化裡常被認爲是「行不由徑」的怪物。大家認爲他並無大害時，便聽其自生自滅。從前中國人寫墓誌銘也有一定的公式。不管那位死人合與不合，只按他的社會地位套上公式再刻石了事。所以，寫墓誌銘的人大抵不問被寫的人生前的事蹟怎樣，總是照例把他心中原有的公式搬在紙上，說什麼「事父至孝」，說什麼「鄉黨稱賢」，說什麼「樂善好施」，種種等等。在抗日戰爭前後，我從華中走到華北，從華北走到華東，從華東走到華西，看見所有的房屋建築形式，除了洋屋以外，都是相同的，衣著的式樣也全是相同的。一個社會文化的合模作用這樣普遍，難怪退返容易進步難！

七、長老至上

早在紀元前三四七年以前，柏拉圖用肯定的語態說：「無疑，老人必須統治較年輕的人。」㉞

㉞ Plato, *The Republic*, translated by Benjamin Jowett, p. 122.

又說：「老人須賦予管理和懲罰較年輕的人之義務。」[35]我不知道柏拉圖知不知道他在中國有許多「忠實同志」。柏拉圖之所希望於老人的，在中國早已嵌入社會結構裡面，並且已經形成一個深厚的傳統。在中國社會文化裡，長老享有特殊的地位、權利和尊敬。老人是父親意像之活生生的發祥地。而父親意像又回過頭來營養、加強、擴大和鞏固老人的地位和權利。老人的特殊地位並非只限於血緣親族之間。由老人作基底所形成的父親意像，好像空氣似的，幾乎擴散到所有的生活圈子（spheres of life）以內。在學術範圍裡，老師與長老是同位格，學生與弟子是同位格。皇帝是天下之「大父」。如前所述，縣官是「民之父母」，因此叫做「縣太爺」。甚至在生意場中，年高而且又「吃得開」的人，很容易賦予父親意像。比如，天津商場中有「林三爺」。武林中技術的傳授論輩分。「師祖」、「叔祖」、「師父」、「師叔」、「師兄」、「師弟」，等等層級，必須分得清清楚楚。他是你的「師父」，便像永遠是你的父親一樣，永遠是你的「師父」。即使你的武藝超出他十倍，也不能改變這種地位上層級的差別。至少在制度上，不同層級的地位所享受到的聲威也相應的不同。即令一個人「貴為天子」，也得讓「太上皇」或「太上後」三分。[36]聲威高下的比較和成就大小的比較只限於「同輩」之間。無論在實際上怎樣，長一輩的差與晚一輩的比較，晚一輩的也不敢「妄想」和長一輩的比較。這種念頭，代代相傳，內化地凝固起來而不自覺地被塑成一種認知模式。於是，人們總認為師父一定比徒弟功夫高，先生一定比學生學問好。而師父之上還有「太老師」，「太老師」之上有「太太老師」。這樣一直追向源頭，我們必須說只有盤古氏最好。老人的晚境既然這麼好，只要熬到長老的地位便受到風俗習慣的如許優待，所以年輕人常常等著「熬老資格」。

---

[35] 同[34]，p.189.

[36] 光緒即是被這種制度壓得不能抬頭。

資格不夠老，老資格壓在上面，年輕人努力也常常是白費。那末，等著好了，資格等老了，自然會升進「老資格」的特等包廂。人生「熬」到那個境界，便一切輕鬆了。

長老在中國社會文化裡處於這樣優越的地位並非完全是長老們爲自我打算而造成的。長老在中國社會文化裡處於這樣優越的地位，一部分是由於在中國的通體與文前社會裡長老有其功能。當然，血緣構成長老地位之幾乎牢不可破的生物邏輯的基礎。

如前所述，中國的通體社會結構是以血緣關係爲礎石的。血緣關係對於長老來執行的社會控制特別有利。這樣的社會控制不一定須要出之以正式的形式、確定的命令或明言的禁止，而是常寓之於教導、勸誘、獎勵、讚揚、貶抑、抨擊甚至間接的品評。因此，長老透過這些方式常即能收社會控制之效。例如，「某某孩子眞是懂事」、「我家的老三很孝順」、「他家的媳婦很體貼，全家老少都合得來」，或者，「咳！那家祖宗無德，怎麼出那個敗家子」、「隔壁王家的媳婦金枝把她一家的醜丟盡了，她還好意思拋頭露面，在外邊搖來擺去」……等等。因爲社會控制來得直接、親切，遍及生活的重要層界，深入人心，且又使被控制者覺得自然，亦若出於自己固有的良心，所以常能收到切實的功效。因爲傳統中國的社會控制常能收到實效，所以一般人發生糾紛寧願訴諸長老或鄉紳來排解，而不願訴諸法律以至在公堂相見。傳統中國的一般文化份子視訴訟爲不講情面的事，大家對於愛「打官司」的人多存「敬而遠之」的態度，至於「訟棍」則是一個罵人的頭銜。

然而，血緣關係大非十全的結構。中國的血緣關係，在關係網絡以內固然常能發揮強固的團結作用，可是對於關係網絡以外的人則天然地發生隔離作用。在關係網絡以內的人叫做「自己人」、「咱們一家人」，在關係網絡以外的人叫做「他們」、「外面的人」。以這一劃分作底子，於是有所謂「圈子裡的人」和「圈子外的人」之分。圈子裡的人則各擁其「長老」。這種劃分至今餘痕猶在。不僅餘痕猶在，而且因恐懼之增加而有迴光返照之勢。

在文前社會，祖傳「不成文法」乃社會行爲的規範。大家要依照祖傳規範行事只得靠肉口相傳。肉口相傳成爲文前社會的知識和智慧的重要來源。老人天然是這一來源的提供人物。人愈老則所能提供的來源愈多，所以人愈老愈好。如果一個人曾經歷人生的許多危難，有了許多閱歷，遭受過許多挫折，並且活的歲月長到足以吸收比他年長一兩輩的人之經驗，那末他本身就是文前的文化之具體的化身。這也就是說，他就是文前社會裡的一個字典、一本曆書、一個歷史家、一個應付危難的舵手、一個血族間「傳道、授業、解惑」的導師。屬於老人的那個時代是現在這個時代之所以成爲現在這個時代的時代。這也就是說，老人所在的那個時代是現在這個時代的歷史。現在這個時代是從它的歷史演變出來的。因此現在這個時代不能和那個已經過去的時代脫節，於是也就不能不內涵地受它的若干左右。老人則是一部能夠說話的歷史。在他們的歷史中，一切觀念、行爲、典則和制度都是在一個不變的世界裡；而凡沒有經他閱歷或試驗過的一切新奇事物都在不可把捉之中，所以必須排除。老人傾向於把追求新奇看作不必要的冒險，將他自幼學得的事物加以改變視爲離叛。但是，中國文化的倫理教導青年，說凡向老年人的權威低頭並向老年人學習的青年才是「可造之才」。

這樣一來，在中國的文字前期社會裡，統治的方式不可能不是權威主義的。這種統治秩序的合法性來自傳統，並且大家透過長老認爲這種秩序是神聖的。統治者的權力之根據又何在呢？統治者的權力之根據有二：第一，他是統治者，而別人不是。第二，他統治久了，站穩了。他的權力來自他老是存在時空中的這一現實的事實。所以，在中國歷史上，統治了一年叫做「寇」，統治了一百年便成「天子」。邏輯是沒有時間性的；但是權力卻有時間性。中國社會文化向來不注重邏輯。

中國從文字前期的社會湧現出來的統治組織和從近代西方社會產生出來的統治組織很不相同。近代西方社會的統治組織是法治間架以內的產品。即令統治組織的人事變換，並不影響到支持它的那一公共支援的法治間架。而公共之所以支持這一法治間架，係因有公共的文化理想、行爲典則、基本價値觀念。這些基礎爲任何一個統治組織所承認。於是，統治組織這一層面的人事儘管有移換，社會文化的基礎則不會動搖。英國工黨和保守黨輪番執政，但英國的基督教文化運行如故，甚至英國的文官也不受影響。這一實例，最足說明此一道理。然而，中國傳統的統治組織往往是社會文化的演衍或激烈變動的產品。它的出現幾乎沒有法治途徑可循。恰恰相反，只有它站穩了，安定久了，然後才有法治間架可求。這樣的統治組織，一出現便先天地有濃厚的私人及其團體的色彩。它以一個可能的「皇帝」作中心，其餘跟著他打天下的是「從龍之眾」。天下打出來了，原有前朝全班人馬至少在制度的理論上統統都以屠殺或其他方式換掉，再來一批新人。這就是所謂「一朝天子一朝臣」。在這種統治形態以內，統治者和他的重要僚屬及子民之間的關係在實質上常爲私人與私人之間的關係。這種統治形態的要素是僕屬和子民對統治者個人的忠誠。這種對人身的忠誠，分析到最後，根本就是納入少對長的血緣關係。血緣關係是無可渡讓和無可移換的，所以僚屬和子民對統治者個人的忠誠也是無可渡讓和無可移換的。因此，在這種統治形態之下，忠於特定的人身被視爲美德，所謂「忠臣」大受讚揚；而「心懷二志」便大遭疑忌，「貳臣」是要被唾棄的。不獨如此，女子從小就透過社化作用而塑造「烈女從一而終」的思想型模，以及與之相聯的價値觀念和情感反應。「名臣不事二君，烈女不嫁二夫」。彷彿「從一」是「無上道德」，「事二」便是無底罪惡。就這樣，統治倫理化了。因此，中國歷來不改朝換代則已，一有改朝換代，所牽涉的不止是統治組織的更換，而且還深入地冒犯著倫理道德。在改朝換代的驚險過程中，成功了固然不愁沒有儒生來歌功頌德，失敗了則不止得賠掉性命，還得背上「亂臣賊子」的罪名以終古。所以，中國歷來改朝換代，很少不是弄得慘厲人寰的。自古以來，爲了那點名氣，父子相殘者有之，兄弟相屠者有之。我不知道這是否「東方的精神文明」。

八、地位與聲威要求

一切文化都有地位與聲威要求。中國文化是其中發展並且表現得最強烈的。在中國文化裡，地位和聲威的外表層相是面子。中國文化份子最「愛面子」。「面子」是中國文化份子的第二生命。「面子」是中國文化份子自尊心之最積極的具體表現。「不顧體面」的人在從前是受人瞧不起的。爲了「救面子」，中國文化份子所曾作的努力可眞不少。因著彼此「顧全面子」，中國過去的文化份子常常輕易地犧牲了實際的利益，甚至於犧牲了對是非眞假的追究。跟中國文化份子打交道，首須注意到「面子問題」。如果「面子破裂」了，那末跟著來的立即是情感破裂。情感破裂了，事情就難辦。

權力、權威、身份、地位，和聲威有密切的相互關聯。它們有共同的建構基礎，但是各在不同的層相，並且各有不同的功能；因而意義也不相同。權力（power）是藉著命令或其他強制方式使別人照自己的意思來行動或停止行動，甚至發表這樣或那樣的言論之一種力量。這種力量可以是而不一定是已經納入法治間架以內的。無論這種力量已否納入法治間架以內，它是一既成事實。這一既成事實是物理的、經濟的，或觀念的力量構成的。籠罩在這些力量裡的個人或團體，常以各種不同的程度受到權力的支配。㊲權威（authority）是權力所造成的一種壓力，也是一種高高在上的感覺。在有權威與無權威之間，常在知識或權力上有一種位差感。因此，一般人在權威之前多少有自卑感。自古至今，人們要免除權威在心頭的壓

㊲ B. Russell, *Power: A New Social Analysis*, London, 1948, passim.

力，常須作並不輕鬆的奮鬥。西方人對權威還有一個概念。奈德勒（S. F. Nadel）說權威是在意料中的合法力量。[38]所以，這種權威不可濫用。官方權威便是這種權威。身份是建立於血緣、世襲、爵位、官職、功名等等條件之上的。這些條件愈夠，則身份相應地隨之愈高。在中國傳統社會裡，身份極受到尊重。官員固然有身份，有功名的知識份子、教師，以至於紳士，都是有身份的。同爲身份，有高低的等差。身份較高的人可以推動身份較低的人。推動別人的人固然得到聲威的滿足，可是被推動的人或替有身份的人服務的人也常覺分沾光榮。例如，「在大公館當差」被看作一種有面子的事。從前體力勞動者說「我今天上午替治台大人抬轎」，言下面有得色。

地位是由資格或成就構成的。地位的形式常劃分爲若干等級。等級像階梯一樣，每爬一步，便是一個「遷升」。每一個「遷升」用一個名號來標別，並且可能有不同的待遇隨之而來。中國文化份子的社會觀是垂直式的。他們把上下等級的差別看得頗重。考試制度是一部很華麗的梯子。自昔至今，許多才智之士爲了爬這部梯子，像爬牆的蝸牛付出體液似的，付出無窮的腦汁。聲威（prestige）是比較容易變動的地位。它不是正式化的社會建構，而像一股風。聲威雖然像一股風，但有一種籠罩力、移化力，對一般人有說服力，甚至於壓服力。如果聲威像一個影子，這個影子有時比本人大。比本人大的影子有時是藉現代公共信息技術製造出來的。聲威所至，可使人信服其言，仿效其行，或分享其志向與感情。聲威有許多種類。道德的聲威使人景仰；知識的聲威使人敬佩；政治的聲威可使人服貼；財富的聲威可使人豔羨，但也常令人疲倦。

圍繞著財富，可以發射不同的聲威。財富的始原作用無非爲了滿足基本的生活需要。在滿足基本的

㊳ S. F. Nadel, *The Foundations of Social Anthropology*, Illinois, 1953, p.169.

生活需要線以上，如果財富累積起來，那末便開出黃金色的聲威花朵。如林頓所說，[39]許多尚未開化的社會，在生活所需滿足以後，繼續累積財富。財富之累積到了這個階段，並非爲了滿足生活需要，而係爲了增加聲威。北美洲西北口岸有住民競事揮霍。爲求壓過對方，彼等雖耗費鉅資也在所不惜。中國農村一般「白手起家」的「土財主」對消費財富的興趣遠不若累聚財富的興趣之大。他們的近乎吝嗇的儉樸生活與其財富累積適成尖銳的對比。之所以如此，除了因彼等深切經驗到財富獲得之匪易且時患失去以外，彼等覺得累積的不動財富乃揚聲威於鄉里的憑藉。

然而，有的文化價值作著與此背反的取向。有些階層或世族爲了保障他們特出的社會地位和聲威，往往反對或不屑於拿財富作爲他們的社會地位和聲威之基礎。[40]如果任何人可以拿財富作爲他們的社會地位和聲威之基礎，那末這些階層或世族憑功勳或世襲所造成的社會地位和聲威勢將爲之顛覆。中國的「官家小姐」是不大同平民聯姻的。官家即令沒落架子還是要擺。書香世第儘管只剩下一塊匾和一座屋還是書香世第，要改行如同轉世。然而，工業革命以來的經濟高速發展所出現的前所未有的新形勢，逼使這些架立於傳統光榮建制上面的土地貴族離地騰空。接踵而來的兩次世界大戰使這一不利於土地貴族的形勢更加深刻化和普遍化。所以，戰後的歐洲出現那末多面目淒涼的政治貴族。他們冷冷清清地走出深宮，走向十字街頭，投入茫茫人海之中。亞洲地區廣大無邊的「社會革命」，[41]更無情地把一大批一大批的土地貴族連根拔起。紳權像附著在樹皮上的菌一般乾掉，他們過去的社會地位和聲威只成爲記憶裡的殘痕了。

㊴ Ralph Linton, *The Study of Man*, New York, 1936, p.144.

㊵ Reinhard Bendix, *Max Weber*, New York, 1962, Part Two, Chapter IV, Introduction, A. Status Groups and Classes.

㊶ *Old Societies and New States*, edited by Clifford Geetz, Illinois, 1963, passim.

憑光榮、功勳、功名、世襲等等而建立了社會地位和聲威的階層或團體，德國的容克世家（the Junkers），有一種豪閥行爲模式。中國知識份子建築社會地位並通向聲威之路，歷來不是經商致富和制器利用，而是道德、學問、文章並掌管孔制政教。所以，中國知識份子的價值取向素來是以爲「萬般皆下品，唯有讀書高」。他們靠「十年寒窗」博取功名來「揚名聲，顯父母」。他們曾自認爲且曾被認爲是「四民之首」。他們瞧不起商人和工匠。他們認爲「問舍求田」是「原無大志」的。他們躋身於最高統治階層的周圍和做行政的中堅棟樑。他們受俸祿的供養和廣大農村經濟的支援。這一個階層在中國歷史和文化裡所起的作用眞夠重大。他們的社會地位和聲威不是農人、工人和商人所可比擬的。

中國人的世界觀的一個次元是前述的以中國爲世界的中心，另一個次元是習慣地從下看到上或從上看到下。在這一世界觀的局限之下，中國人習慣於從古到今的垂直式的思想，而不大注意到横面的事。㊷中國文化份子歷來少管外事。他們銳意經營社會地位和聲威。中國文化份子將思想發展、政治制度、社會結構、對外看法，以至於宅第形式及服飾式樣，都輻輳於聲威的建立、鞏固和擴大。而聲威的心理基礎是虛榮。所以，聲威一經制度化，便牢不可破。中國人傳統的強烈正統感與聲威要求實在不可分。正統感給聲威要求以堂堂皇皇的理由；聲威要求則可發揮正統感的壯大光彩。

自古以來的「夷夏之辨」就是一種原基的聲威提示（prestige suggestion）。經過這一提示，夷與夏的價值高下優劣之別便判然分明。夷與夏的價值高下優劣之別判然分明，就是在二者之間築起一道肉眼看不見的「價值圍牆」。在二者之間築起一道肉眼看不見的「價值圍牆」，使中國文化份子看不起夷狄而得以「嚴夷夏之防」。中國文化份子看不起夷狄而得以「嚴夷夏之防」，於是後世不能「以夷變夏」。因爲

㊷ 普遍注意國際問題只是近幾十年的事。

後世不能「以夷變夏」，所以變法維新在心理上的困難重重。

中國文化裡的聲威要求簡直成了「歷史精神」。中國的建築形式簡直就是一種聲威符號（prestigesymbol）。皇宮象徵最高的地位和聲威。王府和大官的宅第代表高出庶民之上的地位和聲威。即令一般平民住宅，只要是稍具規模的，總是正面一個大門，兩邊對稱，一進數重。這種屋宇的結構總顯露一種莊嚴氣象。但是，平民住宅無論怎樣華麗，在制度上不能模擬帝王，否則便是僭越，可能遭受處分。所以，在傳統中國，我們一看住宅，就大致可以看出其中主人的地位、歷史、身份和聲威之大小。中國文化的服飾更常表示地位和身份的差別。讀書人穿長衫，有時戴水晶眼鏡。官人出則坐轎，走路抬八字腳，說話拿一定的腔調，發言時只看著自己的鼻子，咳嗽有特殊的抑揚頓挫。官轎的大小和抬轎人數目的多少是官階高低之最醒目的符號，因此也就是聲威大小的符號。官人出街鳴鑼喝道更是聲威的制度樹立。甚至讀書人的「立一家之言」，以「文章鳴家」、「開山立派」，背後的主要推動力也是聲威要求。

在中國，國家的聲威與文化聲威及社會聲威是綴合在一起的。這種混成的聲威從來都是與國體不可分。像一座彩坊的正面一樣，它象徵國家的地位。因此，這種聲威從來被強烈地維護著，而且細心地經營著，以至於納入官辦制度（bureaucracy）以內。從前學生見考官須遞門生帖子，這不是一件等閒的事。從前外國使節要見中國皇帝，比天主教徒見教皇還難。外國使節要見中國的皇帝，彷彿比基督教徒見上帝還要隆重。我們且看是個什麼光景：

來華的俄國使臣，爲了「三跪九叩」的禮節，一再感受麻煩。馬戛爾尼亦遇到同樣的問題，中國皇帝和英國使臣均很重視此事。八月十四日（七月初八日）的上諭特別提出，要徵瑞向使臣婉勸。

再梁肯堂、征瑞折內俱稱筵宴時該使臣等免冠叩首等語。……向聞西洋人用布紮腿，跪拜不便，是其國俗，不知叩首之禮，或只係免冠鞠躬點首，……遂指爲叩首，亦未可定。著傳諭徵瑞，如該使臣於筵宴時實則叩首則已，如仍止免冠點首，則當於無意閒談時婉詞告知以各處藩封，到天朝進貢覲光者，不特陪臣俱行三跪九叩首之禮，即國王親自來朝者，亦同此禮。今爾國王遣爾等前來祝嘏，自應遵天朝法度。雖爾國俗俱用布紮縛，不能拜跪，但爾叩見時何妨暫時鬆解，俟行禮後，再行紮縛，亦屬甚便。若爾等拘泥國俗，不行此禮，轉失爾國王遣爾航海遠來，祝釐納貢之誠，且貽各藩部使臣譏笑，恐在朝引禮大臣亦不容也。——《掌故》第五輯。

徵瑞即依諭旨的指示，向馬戛爾尼勸說。但他只允以見英王之禮來見中國皇帝。而徵瑞的奏報，則謂英使已在學習，乾隆皇帝就認以爲眞，謂其「敬奉天朝，出於至誠」。

七月十二日（西八月十八日）上諭：

徵瑞奏英吉利使臣等深以不嫻天朝禮節爲愧，連日學習，漸能跪叩，徵瑞隨時教導，俾臻妥善等語。該使臣等奉伊國王差遣遠來，祝釐納貢，其敬奉天朝，自係出於至誠，斷不敢稍愆禮節，至蹈不恭之咎。今該使臣等經徵瑞告知，途次敬謹學習跪拜，其瞻覲時，自必能恪遵儀節。……——《掌故》第七輯。

八月十六日（七月初十日）達到通州。徵瑞接得前面的上諭，十九日（七月十三日）始眞正派人勸說教導。馬戛爾尼自然不肯學習。

二十一日（七月十五日）馬戛爾尼到北京，住圓明園，五日後又移居城內。在此期間，曾接見幾位在北京的西洋教士。

九月二日（七月二十七日）離北京，八日（八月初四）到熱河。覲見禮節問題，愈趨嚴重。而馬戛爾尼仍不允依中國儀式，致令皇帝「心爲不愜」，說他「妄自驕矜」。

八月初五日（西九月九日）上諭：

此次該使臣等前來熱河，於禮節多未諳悉，朕心實爲不愜。伊等前此進京時，經過沿途各地方官款接供給，未免過於優待，以致該貢使等妄自驕矜。將來伊等回國……只須照例應付，不得踵事增華，徒滋煩費。此等無知外夷，亦不值加以優禮。……——《掌故》第七輯。

於是立即全減供給，不須賞賜。這似乎未免有些小氣。

八月初六日（西九月十日）上諭：

今該使臣到熱後，遷延裝病觀望，許多不知禮節。昨令軍機大臣傳見來使，該正使捏病不到，只令副使前來，並呈出一紙，語涉無知，當經和珅面加駁斥，詞義嚴正，深得大臣之體。現令演習儀節，尚在託病遷延。似此妄自驕矜，朕意甚爲不愜，已全減其供給。所有格外賞賜，此間不復頒給，京中伎劇，亦不必預備。俟照例筵宴，過萬壽節後，即令該使臣等回京。……

外夷入覲，如果誠心恭順，必加以恩待，用示懷柔，若稍涉驕矜，則是伊無福承受恩典，亦即減其接待之禮，以示體制。此駕禦外藩之道宜然。……——《掌故》第七輯。㊸

英使馬戛爾尼「覲見」以後，乾隆皇帝催令他起程回國。㊹在這一回合，中英雙方可謂「不歡而散」。何以雙方弄到這個地步呢？因爲中國一點也不肯犧牲國家聲威，英國也是一點不肯在此關頭讓步。二國各自認定的地位基線不同。中國自居上國，要英國自居「外藩」下國。而英國則不自居「外藩」下國，認爲與中國地位平等。所以，二者談不攏。乾隆不自覺地認爲自己既是上國之主，英使前來當然是以「貢使」的身份「覲見」。英使既以「貢使」的身份「覲見」，當然應該「三跪九叩首」的「行禮如儀」。可是，英使前來中國時腦中裝的觀念是「中英平等」。既然「中英平等」，當然沒有以「貢使」的

㊸ 引自郭廷以，《近代中國史》，第一冊，頁二三三～二三六。

㊹ 同㊸，頁二三七～二三九。

身份行「三跪九叩首」禮之理。這樣一來，乾隆皇帝在英使馬戛爾尼身上得不到他所期待的聲威滿足。所以，他「心爲不愜」，認爲「此等無知外夷，亦不値加以優禮」。但是，他卻沒有反躬自問，他自己是否一個對國際事務無知的皇帝。

在十八世紀末葉，中國文化這樣要求聲威，還可以說是國勢正盛，有本錢拉架子。可是，到了道光時代，經過咸豐朝代，在中英戰爭和英法聯軍的戰爭裡，中國遭到一連串的失敗，先後訂立喪權辱國的南京條約、天津條約及北京條約。中國文化份子飽嘗「船堅炮利」的苦果，照說應該有些覺悟了。然而，到了同治朝廷，又是爲了所謂「覲見」問題，君臣鬧得那樣大不了。他們依然把「體制」的殼子背得那末緊，連堅船利炮都轟它不掉。英法聯軍以後，英、俄、美、法等國使館在北京設立。咸豐皇帝怕外國使節「覲見」，不肯返回北京。他在熱河病死以後，同治接著做皇帝。外國使節要求覲見。總理衙門說太后聽政，不能允準。當時多數朝臣的想法是要外國使節跪拜叩首如儀；可是外國使節又偏偏不同意，並且依照條約上不得有礙國體的說法予以拒絕。一八六七年預備修約，左宗棠說：「今既不能阻其入覲，而必令其使臣行拜跪禮，使臣未必遵依。竊思彼族以見其國主之禮入覲，在彼所爭者，中外鈞敵，不甘以屬國自居，非有他也，似不妨允其所請。此禮限於呈遞國書。」可是，丁寶楨說：「彼既不行中國之禮，其桀驁之氣，自難遽馴。……」這種言論可以代表當時一般朝臣的想法。一八七三年，同治皇帝親政，外國使節請見。這在西方本來是外交的常軌，可是中國總理衙門卻詫爲異事。朝臣們把這件事商議了又商議，他們又想拿跪拜叩首的禮節來難退外使。外使又堅持不可。翰林院編修吳大澂說，照我國定制從無不跪之臣。朝廷的禮節是列祖列宗的遺制。外使入覲而不下跪，普天臣民必定憤懣不平。李鴻章覺得這事可以通融辦理。邊寶泉卻說：「皇上獨伸乾斷，以不見拒之，並諭中外大臣嚴設兵備，以崇朝廷尊嚴之體，以杜外夷驕縱之萌。」這樣經過了許多辯論和周折，同治皇帝終於在外藩入覲賜宴的紫光閣接見那些外國使節。接見過後，據《清朝全史》記載：

英公使先誦國書約二三語，即五體戰慄。帝曰：「爾大皇帝健康。」英使不能答。皇帝又曰：「汝等屢欲謁朕，其意安在？其速直陳。」仍不能答。各使皆次第捧呈國書。有國書失手落地者，有皇帝問而不能答者，遂與恭親王同被命出。然恐懼之餘，雙足不能動。及至休息所，汗流浹背，以致總署賜宴，皆不能赴。其後恭親王語各公使曰：「吾曾語爾等謁見皇帝，非可以兒童戲視，爾等不信，今果如何？吾中國人，豈如爾外國人之輕若雞羽者耶？」

照這一番描寫，外國使節看見中國皇帝簡直比看見上帝還要緊張。到了十九世紀，法國大革命和美國大革命的影響早已遍及西方世界，自由、平等、博愛的觀念已經深入人心。西方人早已不像中國文化份子把人身神化到那種神話地步。復次，在這個時期，西方的工業革命已經到達高峰，國勢正盛，自視文明高於一切。同時，他們之到中國來，並非戰敗乞和，而是以戰勝者的地位來謀求勢力擴張。既然如此，他們見了中國皇帝，何至於害怕成那種樣子。㊺

現在的問題是：中國文化份子的這種地位和聲威要求並未因幾次「革命」而消失。不獨未曾消失，反因文化變遷、政治激盪和社會走向群集化而變本加厲。

㊺ 依此揣想，上面所引的一段似乎是清朝大官為了遮羞，以及彌補心理上的自卑感而編造出來的故事。

九、兩性分別森嚴

直到目前爲止，任何社會有男女兩性的分別。這是因爲男女兩性的分別，不僅是文化的涵化作用之結果，而且是因爲男女兩性的差別確實有生物邏輯的基礎。不過，同樣是男女兩性的分別，不同的社會文化各有不同的分別原則，以及不同的輕重分別。文期社會對男女兩性的分別雖然有，但是並不太森嚴。現代社會男女也分工。但是，分工的界線愈來愈模糊。在許多場合，女子與男子競爭。女太空人也出現了。文前社會對於男女兩性的分別常常極其森嚴，在傳統中國社會裡男女之別也是很森嚴的。這可由幾方面來觀察。

第一，男女分別可以顯見於社會文化的制度上。至少在制度的理論上，女人不能做皇帝。萬一出個把女皇帝，像武則天或是慈禧太后，便被看作是「牝雞司晨」。「牝雞司晨」被認爲是反常的異數。至少在成俗的形式上，女人沒有財產權。女人做的許多事男人不可做，否則吃人笑話。規定給男人做的許多事女人不能做。木蘭從軍傳爲佳話。男女授受不親。有些農具，例如水車，女人不許跨過。女人的內衣不可曬在房屋的正面。同一間住宅，有些地點，例如前庭，女人——尤其是年輕的女人——不能隨便到達。男客來了女子必須迴避。諸如此類的制度，在在都徵別男女差異。

第二，男女雙方本有性的差別，但中國文化卻特別強調這一方面。這種強調有從觀念著手的情形。中國文化份子沿襲地把男性看作陽，女性看作陰。文學的描寫更對女性製造一種神秘的氣氛。雖然這頗有助於豐富男人的想像，但也頗有助於使男人焦急。甚至今日，中國還有男士將女人看作不同的「類」。在心理方面，這也加深中國文化份子性格上的向極性。

第三，重男輕女。重男輕女是許多社會共有的特徵。德國有句諺語說：「有男人而無女人猶有頭而無身；有女人而無男人猶有身而無頭。」法國諺語說：「一個草做的男人勝似金做的女人。」南斯拉夫的諺語說：「女人髮長而頭腦短。」俄國的諺語說：「母雞不應像公雞一般地叫。」印度教的人說：「以女人爲領袖者亡。」這後面兩個諺語所表露的重男輕女觀念，跟傳統中國的更接近。中國傳統的男人總覺得女不如男，而且認爲女人沒有獨立性，女人必須靠男人才能活，女人易於敗事。他們又好將「婦人」和「孺子」相提並論，「女子」和「小人」等量齊觀。《論語》上明明白白說：「子曰：唯女子與小人爲難養也。近之則不孫；遠之則怨。」這一「聖教」，對於後世女性地位觀念的塑造之影響是很深遠的。

這些情形是五四運動以來女權運動發生的緣由。當然，近年來男女的分別沒有清代那末森嚴，而且女性的社會地位提高了不少。可是，在許多情形之下，女性情形之改善，並非一實質的進步，而是出於男性的客氣。一個歷史久遠的傳統，要一下子改掉是很難的。

第五章　中國社會文化的激變

人事的適應不良，係與變遷一同而來。

——納莫爾（Sir Lewis Namier）

在第四章所說的基線上，中國社會文化百餘年來一直在激劇的變遷中。我們現在將這一大變遷裡基本而又影響深遠的動因列示出來。

一、家庭的瘦化

西方的社會觀念之入侵，原有農村經濟結構的解體，以及大小規模戰爭的震盪，促使中國家庭瘦化。中國家庭的瘦化是一直循著三個方向進行的：第一是規模的縮小；第二是功能的簡化；第三是結構的改變。

中國從前是盛行大家庭制，而且大家庭制一直是被鼓勵著，所謂「鐘鳴鼎食之家」是家庭「興旺」的象徵。如前所述，至於某一家「五代同堂」則被人認為有「好福氣」，並且是羨慕的對象。在農村中，三四十口人的家所在皆是。「人多好種田」。人口眾多的家庭在農村中有聲威。在城市中的官宦人家也講究「大家庭」，人多就有面子。反之，在鄉村中的「單門獨戶」，人丁稀少，便成村眾無意間可憐的對象。在城市中，人口孤單的家庭，則成為可忽略的零頭。然而，逐漸地，支持大家庭的許多基本因子動搖了，於是大家庭建制也不能不跟著動搖。同時，家庭的功能和結構不能不隨著改變了。

中國的家庭一直在實際上是全體主義統治的雛形。家庭成員的經濟問題不成文地得靠家庭來解決。在一家之中，除了家長以外，別的成員如果藏有未經裁可的錢財，就被認爲是「私房錢」。如前所述，「私房錢」是不便拿到亮處來的。長哥假若藏有「私房錢」，立即被同儕認爲「沒有出息」，因而損害他在同儕或弟兄間的聲威與權威。但是，農村經濟逐漸崩解，家庭在經濟方面所能提供的照顧力也逐漸減弱。家庭在經濟方面所能提供的照顧力逐漸減弱，家庭成員單獨出外謀生的頻率就增加。家庭成員單獨出外謀生的頻率增加，意即家庭細胞分裂的傾向增加。除此以外，「小家庭」和「自由戀愛」的觀念隨著歐風美雨吹進中國。於是，有單獨謀生能力的年輕人紛紛脫離大家庭而自行尋覓配偶另組小家庭。中國原有的大家庭是血緣家庭（consanguineous family），而小家庭是配偶家庭（affinal family）。經歷這一歷程，中國的血緣家庭逐漸蛻變爲配偶家庭。半個世紀以來大大小小的戰事所造成的強迫播遷，使原有的大家庭無法維持，更加速家庭之瘦化。到了現在，許多所謂的「家庭」，不過是一張床而已。

中國傳統家庭的結構形式、養育方式、人際關係，對於後代的性格形成、行爲模式，以及觀念鑄造，都有相當的塑模作用。同一人種材料，出身於「書香門第」的「書香子弟」和出身於農家的「農家子弟」在言談舉止以至於想法等等方面頗不相同。中國傳統家庭因此是沿襲文化傳統的火炬。小家庭制興起，勞燕分飛，新人在外築巢而居。於是祖宗代代相傳的傳統觀念及生活方式甚至人際關係對於後代人的影響自然日趨淡薄。由此可見，中國文化傳統崩解之速與中國舊式家庭制度崩解之速有互爲函數的關係。

家庭關係乃一始原關係。如前第四章所述，家庭這一始原關係的特徵乃認同。這種所謂認同，乃家庭成員自發自動地感到他與家庭是一體。從這一感覺出發，他就認爲他與他的家庭其他成員休戚相關，禍福與共。「一人有福，帶給滿屋。一人有禍，帶累滿窩。」家中人有榮譽，乃自己有榮譽。家中人受侮辱，乃自己受侮辱。姓張的出個狀元，全宗的人感覺沾到光彩。姓李的出個「敗家子」，全家都覺得丟臉。所以，認同是家庭份子團結的力量。但是，自小家庭制度興起以後，這種力量自然削弱了。當家庭不足以滿足認同的要求時，別的組織可能乘機取而代之。

除了「小家庭」制度，經濟結構的變動，以及戰事所造成的強迫播遷以外，新舊家庭最起瓦解作用的行動要算「自由戀愛」。一個銅幣有兩面。認同固然是家庭團結之源；但同時也是家庭不和之源。在新舊過渡時代，照老一輩的人看來，年輕男子不肯娶父母之命的女子爲妻，那簡直是「忤逆不孝」；年輕未婚女子背著父母與人談戀愛，甚至於結婚，那簡直是「破壞家規」。因此而弄到父子不和、女兒背叛家庭的事，眞是層出不窮。這類的「家庭悲劇」，到現在似乎並未寫完。區區自由戀愛問題，照說是青年們各人自己的私事，何以弄得這麼嚴重呢？谷德說：

社會對自由戀愛的控制，其次，我要討論社會控制中一個特別有趣的問題。這個問題就是對男女愛情的控制。我們在每一個主要的文明的文學著作中可以看到描寫自由戀愛的事。自由戀愛之侵入家庭，這對於家庭結構是一個威脅。它的威脅之大甚至比性的自由還大。因爲自由戀愛危及家庭裡的地位安排之有效功能。……

如果愛情之事常常發生於社會中，那末便不能視作一件無關重要的事。因爲，愛情會影響到家庭間世系的聯繫，所以也影響到我們所謂的家庭定位及家庭組合這些結構的變數。如果自由戀愛之事隨意侵入家庭，那末新生小孩的地位安排就不容易爲家庭首腦所決定。如果一個家庭的權力和權威必須傳給後代的話，那末對於配偶選擇就必須予以控制了。但是，如果自由戀愛之事頻繁，那末便影響到配偶的選擇了。①

婚姻的事，心理的選擇與社會文化的選擇不一定相容。由「自由戀愛」而結婚，係以男女當事人雙方情投意合爲主。由「父母之命」而結婚，係以對方的家世、財產、地位、權力、名譽、成就等條件爲主。前者是心理的條件；後者是社會文化的條件。合於心理條件者未必合於社會文化條件；合於社會文化條件者未必合於心理條件。在許多情形之下，男女雙方儘管情投意合，但因不是「門當戶對」或財勢地位不相當而婚姻告吹。這可能造成婚姻的悲劇。在另外許多情形之下，男女雙方家庭「門當戶對」或財勢地位相當，但並不情投意合。在這種情形之下，如果西方「自由戀愛神聖」的觀念深入雙方心靈而且雙方被勉強結婚，那末勢必造成「怨偶」。在這一過渡時代，婚姻的悲劇和怨偶結合同時並存。這也是中西文化衝突的表現的一面。這一面的文化衝突也基本地造成社會的不安。社會的不安造成社會的不穩定。這種不穩定成了日後參加「革命」的原動力之一。

時至今日，至少在口頭上，「戀愛至上」主義已佔優勢。現在我要提出一個問題：究竟是由「自由戀愛」而結婚好，還是由「父母之命」而結婚好？乍聽起來，這個問題已經不成其爲問題，至少已經不合時宜了。「時髦」不是解答這類問題的有力方式，有些乍看起來不成其爲問題的問題，如果稍加思索，那末立刻發現它頗成問題，並且也不是十分容易解答的。我剛才提到的這一問題便是其中的一個。最少，我們要解答這個問題，首先得確定這個問題中所謂的「好」是什麼。如果這個問題中所謂的「好」意指男女當

① William J. Goode, The Sociology of the Family, in *Sociology Tody*, edited by Robert K. Merton, Leonard Broom, Leonard S. Cottrell, Jr. 1961.

事人雙方情感的滿足，那末由「自由戀愛」而結婚也許比由「父母之命」而結婚「好」一點點。如果這個問題中所謂的「好」是指的社會穩定或減少當事人因色盲而弄成的錯誤，那末由「自由戀愛」而結婚是否一定比由「父母之命」而結婚「好」些呢？穩當的答覆似乎只有「尚不知道」四個字。因爲，直到目前爲止，中國學界還沒有就這個問題從事足夠大規模的社會調查與統計。

然而，無論由「自由戀愛」而結婚「好」或「不好」，由「自由戀愛」而結婚總是傾向於建立小家庭。無論怎樣，至少就功能來說，小家庭不是大家庭的代用品。如前面第四章所述，中國傳統的大家庭是一個全體主義的生活體系。人之一生，從搖籃到墳墓，無一不由大家庭包辦。在從前，一個大家子弟如果需要「出外謀生」，那末一定是這個家庭開始沒落的信號。他的雙親一定感到黯然。在從前，民間的教育是家庭生活的一面。請家館先生長年在家教學乃是一種普遍的現象。可是，這些事情現在幾乎都成歷史的往事了。不過，大家庭的許多功能是必需滿足的。小家庭既不能全部滿足這些功能，於是只好逐漸求之於社會與或政司。這種趨向，毫無疑義，在或多或少的程度以內，替近幾十年來日漸加深的全體主義的治理方式鋪了路。

二、孔制崩潰

近代中國人在人理建構方面之最重大和影響最深遠的事情之一就是孔制崩潰。孔制並非單純的宗教，並非單純的學說，也並非單純的倫範。但是，它確有宗教的某些功能，確有某種學說的形式，確有濃厚的倫範建制。孔制是一個森多門（syndrome）。②它的成素複雜。它滲入中國社會文化的許多層面。它

---

② 所謂森多門，廣義地說，是一叢特性、一組行為，而且我們相信這一組行為有共同的原因或基礎。這個名語是借用的。

是中國文化份子意識狀態的基本型模之一重要的方向。然而，它畢竟崩潰了。因此，它由崩潰所衍生的結果也是多方面的。

孔制是什麼呢？對於這個問題的眞實解答，既不是崇敬又不是褻瀆，既不是擁護又不是打倒。崇敬、褻瀆、擁護及打倒，在別的場合也許是必要的，例如，在禮拜的場合，或群眾大會上。可是，這類態度與動作，對於解答問題卻無幫助——不僅沒有幫助，反而大有妨礙。因爲，這些因素扯歪了純思活動。孔制是什麼？這個問題所涉及的是社會文化的經驗題材。對於經驗題材的研究，有而且只有靠跟科學一樣的認知的活動才可望得到比較客觀的結果。楊慶堃說：

在以上的討論裡，我們沒有把孔制當做一個主要的宗教制度包含在其中。我們現在要問：孔制是否一個宗教？對於這個大家經常討論到的問題，因各人對宗教所下定義不同而顯然不同。廣義說來，宗教一詞所指頗廣。從種種非有神論的信仰制度到有神論的信仰制度都包括在宗教裡。非有神論的信仰制度帶有信仰者以爲臨近終極的一種強烈情緒。有神論的信仰制度則含蘊著終極的價值。這些終極的價值係以超自然的事物充分徵象出來的，並且藉著崇拜模式和組織來支援。許多非有神論的思想或行動的制度，例如共產制度，可能具有一種宗教的性質，並且也能滿足許多成熟的有神論的宗教之某些基本的心理功能。非有神論的信仰制度都是英格爾（J. Milton Yinger）所認爲係有神論的宗教在功能上的代用品。正如我們在前面所說，我們現在的研究所注重的是有神論的宗教。有神論的宗教之一個主要的因素是認爲有超自然界。從這一眼光看去，我們在這裡並非把孔制看作一個成熟的有神教，而是看作一個具有宗教性質的社會政治上的宗旨。孔制並未樹立起一個上帝作爲其教化的前提，而且孔制的基本原理原則主要是從考慮實際問題著眼而發展出來的。即令佛教觀念曾滲透到新孔學裡，這種情形並未改變孔制之注重現世問題的傾向。孔制確實對生死問題的最後意義提出解答。但是，孔制之解答生死問題，並非藉任何超自然的力量，而係藉人的道德責任。作爲一個思想系統來看，孔制的宗教性質乃當人的問題不能藉知識或道德名詞來說明時，便假藉天道和命運觀念來解答。而且，在孔制是被當做一個實踐的宗旨時，係從對孔制崇拜的儀式中得到支持，並且從許多超自然的觀念和崇拜的儀式得到支持。這些觀念和崇拜儀式與孔制傳統的功能是聯繫在一起的。③

這一段的分析是切實地將孔制的重要特點指陳出來。顯然得很，從社會文化的觀點來瞭解孔制，比從玄談心性的路徑來瞭解孔制，遠爲切合孔制發生的時代背景以及它對兩千多年來的中國社會文化所發生的功能。

至少就孔制的功能來說，它雖非中國社會文化之獨佔的核心價值系統，但無疑是一個重要的與大佔支配地位的核心價值系統。每個社會結構有一個中心，這一個中心以各種方式沁入或輻射到這個社會的各種建制，例如，家庭、團體、政司，以至於朋友、夫婦、兄弟。這個中心是價值和信仰的領域。換句話說，它是安排和支配社會的符號、價值和信仰的秩序之中心。它之所以是這樣的一個中心，因爲它被當做是最後的、無可替代的，及無可化約的根據。這也就是說，從邏輯的觀點看，它是該一社會文化的設準（postulates）。4從衍發的觀點看，一個核心價值系統是該一社會文化經歷長期涵孕出來的。但是，因年

③ C. K. Yang, *Religion in Chinese Society*, University of California Press, 1961, p.26.

④ 從零語句推演出來的語句，我們管它叫做始基語句或設準。在一個系統中，任何不證的起點語句叫做設準。歐基理德幾何學前首的公理（Axioms）就是設準。我們把這種想法加以推廣，應用到社會文化界域。任何有完備整合的社會文化之價值系統都有它的核心價值。這一核心價值是其他價值由之而導出的源頭。所以，我們把這一核心價值看作價值設準。

長歲久，許多人不知道它的來源，所以對它滋生一種「本來就是如此」的感覺。以這種感覺做原料，許多能文之士從而潤飾並誇張之，政司又從而建構化之，於是產生一道神聖的意象光圈（nimbus）。這麼一來，這一核心價值系統在該一社會文化裡享有了「神聖」的尊嚴。依希勒斯（Edward Shils）所說，⑤我們可知這樣的核心價值系統，在一個社會制度中又是角色行為的規範準則。既然如此，這核心價值可能——雖不必然——具體表現於角色行為之上。唯其如此，人際的生活與合作才成為可能。我們要在某些超於個人具體存在的目標上協作，分析到最後，也唯有依賴這一核心價值系統及據之而制定的角色行為的規範準則。例如，「父父」、「子子」，雖然這些表達式是混含不清因而可作多種解釋的。孔制就是這樣的一個核心價值系統。復次，這種核心價值系統主要的要素之一是對權威採取肯定的態度。權威常成價值的堡壘。

許多非孔的人士嫌惡孔制阻礙了中國的「進步」。孔制這一核心價值系統誠然拘束（arrested）了中國社會文化的「異動」到一種可觀的程度，但是它確也維繫中國社會文化的穩定到一種可觀的程度。如果只看得到孔制對中國社會文化所發生的穩定作用而看不到它對中國社會文化所發生的拘束作用，那末可能是敬愛孔制者「情人眼裡出西施」使然。這是不合經驗事實的。但是，如果只看得到孔制對中國社會文化所發生的拘束作用而看不到它對中國社會文化所發生的穩定作用，那末可能是由於憎惡孔制之情在心裡作怪使然。這也是不合經驗事實的。在事實上，任何帶權威性的核心價值系統及依之而制定的倫範規律，對於它所在的社會文化，既有穩定作用又有拘束作用。任何價值系統及依之而制定的倫範規律，不可能只有維繫社會文化的穩定作用而無拘束作用，也不可能只有拘束作用而毫無穩定作用。孔制也是如此。然而，

⑤ See Edward Shils, Centre and Periphery, in *The Logic of Personal Knowledge*, London, 1961.

無論孔制在中國社會文化曾經起過穩定作用還是拘束作用，在實際上它是崩潰了。

孔制是崩潰了，但因此而留給中國的問題可就大了。哪些大問題呢？

依上所述，孔制一直是中國社會文化的一個核心價值系統，中國社會主要的倫範規律是根據這個系統而制定的。中國兩千多年來主要的政治建制、家庭制度、倫理實習、模式行爲，以至於許多風俗習慣，都是照著這個核心價值系統而逐漸形成的。一旦這個核心價值系統崩解了，就像一座建築物的主棟斷了似的，依附在這個核心價值系統周圍的這些建構也無可避免地隨著崩解。所以，人像跳出圍欄的野獸，除了鐵欄以外任何言詞也範圍他不住，而社會規範也一天一天地消潰下去。

孔制是最重「禮治」的。一部《論語》中，常常提到「禮」。「禮」的作用是很大的。在某種程度以內，「禮」代替了「法」。在儒家對中國社會文化的支配力高漲時，法家不能抬頭，只能居於輔治的地位。之所以如此，原因的一面，就是儒家主張少用法而多遵禮，再多用情。甚至有人認爲「禮」就是「理」，說「禮者理也」。⑥「禮治」曾經是融化到中國社會文化因而形之於視聽言動和人際關係的秩序。可是，現在的中國人之於禮，卻是「若存若亡」。⑦傳統的中國社會是否爲在經濟的意義上的「階級社會」，我暫時不在這裡討論。無論傳統的中國社會在經濟的意義上是否爲「階級社會」，傳統中國社會裡的尊卑長幼之分和親族間輩分的高下之別確是很嚴格的。這種分別顯然不是經濟意義的「階級」，但無

⑥ 這是混亂之一源。「禮」和「理」實在是兩回事。適度的禮節可以防範人的野性，也可以潤滑人際關係，可是，過於繁褥的禮節，實在累人。它的反動，就是現在大家的「白眼相向」。無論一個人怎樣會講禮，他由講禮這條路講不出理。所以，周公證不出幾何題目。

⑦ 徐道鄰有句名言，說臺灣的大學生見了老師「似笑非笑，似點頭非點頭」。這種「若存若亡」的狀態，大値研究。

疑是「倫級」。這一倫級的次序，雖然源於血族，但不限於血族。這一倫級的觀念，浸假而擴散到官制之中而幾乎與官階有一一相當（one-one correspondence）的關係。自古以來，大官就是大老爺，小官就是小老爺，底下的就是孝子賢孫。慈禧太后叫做「佛爺」。皇帝退休了叫做「太上皇」。這意含什麼呢？這意含皇帝固然從官秩上退休了，可是他卻不從倫秩中退休，而且永遠不退休。不僅不退休，而且在倫秩中還晉了級。他固然把他在政治上「天下第一人」的身份交了出來，可是他在倫級中還是「天下第一人」。因此，至少在倫理規範的要求中，他的兒子皇帝還得對他既孝且敬。

這裡於是產生一個問題：倫級藉什麼來展現呢？除了「名」以外，就是「禮」。名不可亂，禮則不可紊。像膝行、叩頭、作揖、肅立等等，都是依倫級之高下而行的禮。不同的倫級所收到的禮相當地不同。在這種場合，倫人的尊嚴方始顯現，倫人的倫位方始得到確認，倫人的聲威要求方始得到預期中的滿足。然而，孔制崩解了。禮被一群一群「反禮教」的「新青年」掃掉了。年輕人見了長輩的人翻翻白眼就路人般的過去了。這種情形使在倫級上的倫人受到挫折。所處倫級愈高的人受到的挫折愈重。挫折產生侵略。一群遭受挫折的人蝟聚在一塊，其侵略性往往倍增，所需滿足的聲威要求愈渴。現在一般中國文化份子的聲威要求之熾烈，已經到達出人意表的程度。⑧

我們在前面說過，孔制是一森多門。這一森多門的特點是具有濃密而又強厚的規範性。它不僅規範

---

⑧ 別的暫且不提，現在許多人士所講的「中國哲學」簡直可以說是「聲威哲學」。這種「哲學」在表面有許多哲學詞令。可是在骨子裡是受聲威要求的推動。於是，這種「哲學」成了聲威要求的宣洩。聲威要求和理知毫不相干。所以，這種「哲學」也和理知毫不相干。例如，將中國哲學史裡的知識論跟西方哲學裡的知識論相提並論，這等於把科學前期的火氣說（phlogiston theory）之類的東西和現代熱學相提並論。

人的行爲，也規範人的思想。自從漢代罷黜百家一尊孔孟以來，除了幾個插曲以外，中國的知識份子的思想很少不在孔制「正統」牢籠之下。中國文化既以「法古」爲價值取向，於是學人士子談道論事動輒援引遠古權威。在遠古權威之中最顯著的就是「詩云」、「子曰」。這種辦法，從董仲舒開始，經歷代官司提倡，已經牢不可破地制度化了。自漢代以後，中國雖然經歷了許多血流滿地的朝代變更，這一制度卻代代一脈相承地傳衍下來。於是，我們的知識份子，在這麼長久的「歷史文化」中，絕大多數只爲延續那「聖教」而存在。他們沒有正式而且大規模地被教導著主動而且又獨自地運用自己的智能來認知這個大家置身其中的經驗世界。他們又從來沒有在一個制度的培養和鼓勵之下離開「先王之法」，來自動創造方法以解決人生和社會的實際問題。實實在在，他們倒是長期被薰陶著把自己的大腦交出來，讓古人作主，依照古人的遺教來認知這個世界。實實在在，中國的「古聖先賢」在基本上是些「人事專家」。他們對於認知這個經驗世界即令不是毫無興趣，他們的興趣也是少得可憐。於是，那大批的知識份子在「古聖先賢」的籠罩和提撕之下，對於認知這個經驗世界的興趣也跟著少得可憐。像明末顧祖禹這樣的知識份子，眞可說是鳳毛麟角了。至於解決實際的問題，也必須在古法和成規裡去想辦法。救災是如此，治河是如此，「剿匪」也是如此，寫文章之類的事也是如此。⑨像李鴻章的那若干人在辦理「夷務」時稍能針對現況，只好說是大震盪和大痛苦中逼出來的些許異數。總括起來說，自漢代以來，中國的知識份子，除了極少數特立

⑨ 曾國藩自記：「作苗君墓志銘畢，細閱竟無一字是處。昔余終年不動筆作文，而自度能知古人之堂奧。以為將來為之，必有可觀：不料今年試作數首，乃無一合於古人義法，媿赧何極。」己巳八月。庚午正月：「郭 銘辭作畢，全下合古人義法，深以為愧。」《曾文正公全集》，臺北，頁二七七。古人的影子牢牢抓住了學人的思想活動。

獨行之士或突破成規的奇才以外，一般都是被古祖牽著手走路的孩子。離開了古祖，他們很少會自己走路的。中國「明經取士」的考試制度是考選孩子的制度。通過這個制度選拔出來的孩子大都是很乖的。然而，孔制崩解了，他們驟然失卻了依憑。中國沒有足夠的機會像歐洲那樣從事文藝復興。中國沒有認知經驗世界的眞正科學傳統。中國知識份子主要地被導向情緒的思想與作價值判斷的規範思想，而絕少作邏輯思考。失去了依憑的中國知識份子在茫茫人海裡，不知「茫茫欲何之」。於是「徬徨」，於是『吶喊」，於是「幻滅」。

雖然，傳統中國的知識份子在思想前提上必須唯道統是遵，在行爲模式上必須唯古制是賴，可是他們在傳統中國社會所扮演的角色是「四民之首」。站在「四民之首」的知識份子對社會、對國家有傳統的道德責任感。他們覺得「吾儕不出，予蒼生何」！這種意識在國難臨頭時一經翻譯就是「救國救民」。「救國救民」的意識碰到時髦的史觀，就形變而爲「完成歷史使命」。這些觀念在他們的心裡發酵，又變成推動時代的動力。可是，作爲一個群集來看，他們認不清所處的時代環境，他們也拿不出有效的辦法來解決實際的問題。他們憑什麼來「領導時代」呢？正在這個關頭，西方文化大量入侵，歐風美雨東漸。於這一情勢之下，在傳統中國知識份子看來新奇的學說思想被介紹到中國知識界。面對這些新奇洋貨，傳統中國的知識份子怎樣選擇呢？在他們之中，絕大多數並非透過客觀的認知和邏輯的思考來決定取捨。這類工作是認知之學有基礎而且不喜歡熱鬧的學人所從事的長期工作。恰恰相反，他們是被好奇、希冀、興奮、幻想，以及深藏內心的由受挫折而產生的渴望之情所推動來看西方學說思想的。於是，像初到糖果店的孩子一樣，看見外來的東西就嚷著要買。這種求知的銳氣是可欽佩的，但卻嫌缺乏健全的選擇力。同時，他們原來是孔制翼護的中堅和教化的普及者。孔制崩解了，他們不得不從聖壇上跌下來。這使他們喪失了原有的地位與聲威。恢復既有的地位與聲威是一件與生命相聯的事。剛好在這種時際，列強的侵凌，令他們飽受刺激。正在這些力量內外交逼的時日，「革命去！」的號召「應運而生」。這眞使浮游不安的中國知識份子獲得像在沙漠中迷失方向的旅人遠遠望見綠洲似的解救。

這些綠洲也許只是海市蜃樓，也許只是幻覺的產物。然而，這要等到走近了才看得清楚！

三、本土運動

如前第三章所說，一個主位文化因客位文化的衝擊而引起的重整反應，叫做本土運動。依林頓所說，本土運動有兩種。一種本土運動是向後看的。這種情形是一種返回適應。返回適應是否定一部分新來的文化因素，甚至全盤否定。極端的復古主義者就是後者的例子。這種本土運動的內容是延續性的主位文化崇拜。它以各種不同的程度帶有排斥客位文化的傾向。於是，當主位文化受到客位文化之動搖時，它可能被激發而成一種極端的保守運動。這種保守運動，一旦與民間的小傳統結合，便可具狂熱的宗教形式，甚至可以演成暴亂或軍事行動。另一種本土運動是向前看的。這種本土運動是吸收式的。它是要把舊的文化因素中之有價值者與所需要的新文化因素作一適當整合。這種本土運動可能作進步的適應。歷史告訴我們，在進步的適應下，文化份子可能有不切合實際的企望或主張，但也可能有合理的民族內新運動——例如土耳其，也可能產生文化再建及文藝復興運動。

文化的濡化過程如係出之以強制或高壓形式，便常爲不安的根源。如前當外來文化威壓著本土文化時，本土文化可能表面降伏。如果本土文化表面降伏，那末本土文化一定是轉入文化的地下活動。在這種情形之下，文化的表面也許波平如鏡，但是文化的下層則頗緊張。這時，不同的文化價值在交戰中，不同的觀念在衝突中，而且許許多多文化份子的性格及行爲模式的調整都發生困難。這就是本土運動醞釀的內在條件。當醞釀達到飽和點時，如果碰到觸發事件，本土運動便破土而出。

本土運動並非正格的革命運動。但是，毫無疑問，本土運動常常是正格的革命運動之現成的原料。革命運動則是本土運動的製成品。在歷史中，許多本土運動被消弭掉了；但是，確有一些本土運動因勢利導，被組織化，被賦予使命感，被武裝訓練，被匯聚在一個特定方向，而成爲正格的革命運動。在主位文化與客位文化接觸並且發生反濡化（contra-acculturation）現象的文化前線地帶，例如一八四〇年代的廣州，難免激起社會變遷。這種社會變遷是本土運動的滋發情境。中國近幾十年來的「革命運動」，無一不是直接或間接具有「反常」意涵，也無一不具企求「內新」的要求。由此可知，中國近幾十年的「革命運動」無一不是包含本土運動的實質。我們從領導這些運動的人物之被稱作「先知先覺」、「國族救主」等等名詞，便可甄別出這些運動的性質。

我們現在先看看人類學家所說的本土運動在實際上是怎樣的事情。這有助於我們瞭解近代中國的本土運動。

克羅孔說：

> 我們用心理學的語言來說，上面所作的推廣表示，人類的心理情形，尤其是在心理極度緊張的情況之下，往往對於所感受的壓力大致採取相似的辦法來報復。本土運動是晚近人類學家頗爲研究的事情。各個本土運動的詳細情節由於在各該運動產生以前的文化不同而不同，但是本土運動的型模大致頗爲相似。波拿泡特（Marie Bonaparte）在一九四七年證明，一九四〇年法國陷落時具有本土運動形式和氣息的故事在短期內廣爲流傳，以致無法遏止。這個故事是關於在汽車中的屍體之

神話的。……[⑩]

我們再看奇森所舉實例：

一八六九年，首次被稱爲跳鬼的儀式在尼法達印第安派烏特部族（Nevada Paiute）裡出現，並且擴及西印第安部族。這些部族的人當時係在重大的文化壓力之下。這可見於他們的食物來源遭到破壞，白種人開始把他們的土地佔用，印第安人之間的戰爭產生軍事壓力，並且把傳統文化予以破壞。派烏特部族的「先知」瓦德奇瓦布（Wodziwob）具有宗教的眼光。他預言世界末日降臨，驅逐白人出境，死亡的親屬會歸來，印第安的失土會恢復，印第安人會歸於完整。約一八九〇年又有跳鬼的事發生。這次跳鬼是另一個派烏特先知名叫烏法加（Wovoka）發動的。這次跳鬼的宗旨和一八六九年的那次很相同。這次跳鬼特別向東部蔓延，經過大平原部族，甚至越過東部某些烏蘭滋（Woodlands）部落，然後又有變爲地方文化情境之勢，並且發展成爲別的地方文化儀式之支脈的樣子。後來，這次跳鬼又從其發源地改變。所以，我們要研究這次跳鬼的特徵便是一件很複雜的事。更後一次發生皮約特（Peyote）教。這個教派從美國西南部展開，經過與前者很相同的地區。這個教派提供一個信仰的新基礎。這一個信仰，在傳播的過程中，變得極其適合各該地方的特殊情形。這一教派之主要特徵是教徒吃從一種有麻醉性的植物上割下來的樹片。這種植物吃下去會產生鹼性的藥物效應，說是可以產生宗教的靈感。關於這些宗教崇拜儀式和它們的動機，在稍後我們要加以比較詳細的討論。[⑪]

⑩ Clyde Kluckhohn, Universal Categories of Culture, in *Anthropology Today*, The University of Chicago Press, 1953, p.514.

⑪ Felix M. Keesing, *Cultural Anthropology*, New York, p.119.

我們從上面所陳示的美國印第安人的本土運動來對照近代中國的本土運動。

(一)三元里事件

當十九世紀中英戰爭的第一期廣州和約商定以後，中國正式軍隊與英國的正式軍隊停戰。可是，一八四一年五月廣東的鄉勇與英軍衝突，於是發生「三元里事件」。這一事件的起因「大概英軍在戰勝之後，紀律未免有欠整肅，淫掠之事，在所難免。再加以民族的仇視，語言的隔閡，和官紳對於義勇的鼓勵，華民英兵的衝突自然很易得發生。」⑫

顯然得很，「三元里事件」是一個「官民合辦」的「仇英」運動。官紳自己礙難出頭時，便鼓動鄉勇向前。這個事件固然是英軍紀律欠佳激起的，可是背後確含文化衝突的因素。我們且看粵民在六月六日所張《誓滅英逆》的說帖便可明白。⑬

> 三元里西村南岸九十餘鄉衆衿耆等，爲不共戴天，誓滅英逆事。
>
> 照得向來英夷素不安分，屢犯天朝。昔攻沙角炮臺，侵害兵卒。我皇上深仁，不忍加誅，且示懷柔。彼尚不知感恩，猶復包藏禍心，深入重地，亂施火箭，燒害民房，攻及域池，目無各憲。欽差大臣見城廂內外百姓遭殃，方議息兵安民。該逆夷理亦得些好意，即當俯首速退。胡乃貪得無厭，得寸入尺，縱容兵卒，擾害村莊，搶我耕牛，傷我田禾，淫慾婦女，鋤我祖墳，鬼神共憤，天地難容。我等所以奮不顧身，將義律圍困於北門，伯麥斬首於南岸（按伯麥時尚未自印度回粵）。

⑫ 郭廷以，《近代中國史》，第二冊，第四章，頁三六〇。

⑬ 同上，頁三六一。

爾等逆黨試思，此時此際，若非我府尊爲爾解此危，則各逆黨何能得首領以下船乎？

今聞爾出示尚敢辱罵我眾，是以奮急成雲，定誅妖孽。飽德之義士，襄助口糧。荷鋤之農夫，操戈禦敵。糾壯士數十萬，何英逆之不可剪除？水戰陸戰之兼能，豈懼夷船堅厚？務必使爾醜類片甲無存，逆船片帆無歸而後已。

示到，議期卜日交戰，特示。

四月十七日（西六月六日）特示英知逆悉。——《史料旬刊》第三九期，頁四三八。

這篇饒有氣概的皇皇文告裡，「搶我耕牛，傷我田禾」是關於經濟方面受害的反映；而「淫慾婦女，鋤我祖墳，鬼神共憤，天地難容」，所表現的則是文化意識的衝突。

(二) 義和團運動

義和團運動與三元里事件有共同的外來因素和心理人類學（psychological anthropology）的基礎。關於義和團運動，就我所知，歷史學家沒有一個曾作合於事實的認知。他們一提到義和團，都說是「匪」，是「愚民」，是「下流社會份子」。⑭一九〇〇年外國兵用槍桿子打義和團。一九〇〇年直到現在，中國

⑭ 例如，勞榦說是「拳匪之亂」。（吳相湘，《晚清宮廷實紀》，勞榦序，頁二。）左舜生說：「去年六十二年，即清光緒二十六年庚子（一九〇〇），中國由一群愚昧無知的民眾與一群愚昧而又貪鄙的官僚，合演了一幕震動全世界的活劇——義和團大鬧京津。」（左舜生，《中國近代史四講》，香港，一九六二年，頁一七五。）這是最廉價的史論！

知識份子還在用筆桿子打義和團。大家相沿成風，習而不察。這是什麼原因呢？基本的原因在中國士大夫們瞭解人理的傳統思想型模方面。這一型模被歷史學家未自覺地用來觀照史事，自然會得到這樣的結論。

在中國近代史上，有所謂「捻亂」、「苗亂」、「回亂」，有白蓮教。由傳統知識份子構成的統治機構，一碰到這類騷動發生，它的反應習慣幾乎千篇一律是「理學式」的：認爲這都是「亂民」，都是「邪說惑眾」，都應該「痛予剿滅」。除了幾個傑出的人物以外，很少有人願意而且能夠切實從經驗事實上深入地去瞭解騷亂發生之文化的、社會的、心理的、經濟的和政治的原因，因爲這須要眞正的知識。眞正的知識之獲得遠比搬演理學架子困難。影響所及，訓致寫歷史也頗受這種思想型模所籠罩。因此，對義和團運動的瞭解也是從這套「理學架子」出發的。這怎麼看得清楚呢？傳統理學式的世界觀、社會觀和人生觀，徒徒供知識份子及統治機構擺正統架子，對於眞正瞭解世界並且解決實際的問題不僅毫無幫助而且大有妨礙。

歷史學家之所以輕易將義和團看作「匪」，還有一個原因。歷史學家都是知識份子。在不久的過去，如前所說，中國的知識份子居「四民之首」。他們傳統地養成一種優越感，對於一般「無知愚民」常常輕忽。現在，中國一般知識份子雖然倒楣到極點，收入可與三輪車夫媲美，社會地位只剩下一點影子，可是在潛意識中尙殘留若干優越的幻覺。因此，當他們寫起歷史來時，對於一般「無知愚民」不容易作平等的考慮。

義和團事變的結果對於中國太嚴重了。天津陷落，京師被占，差一點弄亡了國。辛丑和約訂下來，謝罪、懲凶、賠鉅款、削平炮臺、改變商約、增設外務部、變通覲見禮節……等等。這些結果夠吸引歷史學家的注意力，使他們不易對義和團運動的許多重要方面作一客觀的分析。

毫無疑問，僅僅就行動來說，義和團的舉動是「匪」。而且，慈禧和若干滿清朝貴利用義和團來殺洋洩憤。[15]這些幾乎都是不用說的。可是，這個運動之所以醞釀而且爆發，在中西交會裡有極不可忽視的文化和歷史意義。這種文化和歷史意義不是僅僅藉著說「拳匪胡鬧」和「無知滿人利用拳匪來洩憤」可以顯露出來的。

義和團的興起，是由來已久的白蓮教、八卦教和山東等處的尚武精神等內在的根苗，碰到外來文化勢力的壓迫和刺激，加上民不聊生，王公巨卿從而構煽利用，這幾股力量輻輳在一起所形成的。一八〇八年安徽省潁州、亳州，山東省曹州、兗州等地，失業的「無賴漢」[16]拽刀聚眾，設立順刀會、虎尾鞭、義和拳，口號是恢復明室。一八九八年，江蘇、山東的大刀會肆擾，直隸也有會眾起事。這些人聲言神靈附體，咒語能夠抵禦槍炮，並且打起「扶中朝滅洋教」的招牌。一九〇〇年義和團起，標榜「扶清滅洋」。這個口號深爲內外受挫的朝廷顯要載漪、載勳、剛毅和毓賢等人所喜。他們以爲民氣忠勇可用，義和拳法力神奇。

當時外國傳教士在華傳教，他們的教義和作法有許多既與中國知識份子所持大傳統不合又與中國民間的小傳統違背。基督教的聖經與中國孔制、老莊及佛法很不相同。當時一般文人只知誦讀詩書，高談理學，又嚴「夷夏之防」。教士們倡「博愛」，主「中外一家」，一切人「在上帝面前平等」。這一套他們最恨惡。教士又勸人不要「敬拜偶像」，反對中國人祭祀祖先。中國人，尤其是鄉下人，靠土地公及土地婆活命，至少在觀念上靠他們活命。現在外國人叫他們不要去敬拜那些神道，便得不到保佑。得不到保佑，豈非活不成命？中國人把祖宗視作自己生命之無可替代的絕對來源。在中國人心目中，祖先即是準神

---

⑮ See Chester C. Tan, *The Boxer Catastrophe*, New York, 1955, 1, 2, 3.

⑯ 這裡所說的「無賴漢」，並不夾雜價值觀念，而是社會學中所說的outcast。帶私貨的人也屬這類。

仙。準神仙即是不可或缺的崇敬對象，以及家族中高高在上的精神主體。現在外國人不要人拜祖，豈不是教人「忘本」？這些事是夠惹人反感了。中國文化份子，如前第四章所說，素來是嚴男女之別。傳教士在主持禮拜的時候，要男女齊集一堂。這種安排，在當時的人看來，用現時流行的名詞說，就是「破壞善良風俗」。大家在潛意識中既然含藏著這麼多的不滿，於是有人造謠的話，就極易被人接受，因此也就極易傳播。當時有人傳說教士誘姦婦女，挖眼取心，竊取嬰孩腦體；並且印成文字，分散各地。大家風傳，信以為眞。其實不過是男女信徒在一起做禮拜，教會收養孤兒而已。

鄉間人民唱戲謝神是農村社會的一件大事。一般鄉人可以藉此娛樂，做點小買賣，同時過點社交團契的快樂生活。外國傳教士不明白這一社會生活，把它看作迷信。這自然是會傷感情的。不僅如此，教會更進而要教民拒絕出錢唱戲修廟。叫人拒絕出錢比要人出錢是容易得多。這麼一來，在同一個社區，教民和非教民互相仇視。在這種情形之下，文人從而構煽。長沙有一個喜好扶乩並且又有心臟病的文人叫做周漢。他刊印了許多仇教的文字。當時的人稱道他的文學有「乾坤正氣」。他嘗繪一圖畫，坐一個豬精在上面，剖心挖眼於下，詈詆「天主教」為「天豬叫」。

除了風俗、習慣和宗教的原因以外，經濟的貧困也助長義和團的蔓延。當時國際貿易漸漸發達。從外洋輸入的布匹大增，布匹的花色繁多，價錢也廉，大家樂於購買，於是固有的家庭工業遭受摧殘。人口增加，耕地不能增加，失業的人多，生計更感到困難。山東一帶黃河潰溢，弄得民不聊生。江蘇北部大旱，農民無從得食，逼得父母出賣兒女。女子的價錢是根據相貌的美醜和年歲的大小而定多少。多的一千文；少的只有五十文。荒年的人命，眞是低於豬價。面臨這樣的生存威脅，廣大地區裡掙扎求存的人眾的心情緊張極了。他們不知道他們身受的災害有一部分是祖宗不懂水利帶來的。在這種情況之下的人總要找一個憤怒的對象。外來攪亂大家生活平靜的洋人正好塡這個空。他們認為這樣的災害是洋人帶來的。於是，有人造了一個民謠：「殺了洋鬼頭，猛雨往下流。」這個協韻的民謠所代表的「精神」，此求雨是積極多了！

當時天津、保定、通州成爲義和團的勢力中心。義和團也分黨派的。他們分作四派：坎字拳、乾字拳、坤字拳及震字拳。坎字拳尚紅色。傳習法術的時候，接受法術的拳民必須叩頭。叩頭以後直立，直立以後仆倒，仆倒以後又跳起，跳起的時候持械而舞。乾字拳尚黃色。這一派的辦法和前派不同。拳師在傳授法術的時候，命令徒弟將口閉起，臥伏在地上，過了一會兒白沫滿口，說是有神祇降臨，於是一躍而起，持械而舞。當他跳舞的時候，人特別興奮，體力比一般人大。於是，一般善男信女認爲這樣的拳民有神附體，不怕洋槍洋炮。他們有他們特殊的符咒。符咒的意義我們不太了解。例如：「左青龍，右白虎。雲涼佛前心，玄火神後心。先請天王將，後請黑煞神。」又如「快馬一鞭，西山老君。一指天門動，一指地門開。要學武藝請師來。」還有更不易了解的妙咒：「天靈靈、地靈靈，奉請祖師來顯靈，一請唐僧豬八戒，二請沙僧孫悟空，三請二郎來顯聖，四請馬超黃漢升，五請濟顚我佛祖，六請江湖柳樹精，七請飛標黃三太，八請前朝冷于冰，九請華陀來治病，十請托塔天王。金吒、木吒、哪吒三太子，率領天上十萬神兵！」這裡所說諸神，多出於《封神榜》，《西遊記》，《七俠五義》和《三國演義》等民間熟悉的讀物。義和團可以說是一種多神教的組織。他們所信奉的神道，相當的複雜。如托塔天王、梨山老母、玉皇大帝、西楚霸王、九天玄女、諸葛武侯、梅山七兄弟……等等。

義和團中更有所謂紅燈照。紅燈照的份子多爲年輕女子。她們身穿紅衣，左手提紅燈，右手拿扇，扇下垂紅布。她們拿起這種扇子來扇，說是能夠上昇雲端，且能在空中擲火來燒毀洋樓。另外還有黑燈照和青燈照。黑燈照是用老太婆組成的。青燈照是用寡婦組成的。義和團在攻擊北京交民巷和西什庫教堂時使用了一些很別緻的武器。比如說，火牌、飛劍、引魂旛、雷火扇、陰陽瓶、九連環、如意鉤、混天大旗，我不知道這般「法寶」在博物館有否寶藏。

拳民從北京城外鬧進了城內，王宮大臣待義和團的領袖有如上賓，敬若神明。載灡且將拳民延請到庭院裡來。當時眞個是「自兵民以至王公府第，處處皆是，同聲與洋教爲仇，勢不兩立。」天津的義和團進城焚殺搶劫。裕祿信他們有滅洋神力，拿總督衙門做義和團的大本營。有位駕船的人張德成設「天下第一壇」，以「滅洋」爲己任。裕祿拿八人大轎恭恭敬敬把他迎進督署，款以盛宴。張德成在宴飲時忽然像睡去一般，接著從袖中抖出鐵炮的零件，他說是自己的「元神出竅」，從敵陣竊來，因此敵炮已成廢物。裕祿大神其術，對張敬禮有加。有一個自命爲「海乾神師」的人物，他說他能夠使海水乾枯，於是洋船無法靠岸。又有自號「天滅者」，他說是天遣來滅盡洋人的。

義和團這一團火，在王公大臣的鼓勵和縱容之下，遂愈燒愈凶，以至不可收拾。他們除了攻打使界和教堂以外，更隨處燒殺捕拿。義和團把洋人叫做「大毛子」。他們仇殺教民，及外人僕役，叫他們做「二毛子」或「三毛子」。可是，在他們的語意學（semantics）中，所說，「二毛子」及「三毛子」的指謂範圍並不確定。販賣洋貨的商人、家藏洋書的學生，甚至戴外國眼鏡的人，都算是「二毛子」，因此都在可殺之列。北京正陽門一帶二千多家被縱火焚燒。戶部尙書立山被認爲「通夷」，拳眾要殺他。翰林院編修杜崇本等被指爲「教民」，受傷幾乎死掉，劉可毅則死在路上，連屍身也不見了。毓賢作山西巡撫，殺戮中外教民幾千人；他更命令教民背教，不遵從的就予以活埋。景善說六月二十五日清晨，載漪和戴勳統率拳眾進宮，聲稱要捉拿鬼子徒弟，竟要動光緒皇帝的手。幸好慈禧發怒，嚴詞切責，可憐的兒皇帝才免遭毒手。

當義和團在北京設立總團的時候，比他老師倭仁還要衛道仇洋的大學士徐桐贈以一聯：

創千古未有奇聞，非左非邪，攻異端而正人心，忠孝節廉，只此精誠未泯。
爲斯世少留佳話，一驚一喜，仗神威以寒夷膽，農工商賈，於今怨憤能消。

這一佳作，可以說是將「義和團精神」和盤托出，理應流傳千古！

許多歷史家批評義和團事變是無知滿清王公勾結迷信拳眾禍害中國。這種批評並不算錯。可惜只看到銅幣的這一面，而忽略了它的那一面。我們將義和團發生的原因及其特徵，和前面所說美國派烏特等印第安部族的本土運動加以比較，便可以發現二者有些基本共同或相似的地方：第一，二者都發生於本土文化受外來文化高壓的時候。第二，二者都起於因此而累聚起來的心靈積鬱。第三，二者都是基本生活受到威脅。第四，二者都有濃厚的宗教氣氛或迷信色彩。第五，二者都有領袖人物出面領導。第六，二者都富於蔓延性。

中國的批評家們常好把這個事變歸因於無知。這是中國知識份子的習慣。任何一個因子，如果它的說明力（explanatory power）只有n，而我們將它的範圍擴大到n＋1，那末便失效。知識對人生行爲是有支配力的。可是，它對人生行爲的支配力不是唯一的，更不是無限的。在更多的情況之下，情緒、內驅力和利害關係，對人生行爲的支配力遠大於知識的力量。自古至今，大多數人，尤其是所謂英雄豪傑，常作自己的情緒及內驅力的奴隸；只極有少數人能作自己知識的主人。在一定限制以內，知識對人生行爲的支配力可大可小，知識對人生行爲的支配力之大或小，常視人所處的情境而定，一般而論，當人處順境並且沒有受到重大威脅時，知識所起的作用較大。反之，當人處逆境並且受到重大威脅時，知識所起的作用較小。支持、鼓舞和贊助義和團的人並非個個都是無知之徒。徐桐就是一位很有學問的知識份子。至少，他的理學很不錯。既然如此，他們爲什麼幹出那樣糊塗的事呢？最顯著的原因，是他們缺乏當代的知識。

可是，原因並不那麼簡單。我們鍥入他們的內心深處來觀察，將會發現，自一八四〇年以來，中國接二連三受到西方強權的打擊，統治群族的威望大受損害；居然京師重地有「洋人」駐紮，臥榻之下有人酣睡，而且眼看著「洋人」的勢力著著進逼，討厭的維新運動也是洋人鼓動出來的。⑰現在，慈禧太后自己要廢掉原有的皇帝另外再立一個，「洋人」竟不假辭色。這更是火上加油。「挫折產生侵略」。但是，洋人的「船堅炮利」是領教過了的。怎樣辦呢？正在氣惱至極，無計可施的時候，有許多忠勇義民說是可以「扶清滅洋」。這眞是「正中下懷」，一拍即合，所以終於幹出那些驚天動地的事來了。

這次的義和團運動以及由它所激起的八國聯軍之攻陷京師，是中西文化衝突的頂峰。過了這頂峰，中國受到空前的挫敗，中國文化在表面暫時完全屈服。

於是，另一種性質的本土運動在曲折中醞釀著。

(三)五四運動

五四運動離我們似乎很遙遠了！

什麼是五四運動呢？這是一個頗難解答的複雜問題。這樣的複雜問題，不是三言兩語所解答得清楚的。在解答這個問題的時候，不同立點的人受不同的認知，不同的價值觀念和不同的情感反應的作用。於是，對於這同一的問題，不同立點的人作著不同的解答。有的人士只把五四運動中遊行，示威、請願、打人……等動作算做五四運動；而把與這一運動相關聯的或誘發的社會和政治變動不看作五四運動。有人只著重五四運動之愛國的表現層面，而把新文化運動看作另一件事。進步主義者一提起五四運動便欣然神

---

⑰ 關於這方面的情形，參看王樹槐著，《外人與戊戌變法》，中央研究院近代史研究所，一九六五年。

往。他們認爲五四運動是推動中國現代化的一個偉大的里程碑。保守主義者提起五四運動似乎餘恨猶存，他們認爲五四運動是中國近四十六年來禍亂之由。進步主義者只注意到五四運動裡那些響亮的揭示而忽略了它的破壞性的副作用。於是，他們心目中的五四運動只是「科學」、「民主」和，「啓蒙」所構成的一幅圖畫。保守主義者只注意到五四運動裡那些破壞性的副作用，而忽略了它的眞實啓發作用。於是，他們心目中的五四運動只有「打倒孔家店」，「動搖民族文化的命脈」這些節目。除此以外，不同政治集體的政治觀點對五四運動作著不同的評價，並依之而給予不同的待遇和打扮。有的政治集體對五四的評價接近保守主義的看法。他們極其厭惡五四運動之破壞性的刺激作用，並且對之存極大的戒心；但是他們卻無法亦不便從正面勾消或打擊五四運動所揭示的「科學」、「民主」和「啓蒙」等有啓發作用的觀念。怎麼辦？他們替五四改裝。他們替五四換上一件緊身衣，使五四運動的影子變得愈來愈小，以致消失於無形無跡之間。另一種政治集體具有森嚴的意底牢結。他們實在並不歡迎五四運動的「民主」和「啓蒙」精神。可是他們卻欣賞五四運動之破壞性的副作用的那一面。怎麼辦呢？他們強調五四運動之「反帝」和「反封建」的作用。他們把五四運動打扮成一個披頭散髮身穿大紅衣的野姑娘！

我們現在對五四運動加以分析於下：

1. 五四運動的定義

可憐的五四運動，近四十多年來，在中國文化份子心目中竟有這麼多不同的形象。這麼一來，叫我們怎樣去認識它呢？我們要認識歷史中的事實，首先必須將指謂事實的名詞之語意範限（semantic circumscribing）界劃清楚。這就必須訴之定義了。如若不然，那末我們是沒有辦法釘牢所要研究的事實，如果我們沒有辦法釘牢所要研究的事實，那末我們的研究便無從著手了。比如說，「宗教改革」、「文藝復興」，「法國大革命」這些史實，並不是像「一顆流星飛過天空」及「一塊石頭掉在地上」這些事實那麼簡單，而是包括著許許多多大大小小的事素，並且這些事素輻輳而成一個特殊的羅聚形態。我們管這個特殊的羅聚形態叫做「宗教改革」或「文藝復興」，或「法國大革命」，依此，我們要認識五四運動，首先必須對五四運動這個名詞下一個可用的定義。就我所知，截至目前爲止，對於五四運動作過周詳而比較客觀研究的只有周策縱。我們現在要對五四運動這個名詞下個可用的定義，只有借用他所作的：

> 經過了上面的一番分析，於是我們可以對五四運動這樣下定義：五四運動是一個複雜的現象。這個現象包括「新思潮」，文學革命，學生運動，商人罷市和工人罷工，抵制日貨，以及新知識份子所分事的其他社會的及政治的活動。這些行動都是受日本提出二十一條及巴黎和會對山東問題的處理所激起的愛國情緒之鼓舞；是受到西學精神以及要從科學與民主的眼光對傳統重新評價以建立一個新中國的這種要求之鼓舞，五四運動並非一個整齊劃一的和有良好組織的運動；而無寧是具有不同觀念的人之一些活動之結合。雖然如此，五四運動並非沒有主流。⑱

這個定義是一個枚舉定義（enumerative definition）。這個枚舉定義足夠廣涵五四運動的內容。我們在以後對五四運動的認知，就以這個定義爲根據。

2.五四運動的背景

任何一個多次元的和規模巨大的運動之發生，在一般人的心理上，也許覺得來得突然。可是，如果加以分析和觀察，那末我們便可發現這類運動的發生不是突如其來的，而是有相當醞釀期的，五四運動也是如此。五四運動是中國對西方入侵的反應的一串發展之顯露出來的一個高峰。這個高峰是挫折中產生出來

---

⑱ Chow Tse-tsung, *The May Fourth Movement*, Harvard University Press, 1960, p.5.

的一個昂揚。它是中華民族文化潛力的新湧現。

中國的經濟結構本來主要的是以家族爲生產單位的自足的農村經濟。但是，自十九世紀末葉以來，西方資本制度的生產壓力一天增加一天，迫使這種經濟結構改變。第一次世界大戰期間，列強忙著進行軍事行動並且從事軍備生產，於是對中國的輸出不得不相應地減少。在這一段時間，中國的紡織業和麵粉業曾一度乘機抬頭，可是，好景不常，歐戰結束，西方的經濟勢力捲土重來，加上新興日本的經濟勢力，中國市場成爲他們的市場，於是方在萌芽裡的中國工業搖搖欲墜，而且中外經濟利害的衝突日益尖銳。這種狀況，在基本上影響——雖然並不是決定——當時的文化，社會及政治。

中國原有的勢力單位是以家族爲基礎的士紳、士豪、官僚及軍事集團。這些單位原來是寄生於廣大的農村經濟和一部分的商業經濟之上。既然這些經濟基礎動搖，於是寄生於其上的那些勢力單位也隨之動搖。家庭本來是合作與自給的細胞，現在受到經濟變動的搖撼，到此也不能保持其固有的穩定性，甚至不足以適應外界的衝擊，而失去原來的功能。這麼一來，在鄉村，大批過剩的生產人口湧向都市，另覓出路；在都市，失業隊伍一天一天增加。這樣的大量人口原料是動亂的資源。軍豪建制成了失意政客，無聊文人，以及野心份子求出路的輻輳圓圜。而大批失業人口則爲軍豪建制和擴充勢力之現成的材料。軍豪不止一個。這些軍豪要能站立得穩並且發展勢力，就必須擴充地盤。但是，中國的地盤有限，肥美的地盤尤其有限。所以，軍豪們不能不藉故彼此討伐，軍豪的泡沫就是土匪、游勇、散兵。軍豪是吃一大塊一大塊的土地；這些動物則吃軍豪隙縫裡的小城、小鎮，小村。可是，在另一方面，西方經濟勢力直接達到的地方，新的都市滋長，而且新的教育逐漸普及。這些條件，造成一批新的知識份子。這些新的知識份子多少吸收了西方觀念，甚至於多少接受了西方的生活方式，他們逐漸成爲中國的「西化運動」或「現代化運動」的中堅領導力量。蔡元培、胡適、丁文江，蔣夢麟，梅貽琦等可算是這類人物的代表。

3. 五四運動的經過

中國在巴黎和會的失敗是五四運動的直接導火線。

一九一七年日本和英法訂立青島讓給日本的密約。一九一八年五月中國政府與日本訂立山東善後協定。這兩種條款使中國代表日後在巴黎和會上的交涉受到很大的束縛。一九一八年日本政府又乘段祺瑞內閣急於籌措軍費的時候，秘密和中國駐日公使章宗祥提議合辦膠濟鐵路，並且借貸日款建築由濟南到順德及由高密到徐州這兩條鐵路。日本答應預先墊款二千萬元來興建。段祺瑞內閣因爲急於籌得軍費，竟在覆文中寫下「欣然同意」四個字。日本藉此肯定中國確已允許日本繼承德國在山東的權力。一九一九年一月世界第一次大戰在巴黎開和會。在和會席上，中國代表陸徵祥、顧維鈞、王正廷，施肇基、魏宸組向和會提出希望七款。關於山東問題，請求廢除二十一條中日協約，膠澳應由德國直接交還中國。日本代表則極力反對。日本代表說膠澳一切權利應該由德國無條件地讓與日本。他們並且威脅說，如果日本不獲承繼德國在山東的權利，那末日本只有退出巴黎和會。這時英法諸國想和議成功，並且因爲事先與日本有該一密約，所以答應了日本的要求。美國總統威爾遜（Woodrow Wilson）雖然同情中國，可是處在這種環境之下也無可奈何。這些內容給中國人民知悉了，群情大憤，大家指罵負責辦理的人曹汝霖，陸宗輿和章宗祥爲「賣國賊」。一九一九年五月四日午後，北京學生三千多人聚集在天安門，轉赴總統府，要求懲辦賣國賊；後來折至東城趙家樓，焚燒曹汝霖住宅，毆打章宗祥。這是後來所謂「五四運動」的一個開端。

我們且看胡適是怎樣記述的：

「五四」是十六年前一個可紀念的日子，民國八年五月四（星期日）下午，北京的十幾個學校的幾千學生集會在天安門，人人手裡拿著一面白旗，寫著「還我青島！」「誅賣國賊曹汝霖陸宗輿章宗祥！」「日本人之孝子賢孫四大金剛三上將」等等字樣，他們整隊出中華門，前面兩面很大的國旗，中間夾著一付輓聯，上款是「曹汝霖陸宗輿章宗祥遺臭千古」，下款是「北京學界淚輓」。

他們沿路散了許多傳單，其中最重要的一張傳單是這樣寫的：

「北京學界全體宣言

現在日本在萬國和會要求併吞青島，管理山東一切權利，就要就（成？）功了！他們在外交大勝利了！我們的外交大失敗了！山東大勢一去，就是破壞中國的領土！中國的領土破壞，中國就亡了！所以我們學界今天排隊到各國公使館去要求各國出來維持公理。務望全國工商界一律起來設法開國民大會，外爭主權，內除國賊。中國存亡，就在此一舉了！今與全國同胞立兩個信條：

中國的土地可以征服而不可以斷送！

中國的人民可以殺戮而不可以低頭！

國亡了！同胞起來呀！」

他們到了東交民巷西口，被使館巡警阻止不得通過，他們只能到美國使館遞了一個說帖，又舉了六個代表到英法意三國使館去遞說帖。因爲是星期日，各國公使都不在使館，只有參贊出來接見，表示同情。

大隊退出東交民巷，經過戶部街，東長安街，東單牌樓，石大人胡同，一直到趙家樓的曹汝霖住宅。曹家的大門緊閉，大家齊喊「賣國賊呀！」曹宅周圍有一兩百警察，都站著不動。有些學生用旗杆搗下房上的瓦片，有幾個學生爬上牆去，跳進屋去，把大門打開，大家都擁進去了。這一天，曹汝霖和章宗祥都在這屋裡，群眾人太多了，反尋不著這兩個人。他們捉到曹汝霖的爸，小兒子，小老婆，都放了出去。他們打毀了不少的家具。後來他們捉到了章宗祥（駐日公使）；打了他一頓，打的頭破血流。這時候，有人放了火，火勢大了，學生才跑出去，警察總監吳炳湘帶隊趕到，大眾已散去了，只捉去了在路上落後的三十多個人。

這是「五四」那天的經過。（那時我在上海，以上的記載是根據《每週評論》第二十一期的材料。）

這一天的怒潮引起了全國的波動。北京政府最初採用壓迫的手段，拘捕學生，封禁益世報，監視晨報，國民報，下令褒獎曹陸章三人的功績，學生被拘禁了四天，由各校校長保釋了。北京各校的學生天天組織露天講演隊，勸買國貨，宣傳對日本的經濟抵制。全國各地的學生也紛紛響應。日本政府來了幾次抗議，使中國青年格外憤慨。這樣鬧了一個多月，到了六月三日，北京政府決心作大規模的壓迫，開始捉拿滿街講演的學生。六月四日，各校學生聯合會也決議更大規模的愛國講演。六月三、四兩日被捉的學生約有二千多人，都被拘禁在北河沿北京大學法科。越捉越多，北大法科容不〔下？〕去了，馬神廟的北大理科也被圍作臨時監獄了。五日的下午，各校派人隊出發講演，合計三千多人，分做三個大縱隊：從順治門到崇文門，從東單牌樓到西單牌樓，都有講演隊，捉也無從捉起了。政府才改變辦法：只趕跑聽眾，不拘捉學生了。

那兩天，兩千多學生被關在北大法科理科兩處，北河沿一帶紮了二十個帳棚，有陸車第九師步兵一營和第十五團駐紮圍守，從東華門直到北大法科，全走兵士帳棚。我們看六月四日警察廳致北京大學的公函，可以想像當日的情狀：

逕啓者：昨夜及本日迭有各校學生一二千人在各街市遊行演説，當經本廳遵照五月二十五日大總統命令，派出員警盡力制止，百般勸解，該學生等終不服從，猶復強行演説。當時地方秩序頗形擾亂。本廳商承警備總司令部，爲維持公安計，不得已將各校學生分送北大法科及理科，酌派軍警監護，另案呈請政府，聽候解決。惟各該校人數眾多，所有飲食用具，應請貴校速予籌備，以資應用，除函達教育部外，相應函達查照辦理。八年六月四日。

六月四日上海天津得著北京大拘捕學生的電報，各地人民很憤激，學生都罷課了，上海商人一致宣佈罷市三天，天津商人也宣佈罷市了。上海罷市消息傳到北京，政府才驚慌了。五日下午，北河沿的軍隊悄悄的撤退了，二十個帳棚也撤掉了。

這回學生奮鬥一個月的結果，最重要的有兩點：一是曹汝霖陸宗輿章宗祥的免職，二是中國出席和會的代表不敢在斷送山東的和約上簽字，政府屈伏了，青年勝利了。（以上記載參用《每週評論》第二十五期的記事。）⑲

4. 五四運動和新文化運動

五四運動的時間延續，大致說來，是從一九一七年到一九二一年。有人將五四運動看作「中國的文藝復興運動」。另外有許多人認爲五四運動與從一九一七年就已開始的文學革命運動及新文化運動是不同的兩種運動。這兩種運動之間很少關係。他們說五四運動並非由新文化運動直接引發；並且新文化運動的領導人物一般而論並未參加及支持五四運動。他們祇承認新文化運動係爲五四運動開路或在思想上發端；而五四運動的展開則有助於新文化運動的擴大。

這種看法有其部分的眞實性，可是並未包容五四運動的全部內容。爲著易於了解起見，我們現在將五四運動的內容列一個表在下面：

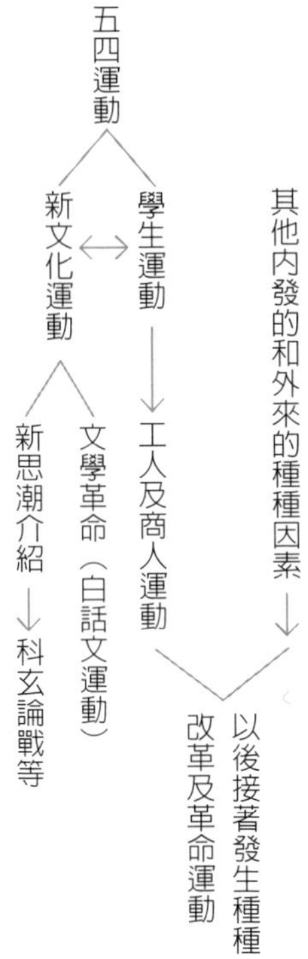

⑲ 原載《獨立評論》第一四九號，民國二十四年五月五日北平出版，中華民國四十八年五月四日《五四愛國運動四十周年紀念特刊》，國立北京大學臺灣同學會編印。

我們一看這個表解，立刻就可得到一個概念圖式，據此可以瞭然五四運動在現代中國建造的激發上起了怎樣巨大的作用。

依據這個表解我們可以知道五四運動實在包含學生運動和新文化運動這兩個互為必須條件的方相。換句話說，這兩個方相是而且僅僅是一個運動的兩個方相。如果沒有新文化運動這個方相，那末學生運動不會是像它的歷史所表現的那種光芒和色調，如果沒有學生運動，那末新文化運動不會那樣普及化和充滿了青春的活力，至多只成為象牙塔裡學究式的靜水工作而已。這是我們必須清楚了解的。

我們再加以分殊的觀察，更可以明瞭在五四運動中學生運動和新文化運動之拉鍊式的關係：

第一，發動學生遊行、示威、講演，以及號召抵制日貨的許多領袖人物就是提倡新文學、介紹新思想，以及推動社會改革人物。

第二，反對軍豪和反對列強侵略之觀念的基礎乃民主思想及民族主義。而這些思想之直接的醞釀在五四學生愛國遊行講演事件爆發之前二、三年。

第三，參加這一運動的重要學生領袖，在一開始的時候便自覺到這一運動的眞正動機並不止是單純的愛國運動而已；而是認為人權及輿論高於一切，同時新思想與新知識必須猛加吸收。復次，他們的要求不限於反對軍豪、賣國賊，也不限於解決山東問題，以及鼓舞大家的愛國情緒；並且更深入一步地注意到改造舊社會和舊觀念，因而提倡建立新社會以及接受新觀念。

5. 五四運動的影響

從上面所列表解，我們可知五四運動對於其後中國的種種演變之影響是很深遠而無可抹煞的。這可以從幾方面加以觀察：

(1) 新文學的滋長：在五四運動以後，白話文的推行和新文體的創建，簡直像春天的野草似的滋蔓起來。這一新文學運動進展的迅速和普及範圍的廣大在中國似乎是空前的。新文學運動有幾點特別值得我們注意：

第一，不用文言文。中國的文言文是很難的。它是士大夫的專利品。而士大夫中，能寫通一手好文言文的人也爲數不多。寫好文章是成名的捷徑，也是做官的一條大路。所以，作個文章大家就有大聲威隨之而來，因此也就是眾人欣慕的高樓。所以，區區若干方塊字拼起來的文言文是成爲身份和社會階層形成的建構條件。可是，除此以外，要藉文言文作爲普及智識和大眾交通意念的工具，那簡直太難了。革命後的中國及世界的新形勢卻需要我們有一較方便的語言工具。正在這個時際，胡適之和陳獨秀打起「文學革命」的大旗，高唱不用文言文，並極力提倡易讀、易作的白話文。這一文學界的「陳涉、吳廣」式的非常行動，立刻獲得絕對大多數人的熱烈響應。於是，白話文之流行，簡直像「黃河之水天上來」，老學究們要堵也堵不住了。順著這一文學「大眾化」的趨勢而來的，有注音符號運動。

第二，中國的文化裡含有泛道德主義的傾向。這種泛道德主義（pan-moralism）加上倫範方面的夾克主義（straight-jacketism），形之於文學就是必須「文以載道」，形之於閱讀就是唯有「四書五經」才是可讀的「正書」。在這種規範反面的，是「正派」文人所不屑寫的小技，是「正人君子」所不屑讀的「淫書」，中國知識份子這樣過了漫長的歲月。然而，海禁大開，留學生大量回國，大量知識份子接觸了不同的文學和不同的價值觀念。他們開始曉得，世界不只是「古聖先賢」所塑造的那一點點：原來世界還有許許多多不同的花樣。這許許多多不同的花樣比自己祖宗代代相傳下來的那一套更新鮮、更豐富，而且更有趣。於是，他們更加崇尚新的，厭棄舊的。舊的權威籠罩他們幾千年，他們覺得是壓頂的大石，必欲去之而後快。在那一個時代的作品裡，因此充滿了反偶像、反權威、反禮教、背叛家庭、打倒舊制度的氣氛，而新的刺激中，對新青年最富於吸引力的，自然是戀愛自由。戀愛自由，這樣滋味甜美的事物，在舊禮教之下不用說不能嘗試，就是連公開談都是不許可的。好了！現在一切束縛都要打破了！自由戀愛是青年男女們「神聖不可侵犯的權利」了。於是，愛情文學的出現，像雨後春筍。這象徵著人性的解放。順著這一趨勢而形成的文學路線，於是而有寫實主意、浪漫主義和人道主義。從前作詩得講究嚴格的格律，詩人們為了韻律、平仄，常常挖空腸肚，撚斷髫鬚。白話文運動一來，作詩可以不限字數，而且不一定要捕韻。詩人們從那些舊枷鎖裡解放出他們的心靈了。

(2) 新思想的吸收：在思想方面，五四運動表現了心理上向極情形。在一方面，他們拋棄舊思想；在另一方面，他們熱烈地吸收新思想。他們在排舊趨新上所表現的強度，在中國文化史上是少見的。中國原有的學術思想標準是「凡古的就是好的」。到了五四時代，中國學術思想的標準是「凡新的就是好的」。這個標準既經知識份子普遍接受，於是為接受外來思想大開「方便之門」。舉凡自由主義、功利主義、無政府主義，各種牌子的社會主義，都有人在追求。羅素思想，杜威哲學，種種等等，真是紛至沓來，大有應接不暇之慨。這麼多的思想學說，當時的知識份子無論是否真的了解清楚，他們自動奮勇求知的銳氣和熱誠，在中國近代歷史上是不易找到敵匹的。

(3) 社會改革：與文學革命和新思想運動俱來的，是社會改革。文學革命意涵著傳統中國最有力的文化建構之動搖。新思想運動意涵著舊有道德倫範所依據的理論基礎不復被承認。孔制的權威大受打擊。青年們視舊社會為污泥。他們憧憬著新社會出現。舊的家庭制度更趨沒落。「革命」在家庭中進行著。青年們視舊家庭為枷鎖，他們像出籠的小鳥，懷著一顆興奮的心飛出家庭，滿懷希望地走向社會，要爲人群服務。婦女們紛紛從舊禮教的束縛之中掙扎出來。她們要求戀愛自由。她們要求教育機會跟男人一樣均等。漸漸地，婦女們的地位提高了。總而言之，傳統的規範和獨斷的教條都失靈了，偶像和權威在這一運動的震撼之下都搖搖欲墜了。這一代急求創新的人，在爲建立新的價值標準和開闊中國的前途而激進。

根據我們在前面第四章裡所說，傳統中國根本是一個聖化社會。在這樣的聖化社會裡，人中有所謂「聖人」，一切文物制度都被「聖賢之教」蒙上一層少神而多聖的光圈。如果有人試圖冒犯這些事物，那末便是冒犯「聖教」。冒犯「聖教」的人立刻成了人眾的公敵。一個人一成了人眾的公敵，在人海茫茫之中他就陷於孤立，而且會有種種社會制裁甚至政治懲罰加身。這是中國傳統文物制度對變動有比較頑強的抵抗力以及比較經久的一大原因。然而，在五四時代，新知識份子從事文學革命、新思想運動，和社會改革。這些行動所產生的動力，促使中國傳統社會加速地俗世化（secularization）。這個變動眞是太基本了！它的結果怎樣，現在還沒有到完全結算的時候，不過，今天的我們已經可以看出若干影響。這些影響，在當年熱心從事五四運動的人士怎能逆料呢？在現代科學知識之光的澈照之下，有多少事物再能眞心看作是「神聖」的？「天子」嗎？天子早已不是「天生」的。除了坐的椅子以外，他跟我們凡人沒有什麼不同。「聖人」嗎？聖人也是人，凡人都有錯，所以聖人也有錯。婚姻的事怎樣？在從前婚姻由「父母之命，媒妁之言」決定。這是「神聖不可侵犯」的；可是，現在則婚姻是自作自主。這也沒有「神聖」可言。……這一俗世化的過程，有許許多多是前人想像不到的。美國汽車大王福特（H. Ford）平生最愛好自然風景，可是，他卻拚命製造汽車（Model T）。汽車所到之處，自然界的寧靜氣氛就破壞了。到了晚年，他所製造的鐵殼蟲到處亂衝，把自然的美景破壞殆盡。面對此情此景，他只好歎氣。胡適當年急於提倡白話文。在這一方面，他確乎獲致最大的成功，我們受惠也最多。可是，到了他晚年，若干人士用來「圍剿」他的利器，正是他當年努力提倡的白話文。這種奇妙的結果，豈是他當年料想得到的？

(4) 政治運動：顯然得很，五四運動對於其後的種種政治運動而言是一個溫床。同時，五四運動的本身後來也逐漸轉入政治旋渦。

五四運動所造成的社會變動和所掀起的思想氣氛，對於接著而來的種種政治運動是同等有影響或同等沒有影響。依前所述，在中國現代史上，五四運動形成了幾乎空前的社會文化及思想的巨大動力，這股巨大動力像河水高漲一樣，各種政治運動像蛟龍似的乘勢而起。緊接著五四運動，民間的言論自由蓬勃，而且有許多社會團體及政治組織出現。有的政治組合自從完成了它原來的任務以後變得虛脫萎弱無力。五四運動使它恢復了活力，另一種政治集體則在五四運動裡孕育和形成。

如所周知，五四運動的內容之一，是著重個人從舊思想，舊制度、舊社會，以及大家庭裡解放出來。這種強烈的動向，和英美自由主義合流，就很自然地成爲五四式的個人自由主義。但是，五四運動裡的中國新知識份子所處的環境與西歐近代國邦裡的知識份子大不相同。五四運動裡的中國新知識份子的處境是，外而有列強侵凌，內而有地方軍豪混戰。這種情勢使人感到需要一個強有力的中樞政府。這個中樞政府必須對外能夠抵禦侵略；對內能夠結束軍豪混戰，完成國邦的統一；並且從事大規模的現代化的建設工作，藉以將中國從列強的壓迫、國家的內亂，和人民的貧困與落後裡拯救過來，於是，透過五四運動的激發，民族主義和社會主義二大思潮遂成爲攝引國人嚮往和結合國人行動的兩個基本馬達。「救國」高於救個人。要「救國」必須「喚醒民眾」。既然實行「喚醒民眾」，於是知識份子的精幹運動逐漸擴大而爲全民性的「群眾運動」。「群眾運動」不太需要思想；而多需要口號、標語、教條和煽動，尤其需要領導與組織。就這樣，愈陷愈深，蓬勃的五四運動被幾個巨大的政治運動吸收來作爲原料而消解於這幾個政治運動之中，五四運動的內部成素有很深的對極性（ambivalent character）：「愛國」、「反對賣國」，這些要求所含有的心理情況與「民生」及「科學」所需準備及訓練大不相同。前者是逆境的反應；而後者需要順利和安定的環境，及長時間的培養。五四運動內部成素的這一對極性格，先在地決定它不易持久，而在不同的條件之下起分化作用。所以自由主義者一部分參加「革命」行列；一部分繳了械，回到書房裡去了。

6. 五四運動的批評

有些歷史事件，在「事過境遷」時，比當時可能要看得清楚些。

顯然，五四運動的聲勢大過它的實質。五四運動的光焰大過它的成就。

嚴格地說，五四運動中新文化運動這一方相的較大成就，在白話文的推動和文藝以及新詩的創作。在學術思想上，五四運動所成就的祇比新聞式的介紹高一點點。依前所述，五四運動是一些抱持不同的觀念者在愛國、趨新、棄舊、科學及民主這幾點上盟結起來的一個運動。除此以外，五四運動並沒有一個鞏固而又結實的思想核心。任何一個較大的思想系統之完成，決不是三年五載所能竣事，而是需要一個相當長的時間來釀造。五四運動顯然沒有來得及經歷這樣一個階段。復次，就五四時代領頭人物的學問基礎和思想訓練而論，也沒有任何人堪勝此任。陳獨秀的思想，只是激進而已，可是卻粗糙、窄狹、獨斷，且未成熟。他到了晚年寫「最後的意見」時來懺悔。這樣一個沒有堅實思想作中心的運動，其容易被誤導和利用，並不是一件偶然的事。我們試看緊接著五四運動來搞「革命」的作法之一個方相，便可明瞭這一點。緊接著五四運動來搞「革命」的人，常藉文藝和詩歌來播散其思想。這也就是說，他們的思想常藉著情感的通路鑽進一般知識份子的頭腦裡。根據邏輯推論程序和經驗知識而接受的思想才比較可靠，從情感的巷子裡溜進來的思想則常常危險。可是，自五四運動以來，中國一般知識份子竟這樣容易作自己情感的俘虜。

我們在上面所說的，返回適應式的本土運動和五四運動所代表的吸收式的本土運動，是近代中國對西方文化刺激所引起的內部巨大文化反應的兩種基本型模。前者比較原始，但更較有力，每當情勢惡化時，「義和團意識」往往改頭換面出現。後者比較趨向現代化，但只有在承平時期才比較容易發展，暴風雨一來，科學與民主的幼苗就遭受摧折。近代中國文化對西方文化衝擊的反應一直是在這兩種本土運動之間搖擺著。

四、代間緊張與衝突

爲了製模的方便，我將一個社會裡的份子依照年歲與職能的差別，劃分爲上一代與下一代。[20]這裡所說代間緊張與衝突，即是在同一個社會中，上一代人與下一代人之間有基本價值觀念的背離，有種種緊張的對立情緒滋蔓，並且有著種種實際的利害衝突存在。這是每一個社會都可能發生的問題。

近年來，在我們這個社會中第一個認眞而又比較深入討論這個問題的，就我所知，是李敖。李敖發表了〈老年人和棒子〉這篇文章。[21]就我所感覺到的，李敖的文章最富於衝激作用的要算這一篇。這一篇文章廣泛地引起上一代知識份子的不安，也普遍地引起下一代知識份子的共鳴。由此足見李敖所提出的問題，確實存在於這個社會，而且也存在於大家的潛意識層。這一事實經李敖的文章揭露，把大家本來存在

---

[20] 這樣的劃分，既非窮盡一切可能，又非互相排斥。

[21] 見李敖著，《傳統下的獨白》，臺北，一九六一年。〈老年人和棒子〉，載文星叢刊五。

心中但卻不甚清晰的底片晒露出來，讓大家明白各人心中這一底片的形狀。李敖在這篇文章中提到下列幾點：

他說老年人從死人手裡接到的棒子有三種：第一種是「莫須有的棒子」，這也就是說，這類老人實際上祇是一個年紀大的人而已。這個年紀大的人所有的只是「無何有」。第二類老人所接下的是一根「落了伍的棒子」。他說：「一般說來，老年人可疵議的地方不是落了伍而是落了伍卻死不承認他落伍。落伍是當然的，可是死不承認就是頑固了。」在年輕時代有過驚天動地事業的人，到了老年，在面對比他行的後輩，便「酸勁兒就更大」。更「可憐的是，他們的胃口已經不能使他們消化那些青春的果實了，他們只能反芻（ruminate）肚子裡頭那點存貨，以『老馬之智可用也』的自負，整天販賣那些發了霉的古董。」第三種老年人握著的是一根「不放手的棒子」。他說「老年人對死亡感到恐懼。他發現什麼東西都將在突然間不屬於他。他不願看到任何東西離他遠去。因此人一到了老年，就顯得貪心而小氣，他們一方面誅求無厭；一方面『印刷敝忍不能予』。他們充滿了舍我其誰的自信，一點沒有成功不必在我的雅量。總覺得他們一遽歸道山天下就無人救了！國失干城了！青年人失導師了！學問成絕學了！圖書館沒館長了！所以他們什麼都想一把抓，什麼都想求近功。」對於這種光景，「有些急進派的年輕人實在看不慣。他們對『老罷當道臥』的局面感到難以容忍。他們未嘗不想自己去另外找棒子，可是老年人慢騰騰『跑』在前面，既礙了路，又擋住視野，於是年輕人想到還是乾脆去搶棒子。可是，怪事就在這兒。十次有九次，他碰到的是一位飯斗米肉十斤的腹負將軍，或是一位狡猾無比的痴頑老子。除了被飽以老拳以外，連接棒預備隊的資格也要丟掉了。經書上說『老者不以筋力爲禮』。可是打起人來，他們就有勁了！」

在這些辭言裡，有些確有見地，可是另外有些只能算是片面之詞（special pleading）。李敖只說到老人的「壞處」，沒有說到老人的「好處」。他的視野侷限於十幾年來臺灣的這點時間和空間，他以這點基料作根據來下前面所說的那麼多的論斷，於是他所作論斷之中有的顯然得不到他所依賴的基料之支持。然而，現在我所要討論的問題之重點並不在李敖的論斷是否片面之詞，而在他提出了一個眞實存在的問題，並且在這個問題提出之後何以掀起那樣的波瀾。這是我們現在應須注意討論的重心之所在。

我們已經說過，李敖所提出的問題，在根本上就是代間緊張和衝突的問題。這個問題何以發生呢？我們要解答這個問題，首先必須明瞭所謂「老人」在中國社會文化所處的地位、所扮演的角色、老人與年輕人是處於什麼關係之中，以及維繫他們間的關係之原理是什麼。除此以外，我們還得認眞地將社會文化變遷所給老人與年輕人間的關係之影響考慮在內。

我們在第四章說過，在中國的社會文化裡長老至上。中國文化價值的取向之一是「崇古」，這一「崇古」，就給「敬老」奠定了「道德形上學的基礎」。老人，年近「古稀」的人，是屬於「古」那一端的。愈老愈受人尊敬。時至二十世紀六十年代，臺灣還有「敬老會」的樹立。所謂「敬老」，如果所指不過是對上了年紀的人表示一些尊敬，安慰安慰他們的老境，並且解除解除他們晚年的寂寞，那末我實在找不出什麼堅強的理由來反對。站在人道主義的立場上，我無寧是頗為贊同的。然而，自古至今，老人並非個個是滿足於在冬天晒日黃的人瑞。恰恰相反，許許多多老人構成相當嚴重的問題。這些問題是什麼呢？

中國社會文化的價值取向對老人有利。舊有的倫理規範條條對老人有利。老人很容易利用這些文化價值，造成他絕不可犯的優越地位。慈禧太后之糟蹋光緒皇帝是近代中國史上最耀眼的實例。有不少的老人把自己或被別人造成基督教聖經中所說的「全智全能的父上帝」。乾隆皇帝就叫做「十全老人」。如果宇宙間有上帝的話，那末他一定是全智全能的，因為，如果上帝不是全智全能的，那末他就造不出這樣既有天使又有惡魔的光怪陸離且生老病死樣樣俱全的世界。基督教說「上帝是愛」，我絕對不信；正如我絕對不信「上帝是惡」。我覺得上帝創造萬物，只為了顯示他有玩弄世界的權能。可是，如果誰說有全智全能的老人，而且這樣的老人又偏偏是中國社會文化的產品，那末我認爲這是不可思議的事。因爲，無論任何社會文化裡的老人同樣得受生物邏輯的限制。可是，自來中國社會文化裡有許多老人特別喜好造成自己凌駕眾生的地位，而且他們所在的社會文化的價值恰好提供他們以造成這種地位的材料和環境。我認爲老人們除了受到相當尊敬以外再享點清福，這也未嘗不可。但是，受中國歷史文化的薰陶，老人們常自認爲或被認爲是後一代的典型。毛病就出在這裡！基督教的人常說「上帝照著他自己的形象造人」。這話既無法證實又無法否證。我只直覺到，如果上帝眞是目前若干人類這個樣子，那末他不一定值得我們崇拜。可是，在中國社會文化裡眞有不少的老人具有基督教徒所說上帝的氣慨。他們有意無意之間要「照著他自己的形象」塑造下一代。比如說，他自己是學醫的，他認爲做醫師好，硬要他的兒子學醫，不問他兒子的興趣如何。他自己做官失敗了，他不要他兒子習政治，硬要他兒子習工程，不問他兒子的能力是否相近。如果這位老人的運氣佳，可巧是位「眞命天子」，那末他崇儒，普天之下都得跟著崇儒，他恨傳教士，普天之下就得跟著恨傳教士，不僅如此，如前所述，中國的老人常常是解答知識問題、決定和經理婚嫁及經濟事務，並且排解人際糾紛之全體主義的長老。這些長老們偏偏又多有長老意結（patriarchal complex）。有長老意結的老人對權威與聲威的要求特別熾烈。因此，下一輩的人對他的命令只有絕對服從。如果不服從，那末他一定認爲大不孝。他所說的話，下一輩的人只有無條件地接受。無論對錯，一概不能辯論，如果辯論，就是「目無尊長」。「目無尊長」是一個不重也不輕的罪名。背上這個罪名的年輕人是會受到鄉黨責難甚至社會制裁的。傳統中國文化份子之注重「敬長」遠比弄清客觀是非爲大。㉒所以，如果一個年輕人被戴上「目無尊長」的帽子，那末即令有理也變成無理了。

㉒ 現在是既不敬長又沒有興趣追求客觀真理。追求的究竟是些什麼？

現在我們要問：什麼一種基本力量使得中國老人們有這樣的無邊法力呢？一種什麼基本力量曾經能夠維繫上一代人與下一代人之間的這種關係形式呢？最後分析起來，最內化的核心是孝及孝的觀念之擴張，在傳統中國社會，並非一定沒有代間緊張與衝突。唐太宗李世民逼著他父親李淵交出政權。可是，除了少數這樣雄傑的突出英豪以外，一般老實人自幼至長在孝的長期薰陶之下，根本就不會也不敢對父親起「彼可取而代也」的念頭。同時，當時的社會結構明明白白擺出一條道路：下一輩人只要做好「孝子賢孫」，等上一輩人過世以後，自然也會坐在那個位子上。這一觀念，擴散到社會其他方面，甚至擴散到秘密社會層級中去。這也就是說，孝所造成的力量和離型制度（proto-institute），無論合理或不合理，傳統地安排了代間關係，因此也就緩和了代間緊張到相當的程度，也減少了代間衝突的發生頻數，因此，在某種程度以內，社會的穩定得以維繫。社會的穩定得到某種程度以內的維繫，意即社會動亂在某種程度以內減少。

然而，自五四運動以來，這一切都變了。昔日老年人在年輕人心目中「神聖不可侵犯」的地位動搖了，新青年們已不再以做「孝子賢孫」爲美德，他們不願意向老人們學習。他們不認爲照著老人的腳步走會有前途，他們不高興老人對他們管得太多。老人們要他們讀「聖賢書」，他們不再感興趣，他們要讀易卜生，要讀克魯泡特金。老人們要包辦婚姻。他們認爲青年男女私下談情說愛簡直是敗壞家聲。青年們倒過來認爲「戀愛神聖」。……於是，如前所述，鬧「家庭革命」。在年輕人心目中，「家」就是「枷」。從代間衝突終於表面化。由代間緊張到代間衝突造成上一代人與下一代人之間的離異（estrangement）。從家庭裡離異出來的青年，像一顆一顆的自由電子，在空中飛游，只等待什麼樣的憧憬和遠景把他們吸引了去。有了！正如前面已經說過了的，他們聽到「革命」的召喚，聽到「改造社會」的號召，他們就身不由主地參加了。這一原因，部分地說明以五四運動爲中心的前後的近三四十年，中國的歷史爲什麼是進入一個激變的大時代。

根據上面的指陳，我們知道，孝道是安排代間關係、緩和代間緊張，並減少代間衝突的基本原理。可是，近幾十年來，孝道崩解了，於是代間緊張隨著發生，代間衝突終於無可避免。現在，我們要問孝道何以崩解了呢？顯然得很，這是由於年輕的一代人不相信孝道。年輕的一代人何以不相信孝道呢？因爲孝道對他們不復有價值。孝道何以對他們不復有價值呢？因爲社會文化變遷了。社會文化何以變遷了呢？最大的原因是西方文化入侵。當西方文化入侵時，老人們由於受生物邏輯的限制，最大多數的行爲模式和思想模式都已固定了，因而缺乏對這一新文化的適應力。不僅如此，他們甚至因對西方文化難以適應而在心理上產生一種防衛軌序（defence mechanism）。㉓可是，年輕人因富於思想的吸收力和行爲的可塑性，於是對西方文化的適應力大。他們歡迎新奇的、厭棄古舊的。這麼一來，就是兩種不同的文化在同一個社會裡，甚至同一個家庭中的兩代人之間發生衝突。在以五四爲中心的那三四十年間，中國近海沿江一帶的家庭、學校及社會，幾乎都變成中西文化交會之所。因此，也就無可避免地，這些場所變成中西文化的戰場。梅德說：

如果文化細節變動的速度小於成年人能吸收新的細節之速度，那末我們就將「同質的」（文化）和「緩慢變動」的（文化）這兩個名詞用咸同義語。這兩個名詞所能應用到的文化與激劇變

㉓ 防衛軌序是一種持久的心靈結構。這種心靈結構使人避免對不愉快的事物之意識，或避免引起對令人焦慮的事情之意識。例如，考試失敗的人不願去看榜。如果有人約他去看榜，他說：「我很忙」、「好漢不談當年勇」，是為了避免和現在對照。

動的文化是不同的。凡屬變動激劇的文化都沒有眞正同質而又和諧的內容。因爲，文化的激劇變動會產生上一代人與下一代人之間的種種差異。他們之間的種種差異可比之於文化與文化之間的種種差異。在這一差異裡，有一群人屬於上一代，他們持著顯然易見的一種態度；另有一群人屬於下一代，他們持著顯然易見的另一種態度。㉔

梅德在這裡所說的，恰好適於用來從文化變遷的觀點來說明代間緊張與衝突。中西兩種不同質的文化因接觸而引起文化激變時，沒有來得及滋生出同質而又和諧的文化。上一代人常因自衛而保守舊文化傳統；下一代人因創新而欣然接受西方文化。既然不同的文化也就是不同的價值系統，於是上下兩代人各持不同的價值系統。既然上下兩代人各持不同的價值系統，於是對同一制度、同一行爲、同一事物，自然持不同的態度。父親主張女兒穿長袖子的衣服，女兒認爲短袖才時髦。老一輩的人聽到新學堂裡讀書的青年開起口來滿嘴的新名詞就不耐煩，可是青年正好覺得這是讀書有心得。母親認爲女兒在外面跳舞簡直是傷風敗俗，女兒說這是一種高尚的藝術。兩代人的價值觀念這樣懸殊，他們發生代間緊張甚至於衝突，是極難避免的，更何況老人老是把住位子不放呢？

㉔ Margaret Mead, Culture Change and Character Structure, in *Identity and Anxiety*, edited by Maurice R. Stein and Others, 1962, p.90.

第六章 一個長久的論爭

關於中國文化問題的論爭，已經不是一個新的論爭了。從理學名臣倭仁於一八六七年反對士人接受西學言論算起，這個論爭的延續將近百年了。這個問題正是中國的社會文化受西方文化的衝擊和世界由工業革命所引起的激變之特殊的產品。當著一個人特別關心他的身體健康的時候，很可能就是他的身體健康發生問題的時候。同樣，當著一個文化開始鬧著論爭的時候，很可能就是它發生毛病的時候。在事實上，從倭仁算起，關於中國文化問題的論爭和中國文化的病痛所給我們的病痛，尤其是給予我們知識份子的深創鉅痛，是同始終的。

近代中國的文化問題是關係於中華民族的過去，現在和未來的大問題；也是關係於今後世界人類前程的大問題。我找不出任何理由來說，任何單獨的個人有能力對於這個問題作一決定性的解決。這是不可能的事。可是，自從倭仁以來，這個問題本身的意含之複雜，亦如其論爭之紛亂。在這個長久的論爭之中，實際上是主張太多而分析太少，情感太強而理知太弱，前提還沒有弄清楚就搶先下結論，事理還未抓梳明白就作價值判斷，有的甚至於搬出別人根本並未承認的那套「大道理」來板起面孔教訓人。像這個樣子的論爭，縱然續延到地老天荒，也是得不到解決的。不僅得不到解決，似乎只有離題日遠。我在這裡提出這個問題，並不表示我一下子能夠解決這個問題。我是準備將這個問題形製（formulate）說得清楚一些，提供解決的線索，尤其是約略地展示討論問題時必須依照的解析方法。

中國士人學子的思想模式，一直是在孔制基型的規定之下，除了孔制以外，再輔之以與孔制犬牙交錯的佛法及道家老莊。[①]法家的思想，雖然有極精到的成就，但因一直被看作是與唯「術」聯繫在一起的派系而成不了大宗。[②]孔制主要的根幹是一種現世的倫教。這種倫教，在從人倫的基本以維持現世的社會秩序上，曾起著重要的作用。可是，它卻未能充分地滿足人的宗教情感。它更未能滿足人的宇宙感（cosmic feeling）；[③]未能滿足人看破生死界而探求永恆之境的心靈活動；未能滿足人撇開人相我相而開拓一了無凡俗隔限的普遍境界之要求：未能助人解脫生、老、病、死而至無生、無死，亦無苦厄的解脫了的永恆境。道家老莊的思想爲對一切刑名制度及狂熱的營求與殺伐活動之一總否定。他們的基本要求是去繁縟，而致靜虛，而至清寂渺爲，而收斂生命能量以至退藏於密，終至化消人爲以歸於自然。這一「精神生活」的境界，所凝鍊成的人生態度，以及在生活中的實踐，也不是原始孔制所能提供。與這二者相較，抓緊現實的孔制而向玄理上扯的宋儒言說，祇是矯揉造作的半調子而已。上面所說人的諸般心靈要求，都是越過生物邏輯的超自然的[④]要求。人類文化學替我們證明，只要是人，都有這諸般要求，而且這諸般要求是無

---

① 在觀念上，以及建構上，儒、釋、道經過幾番風雨以後終於能夠互補，相安無事，並曾給中國文化份子以安頓，這是一件大事。願有心之士窮加探究，以期貢獻於今後的中國人和今後的世界。

② 韓非的思想之精，在中國思想史上實在是奇峰突起。可惜長期受到泛情主義薰陶的中國文化份子覺得他的思想太「刻」，而不願予以正視，以致其學不顯。

③ 所謂「宇宙感」，在孔制裡並非沒有。有的，但為倫教要求所壓而不暢旺。這裡所說的宇宙感，例如陳子昂「前不見古人，後不見來者，念天地之悠悠，獨滄然而涕下。」

④ 我在這裡所說的「超自然」，是人類學的意義，也是人類學的題材。因此，我們處理這類題材時也得照人類學的方法處理。任何玄學體系，包括宋儒的在內，如果從社會人類學的觀點看去，實不難一目了然。玄學體系和魔術、原始宗教、瑪納（Mana）的血緣極其相近。斯塔遜（P. F. Strawson）所說的記述的形上學（descriptive metaphysice）不屬此類。See *Individuals: An Essay in*

間古今的，這諸般要求，可以隱退於一時，但不能根絕，除非人類根絕。孔制既無以滿足這些要求，所以孔制雖然被定爲「一尊」，但並未因此而消除了佛法和老莊。不過，孔制在現實社會結構上既然成爲建構原理和人倫規範，並且擴散（diffused）⑤到風俗習慣裡去，於是，一個中國文化份子當他採取「孔孟之道」時可以是而不一定是同時又採取佛老；但是，任一中國文化份子當他採取佛老時，卻一定已經採取了「孔孟之道」。因爲在中國文化裡，一個文化份子如果只採取「孔孟之道」而不採取佛老，那末他至多只是境界不高而已，而還不至於不是一個「文化人」而變成赤裸裸的「自然人」。

然而，西潮來了，一個前所未有的新形勢出現了！這一現實的不速之客，逼著中國文化份子在思想和制度上不能不作相應的調整，甚至於變革。實在，這是一件痛苦的事，因爲，若干中國文化份子被迫著放棄他們習慣的想法，甚至必須放棄他們奉若神聖不可改移的制度。不僅這樣，這也是一件困難的事，因爲，他們不知道怎樣在思想上和制度上作適當的調整，甚至於變革。

這是一個新舊過渡的交錯時代。在這個時代，並不是舊的去了而新的沒有來，而是舊的還沒有來得及去掉而新的大量湧到。一般而論，成年人要去掉舊的思想、舊的行爲習慣，來採用新的思想和適應新的制度。這在一代人之間是不可能完成的事。在這個階段，舊的觀念繼續發生作用，或者變個形狀繼續發生作用，至少沉澱到潛意識界繼續發生作用；可是新的思想卻要闖進來。舊的和新的，同時在一個中國文化份子身上打起仗來。一個一個的人成爲中西文化的戰場。整個社會成爲中西文化的戰場。戰場是不易穩

Descriptive Metaphysics, New York, 1963.

⑤ C. K. Yang, *Religion in Chinese Society*, University of California Press 1961, pp. 20-21.孔制既是建構式的又是瀰漫式的。二者俱現，所以它歷久不衰。

定的，因此，中國知識份子的思想在這一階段也不易穩定。他們在新舊思想的衝突之中尋找思想出路。於是，他們在思想上時而保守，時而前進；時而左向，時而右轉；時而極端，時而折衷。正在這一轉變和動盪的關頭，有形的外患和內亂相逼而來，逼得素來「以天下爲己任」的知識份子必須亟謀解決之道。究竟是富國強兵呢？還是民主自由？究竟是全盤西化呢？還是本位文化？究竟是行村治？還是要工業化？種種等等，都是在知識份子腦海裡經常打轉的問題。

在這樣一個孔制崩解後思想動盪而又得重新尋覓出路的時代，中國一般知識份子的思想之易變和多樣分化是無可避免的結果。就鼓勵學人自動思想而言，這無寧是一個好現象。一個知識份子或一些知識份子在不受人牽著鼻子走以後，因要獨立地重建自己的思想天地以及追求對重大問題的解答，而致思想易變或多樣分化，實在是必須付出的代價。不肯付出這筆代價的人不會有自己的思想。沒有自己的思想的人只能算是一團肉。一團肉隨便做成什麼都可以。

歐洲自中古基督教的教統思想對知識份子思想的拘禁作用鬆弛以後的情形，多少與孔制崩解以後中國思想界的情形有類似之處。伏爾泰是這一變動中傑出的人物。十九世紀歐洲社會主義思潮的澎湃中，知識份子的思想之易變和分化，與中國五四運動前後的情形也有類似之處。像索魯勒（Georges Sorel）就是很明顯的例子。

中國在這一思想大震盪時代，知識份子的思想變動是很大的，思想的分化也是多端的。自十九世紀中葉以來，嚴復眞可以算得上是一位「學貫中西」的中國知識份子。除了桐城派的典雅古文以外，他對於英國傳統學術思想認識之深刻，我想到現在還很少有人趕得上他。[6]他對於「自然科學」的究習之精，在他

---

⑥ 請看嚴譯名著叢刊，及裡面的按語。從〈論世變之亟〉等論著可以看出他的學識之卓越。

的時代似乎是第一人。可是，他的思想就經歷了幾段的轉變。他起先是主張全盤西化的，後來趨向折衷，到了晚年變得復古了。⑦梁啓超「不惜以今日之我與昨日之我挑戰」。他的思想之多變，在知識界是一件有名的事，至於近幾十年來鬧「革命」的人士的思想變化之多和分化之歧，更是「一部二十四史，不知從何說起」，當然，現在許多人的大腦停止辦事了，共同地患恐思症（thinking phobia）可是，當年並非如此。當年這批風雲人物的思想變化，有些頗富於戲劇性。我們不妨舉于右任作個例子。

一八八九年的春天，于右任隨他的伯母回到三原城從毛班香讀書。他的父親也從四川回到陝西再結婚。每夜他們父子二人共一燈互相背誦。「背誦時皆向書一揖」。一九〇四年的春天，他因逃避清廷的捕

---

⑦嚴又陵思想上的這種退返變化，既不是周振甫所說的〈矛盾的發展〉（見書一），又不是史華澤所說的由嚴氏思想之「實質上的內在融貫」所致（見書二）。

首先，我們要把視野擴大和把視力加深，來了解這是思想上的退返現象。在這一退返現象裡，嚴復並非單一的（unique）人物，而是思想退返人物的類之一例。在這一大動亂時代，思想退返幾乎成為一個普遍的現象。就我所知，除嚴又陵以外，康有為、梁啓超，以及我親眼看到的許多「五四健將」，在思想上都有退返現象。至於四十歲以上，甚至三十五歲以上，不知名的人物在思想上的退返者不知凡幾。不過，同是退返，又有程度的差別。多數是曾經進了三步，後來退了兩步。所以，總結起來，還是進了一步。現在的問題是：何以有這種退返作用發生？

第一，他們的「思想」出於「主張」的成分多，這也就是說，受世變的推動而思有以解決者多；但是，能出於做像康德、羅素那樣嚴格的結構思想訓練者少。既然如此，他們的思想經得起顛撲和不受外界時世變化影響的強度和密度都不夠。

第二，人到了老年，早年所受影響又泛上心頭。

第三，正在這種年歲，從年輕看到年老，中國許多事似乎「愈變愈糟」，使他們厭亂。厭亂則望治，望治則易趨返本，返本則易趨復古。復古是最安全的，前進則前路茫茫。

書一：周振甫，《嚴復思想述評》，臺北，一九六四年，第四編，第五章，第六章。

書二：Benjamin Schwartz, *In Search of Wealth and Power: Yen Fu and the West*, Cambridge, Massachucetts, 1964, Chapter XI.

拿，從開封向南方亡命，「舟次南京，潛行登岸遙拜明太祖孝陵，稍伸多年蘊積之民族悲懷。」一九〇七年于右任在上海創刊《神州日報》。「且其報不刊滿清年號，而用舊曆干支『丁未』紀年。」一九一〇年他又創辦《民立報》。「《民立報》除繼續發揚民呼、民吁精神與特色外，更注意報導國際局勢，尤其有關各國對亞洲及中國各種動態，並特闢論說專欄分析世界大事經緯；這在當時中國報紙可說是獨居一格，負責的主筆即宋教仁等，對於青年學生之國際知識甚多啓迪。同時，由於于本人思想轉變：對革命重點民族主義與民生主義並重，故《民立報》對於揭發社會上不平及種種黑暗現象更不遺餘力。這一時期，于的思想很受托爾斯泰的影響。《民立報》創刊不久，托氏逝世，于曾在《民立報》詳細介紹托之作品與思想，並撰論說：「『使托氏魂飛於東亞，而來主筆政於吾民立，則世之鼓動，又當如何？』對托之推崇可謂備至。」到了一九一九年，「這時，于尤喜讀克魯泡特金等書籍，嘗爲三元中學作歌，有『自由平等，平等自由，濟之以博愛，老克翁鼓吹一至再。』其景仰克之言行可見一斑。」一九二六年于右任自上海乘輪船到海參威，從事橫跨歐亞兩洲的旅行。「于的這一計劃消極目的在繞道前往陝甘，援助西安守軍，並勸導亡命莫斯科之馮玉祥迅速歸來；積極目的則在親自考察蘇俄共黨專政實況；故舟行海上特閱讀馬克斯（Karl Marx）《資本論》等書以助了解。且如上述：于固素敬仰托爾斯泰及克魯泡特金者，如今轉徙流離，自然更多感慨：如其東朝鮮灣歌云：『晨興久讀《資本論》，掩卷心神俱委頓。』『世界勞民十萬萬，階級相聯參義戰，何日擁〔推？〕翻金紡錘，一時俱脫鐵鎖鍊？』又舟入大彼得灣詩有云：『掬來十億勞民淚，彼得灣中弔列寧！』其後舍舟登陸，乘西北利亞鐵道火車西行，沿途見聞均有詩篇，抵達莫斯科後參觀紅場列寧墓等地，感觸尤多。如其手寫克里木宮歌，紅場歌有云：『置身赤色莫斯科，結習不忘眞腐儒。』『轉悔當年起義早，方法不完得不保；如今愁苦呼聲徧東西，大亂方生人將老。頭白伶仃莫斯科，慚感交並責未了。未了之責誰予助，至此翻思進一步。爲全人類之自由而進征兮，解放東方之大任先無誤。』⑧」

上面所說的，已經成為中國近代思想史的資料了。然而，我們從這類資料可以想出，中國知識份子的思想為什麼會有那麼多的轉變，依據什麼為出發點而轉變，受了什麼原因或力量的推動而轉變。在某種程度以內，這些轉變推移著許多政治組織的林立和寂滅、合作及分離、壯大和萎縮，受到普遍的歡迎或普遍的唾棄。從這些情形，我們又可以多少想出，自十九世紀末葉開始，經歷了許多基本而又鉅大變化的中國，為什麼變成目前這幅景象，這是很值得中國知識份子深長思考和研究的大問題。

因為中國近幾十年來的知識份子的思想既多變動又多分化，所以他們關於文化的思想也不能不既多變動又多分化。如前所述，常同一個人的前期思想是主張西化，後期的思想也許是主張復古；同是一人也許他起先很保守，到後年變得狂熱而激進。到了最後又還原到保守。既然如此，我們在進行思想的分類時，很難得將任何一個人固定地裝在某某「一派」的思路中去敘述。依我的觀察中國自十九世紀末葉直到現在，知識份子的思想固然既多變動又多分化，可是他們所要解答的主要問題則不出前面所指出的那幾個，那幾個主要問題是固定而集中的，所不同的是「見仁見智」的解答不同。於是，以那些主要問題為中心，許多知識份子因作不同的解答而滋衍出若干不同的思想趨向（trends），但是，這些思想趨向又不像黃河及長江各流各的，而是相互影響，此消彼長的。依據這一實際的情形，我將近數十年來關於文化的思想，分成幾個主要的趨向加以分析的敘述。在我認為必要的時候，我還要予以分析的批評。

⑧吳相湘，〈從牧羊兒到監察院院長（于右任先生傳略）〉，《傳記文學》，第五卷，第六期，臺北，一九六四年。

第七章 保守的趨向及其批評

人類現時是在改變他們對事物的看法之一種罕有的心情中。僅僅靠傳統來強制他們，已經失去力量了。

——懷德海（A. N. Whitehead）

一、一個論辯

近代中國的中西文化論戰的首次交綏，是從恭親王奕訢和大學士倭仁的辯論開始的。當然，奕訢算不得是「西化派」。照我的定義，接受西方文化構成的基本觀念和制度，並具有意識地作有計劃的推動的人，才算得是西化派，依照這個定義，從同、光時代直到今天，中國眞正算得上是西化派的知識份子並不多。至於「全盤西化」，不僅發生是否必須的問題，而且發生可行性的問題。這類問題，我們將在以後去討論。奕訢不能算是西化派，當然更說不上是全盤西化派。奕訢雖然不能算是西化派，但是他確實在做著推行「西化」的事。他之所以做推行西化的事，並非出於愛慕西方文化，而是身當辦理「夷務」之衝，親自領教過「西夷」的厲害，知道枝枝節節的採購船炮應付不了西人，而「治本的辦法在於自己製造」。要能自己製造，必須從學習科學著手。要能學習科學，必須通曉外國語文。他的這一套認知，在今天的中國人士看來簡直是「老生常談」，不值一提。可是，他的這一套見解，在同、光時代還是太新了。保守主義者群起反對他的見解和辦法。大學士倭仁可算是保守主義者的代表人物。就社會文化的意義來說，孔制門徒一生下來就是保守主義者。所以保守主義在中國文化裡不僅勢力雄厚而且根深蒂固。倭仁出頭反對「西化」自然是很有力量，並且給予奕訢等很大的阻力。我們且看他的辯論是怎樣進行的：

丙子總理各國事務恭親王等奏：查臣衙門現議添設學習天文算學館，咨取進士舉人恩拔副歲優貢生，並翰林院庶吉士編修檢討，及由前項出身之京外各官，考試錄取留學。業經條議章程，奏奉諭旨準辦在案，惟查臣衙門前設學習英法俄國語言文字各館。均設洋教習一員，專司講譯。此外各設漢教習一員，兼課漢文，今該學生等奉以爲師。現在學習天文算學之員，均係已成之材，漢文無不通曉，漢教習自可不設。但亦必須有群情宗仰之一人，在彼指引開導，庶學者有所稟承。否則該館只有洋人講貫，而中國無師表之人，恐來學者竟疑專以洋人爲師，俾修弟子之理，未免因此裹足。臣奕訢與臣文祥臣寶鋆臣董恂臣崇綸公同商酌，惟有臣徐繼畬老成望重，品學兼優，足爲士林矜式。擬請　旨飭派徐繼畬，作爲總管同文館事務大臣，以專稽查而資表率。　諭內閣總理各國事務衙門奏，請派員充總管新設同文館事務大臣等語。太僕寺卿徐繼畬，老成望重，足爲士林矜式，著仍在總理各國事務衙門行走，充總管同文館事務大臣。惟寺務恐難兼顧，著開太僕寺卿缺，以專責成而資表率。①

照這篇奏摺的文字看來，奕訢等一方面要學「西法」以「御夷」，同時在另一方面又小心翼翼顧到士大夫的心理，深恐他們起來反對。不料理學名臣倭仁還是給他們當頭一棒：

① 〈籌辦夷務始末〉，（六八）同治朝，卷四十七。

大學士倭仁奏：昨見御使張盛藻奏，天文算數，無庸招集正途一摺。奉　上諭朝廷設同文館，取用正途學習。原以天文算學，爲儒者所當知，不得目爲機巧，於讀書學道，無所偏廢等因欽此。數爲六藝之一，誠如　聖諭，爲儒者所當知，非歧途可比。惟以奴才所見，天文算學，爲益甚微。西人教習正途，所損甚大。有不可不深思而慮及之者。　請爲我　皇上陳之，竊聞立國之道尚禮儀而不尚權謀，根本之圖在人心不在技藝。今永一藝之末，而又奉夷人爲師，無論夷人詭譎，未必傳其精巧，即使教者誠教，學者誠學，所成就者不過術數之士。古今未聞有恃術數而能起衰振弱者也。天下之大，不患無才。如以天文算學必須講習，博採旁求，必有精其術者。何必夷人？何必師事夷人？且夷人吾仇也。咸豐十年，稱兵犯順，憑陵我畿甸，震驚我宗社，焚毀我園囿，戕害我臣民。此我　朝二百年未有之辱。學士大夫，無不痛心疾首，飲恨至今。　朝廷亦不得已與之和耳。能一日忘此仇恥哉？議和以來，耶穌之教盛行。無識愚民半爲煽惑。所恃讀書之士，講明義理，或可維持人心。今復舉聰明雋秀，　國家所培養而儲以有用者，變而從夷，正義爲之不伸，邪氣因而彌熾。數年以後，不盡驅中國之眾咸歸於夷不止。伏讀　聖祖仁皇帝御製文集，　諭大學士、九卿料道云：西洋各國，千百年後，中國必受其累。仰見　聖慮深遠。雖用其法，實惡其人。今天下已受其害矣！復揚其波而張其燄耶？聞夷人傳教，常以讀書人不肯習教爲恨。今令正途從學，恐所習未必能精。而讀書人已爲所惑，適墮其術中耳。伏望　宸衷獨斷，立罷前議，以維大局而彌隱患，天下幸甚。②

這篇文章眞可說是把「嚴夷夏之防」的傳統大道理發揮到極致的作品；同時也是將理學應用到議論時政的一篇典型傑作。理學家都是「唯心的」。他們不屑於務現實瑣事。他們只「向內用心」，終日高談心

② 同上。

性。他們的重大任務是「承繼道統」、「維繫聖教」。這種人士像呆在蜘蛛網正中心的蜘蛛。他們不到現實世界去採蜜，只維持住蜘蛛網式的「綱常名教」。有誰來碰到他們條理分明的網子，便立刻把他們的網子朝來人頭上一罩，罩得他不能動彈，什麼積極有爲的事情也做不成。奕訢看到倭仁這樣的作品，據蔣廷黻說，簡直「憤慨極了」。③這是很自然的事。奕訢身當「中西交會」之衝，吃力而兩邊不討好。從上面所列奕訢的奏摺看來，奕訢絕對不是一個不顧現實環境而一意孤行的西化派。恰恰相反，在實際上，他已經在實行「中學爲體，西學爲用」的原則。他是極遷就現實之能事地在中西文化衝突的夾縫裡來做點發憤圖強的實事。可是，即令這樣，還不能見諒於當時的士大夫。對於他的辛苦，士大夫報以理學高調，他的氣憤是可以想像得到的。他又申辯道：

同治六年丁卯三月丙辰總理各國事務恭親王等奏：軍機處交出大學士倭仁條奏一摺，奉　旨該衙門知道，欽此，臣等查閱倭仁所奏，陳義甚高，持論甚正。臣等未曾經理洋務之前，所見亦復如此。而今日不敢專持此說者，實有不得已之苦衷。請爲我　皇太后　皇上詳陳之。竊惟城下之盟，春秋所恥。宋臣韓琦有言，和好爲權宜，戰守爲務實。自古禦夷無上策，大要修明禮義，以作忠義之氣爲根本。一面即當實力講求戰守，期得制服之法，不能以一和而遂謂長治久安也。溯自洋務之興，迄今二三十年矣。始由中外臣僚未得竅要，議和議戰，大率空言進補，以致釀成庚申之變。彼時兵臨城下，烽燧燭天，京師危在旦夕，學士大夫，非袖手旁觀，即紛紛逃避。　先皇帝不以臣奕訢等爲不肖，留京辦理撫務。臣等不敢復效賈誼之痛哭流涕，胡銓欲蹈東海而死。空言塞責，取譽天下。而京城內外，尚以不早定約見責。甚至滿漢臣工聯銜封奏。文

③蔣廷黻，《中國近代史》，長沙，一九三九年，頁六七。

涵載道，星夜疊催，令早換約。臣等俯察情形，不得不俯徇輿論，保全大局。自定約以來，八載於茲。中外交流事務，萬分棘手。臣等公同竭力維持，近日大致雖稱馴順，第苟且敷衍目前即可，以爲即此可以防範數年數十年之後則不可。是以臣等籌思長久之策，與各臣僚通盤熟算。如學習外國語言文字，製造機器各法，教練洋槍隊伍，派員周遊各國，訪其風土人情；並於京畿一帶，設立六軍，藉資拱衛。凡此苦心孤詣，無非欲圖自強。又因洋人致勝之道，專以輪船火器爲先。從前御史魏睦庭曾以西洋製造火器，不計工本。又本之天文度數，參以句股算法，故能巧發奇中。請在上海等處設局訓練。陳廷經亦請於廣東海口設局製造火器。臣等復與曾國藩、李鴻章，左宗棠、英桂、郭嵩燾、蔣益澧等往返函商。僉謂製造巧法，必由算學入手。其議論皆精鑿有據。左宗棠先行倡首在閩省設立藝局船廠，奏交前江西撫臣沈葆楨督辦。臣等詳加體察，此舉實屬有益。因而奏請開設天文算學館，以爲製造輪船各機器張本；並非空講孤虛，侈談術數，爲此不急之務。又恐學習之人，不加揀擇，或爲洋人引誘，誤入歧途，有如倭仁所慮者，故議定考試，必須正途人員。誠以讀書明理之士，存心正大。而今日之局，又學士大夫所痛心疾首者，必能臥薪嘗膽共深刻勵，以求自強實際，與泛泛悠悠漠不相關者不同。倭仁謂夷爲吾仇，自必亦有臥薪嘗膽之志。然試問所爲臥薪嘗膽者、姑爲其名乎？抑將求其實乎？如謂當求其實，試問當求之愚賤之人乎？抑當求之士大夫乎？此臣衙門所以有招考正途之請也。今閱倭仁所奏，似以此舉斷不可行。該大學士久著理學盛名。此論出而學士大夫從而和之者必眾。臣等向來籌辦洋務，總期集思廣益，於時事有裨，從不敢稍存迴護。惟是倭仁此奏，不特學者從此裹足不前，尤恐中外實心任事不尚空言者，亦將爲之心灰而氣沮。則臣等與各疆臣謀之數載者，勢且隳之崇朝。所繫實非淺鮮。臣等反復思維，洋人敢入中國，肆行無忌者，緣其處心積慮在數十年以前。凡中國語言文字，形勢虛實，一言一動，無不周知。而彼族之舉動，我則一無所知。徒以道義空談，紛爭不已。現在瞬居十年換約之期，即日夜圖維，業已不及。若安於不知，深慮江河日下，及設法求知，又復眾論交互，一誤何堪再誤？左宗棠創造輪船各廠，以爲創議者一人，任事者一人，旁觀者一人。事敗垂成，公私均售。李鴻章置辦機器各局，以爲無事則嗤外國之利器爲奇技淫巧，以爲不必學。有事則驚外國之利器變怪神奇，以爲不能學。並引宋臣蘇軾之言，以爲言之於無事之時，足以有爲，而恆苦於不信。言之於有事之時，可以見信，而已苦於不及。該督撫等所論，語多激切，豈好爲辯爭？良田躬親閱歷，艱苦備嘗，是以切實不浮，言皆有物。在臣等竭慮殫思，但期可以收效。雖冒天下之不韙，亦所不辭。該大學士既以此舉爲窒礙，自必有良圖。如果實有妙策，可以制外國而不爲外國所制，臣等自當追隨該大學士之後，竭其檮昧，悉心商辦，用示和衷共濟。上慰　宸廑，如別無良策，僅以忠信爲甲冑，禮義爲干櫓等詞，謂可折衝樽俎，足以制敵之命，臣等實未敢信。所有現議開辦同文館事宜，是否可行，伏祈　聖明獨斷，訓示遵行。謹摘錄曾國藩、李鴻章、左宗棠、英桂、郭嵩燾、蔣益澧等歷次奏稾信函，恭呈　御覽。可否　諭令倭仁詳細閱看，備曉底蘊。以局外之議論，決局中之事機。臣等幸甚，天下幸甚。至於用人行政之常經，其有關聖賢體要者，自當切實講求。於現辦之件，實不相妨。合併陳明。④

顯然得很，他們之間的論爭是因「洋務」而引起的。這次的接觸並沒有直接意識到文化問題，以及因文化問題而引起的思想問題。在這次的論辯裡，奕訢只是就事論事，並沒有意識到文化衝突那一層上去。就他尚未自覺到的文化意識而言，他和倭仁無疑是站在「同一戰線」上的。倭仁自己也未曾意識到他與奕訢之爭在實質上就是中西文化之爭。換句話說，中西文化因接觸所引起的衝突，借他們二位的屍體來表演。在這一論爭中，倭仁只是不自覺地把從幼至長所受的理學薰陶在這種場合發作出來罷了。可是，即令如此，這一論爭中，奕訢之要「西化」的實踐，日後漸漸導出要「西化」的意識：倭仁之唱理學高調，日

④《籌辦夷務始末》，卷四十八。

後也漸漸透顯出含藏在唱理學高調這一動作背後的主張，甚或強調理學的觀念。既然如此，所以這次的論爭是將近百年來中西文化論戰的一個雛型，因此也特別值得我們注意。

中國傳統文化裡的文化意識，在中國文化獨自發展並且沒有碰到異類文化的重大刺激時，它在中國文化份子心目中認爲當然是如它那個樣子的。我們借用維根什坦的一句話來表示就是「世界是那個樣子的每件事情。」⑤這句話可以用來描狀那不大與別的文化發生關係的每個文化的文化份子心目中，對他自己文化的文化觀。在這種未受挑戰的情況之下，中國文化的文化意識含於日用尋常之間，佈乎四體、行乎動靜；而且，如前所說，瀰漫於社會結構以及政教禮俗。這也就是說，中國文化不會發生問題。可是，一旦遇到外來的異類文化之重大衝擊，那末，中國文化不是作適應性的調整，便是起來作抗拒性的反應。這些情形在中國歷史上眞是「數見不鮮」的。唐代之排擊佛教是很顯著的事例。顧歡站在儒家的立場來批評佛教說：「端委搢紳，諸華之容；剪髮曠衣，群夷之服；擎跽磬折，侯甸之恭，狐蹲狗踞，荒流之肅；棺殯槨葬，中夏之風；火焚水沉，西戎之俗；全形守禮，繼善之教；毀貌易姓，絕惡之學。……今以中夏之性效西戎之法，既不全同，又不全異。下棄妻孥，上絕宗祀。嗜欲之物，皆以禮伸；孝敬之典，獨以法屈。悖德犯順，曾莫之覺。」韓愈作〈諫佛骨表〉來抗佛。而他之作這個表則是依據傅奕的非佛言論。《大唐新語》卷十上說：「太史公傅奕上疏，請去釋教。其詞曰：『佛在西域，言妖路遠。漢譯胡書，恣其假託。故不忠不孝，削髮而揖君親。遊手遊食，易服以逃租稅，凡百黎庶，不究根源，乃追既往之罪，虛覬將來之福。布施一錢，希萬倍之報。持齋一日，期百日之糧。』」韓愈主張對僧道「人其人」，這話的意

⑤ 這是維根什坦（Ludwig Wittgenstein）在他的名著裡的第一句話：“Die Welt ist alles, was der Fall ist..” Ludwig Wittgenstein, *Tractatus Logico-Philosophicus*, London, 1922, p. 30.

思就是「勒令還俗」。他還要「火其書，廬其居」。所謂「火其書」，當然是將僧道的書放一把火燒光。所謂「廬其居」，就是把寺觀改作民房。可惜韓愈生得太早。如果他生在當今之世，那末眞是不愁沒有「同志」了。⑥到了近代中西文化接觸引起變法運動時，中國文化的文化意識因受到重大的逆襲表現而爲對變法運動的強烈反對。那些反對的表現，可說是多彩多姿。

如前面第一章所述，中國自南京條約訂立以後，西方勢力日漸深入，後來因吸收西方文化而新興的日本勢力也一同向中國進襲。在這種形勢之下，中國要關起門來混也混不下去了。醒覺的知識份子逐漸認爲非從根本上變法圖強不可。順天府尹胡燏棻嘗奏請變法：「微臣早夜焦思，今日即孔孟復生，舍富強外，亦無治國之道；而舍仿行西法一途，更無致富強之術。」盛宣懷也倡自強大計。郭嵩燾之提倡「洋務」的態度十分積極。他的見識也高出時人一等。他已看出「蓋兵者末也，各種創制皆立國之本也。」他之要談「洋務」，簡直有「雖千萬人吾往矣」的氣概。他在寫給朋友的信中說：「曩在京師，吳江相國相戒不談洋務，而鄙人之談如故。至於謗讟刺譏，遍於士大夫，洶洶然不可嚮邇，鄙人之談如故。誠見洋禍已成，與中國交接往來亦遂爲一定之局，冀幸多得一人通曉洋務，即可少生一釁端。」他爲了身體力行，並且出使英國。這一職務，在現今的中國知識份子也許認爲是可羨豔的，然而在一八七六年時代的中國「正士」是不屑做的。⑦他這樣忠誠謀國，所得酬報，除了遭時人李慈銘等痛罵以外，就是湖南名士王闓運贈送的

---

⑥ 韓愈以這種方式來「衛道」，似乎所衛的道愈來愈遠，而極權統治卻愈來愈近。所以，不要以為為了道德就可以不擇手段。手段和目的在運作程序上是不能劃分的。

⑦ 郭嵩燾在晚年回憶往事時說道：「當初遣使時，廷臣皆視此為大辱。李子和制使，馮展雲學使正言切論以阻其行。嵩燾答言：『數萬里程途，避而不任，更有艱鉅，誰與任之？』」《中國近代史叢論》，第一輯，第七冊，臺北，一九五六年，頁七七。

對聯一副：

出乎其類，拔乎其萃，不容於堯舜之世。
未能事人，焉能事鬼，何必去父母之邦。⑧

因爲郭嵩燾「事鬼」，於是「湖南人至恥與爲伍」。他被「一般守道的文人學士，逼得無路可走」。他出使英國以後回來的時候，甚至於「不敢進京」。他晚年只好廢退家居了。

康有爲和梁啓超師徒二人鼓動變法維新最起勁。他們二人在維新運動中掀起的風浪最大。但是，他們因此所引起的保守勢力之反擊也最大。他們時性命也險些丟了。當德國強佔膠州灣後，康有爲自廣東到北京，上書光緒皇帝論國勢的阽危，急宜革舊圖新，「以存國祚」。他說：「願皇上以俄國大彼得之心爲心法，以日本明治之政爲政治。」他在北京創設保國會，並發表演說，闡明外患日急，不變法則「士大夫將無死所」。康梁二人推動光緒皇帝出面主持。聰明的皇帝也銳意變法。他頒下的變法詔書「多如雪片」。可是，結果之一卻是封疆大吏們的「掩飾支吾苟且塞責」。除湖南一省以外，別的地方對於所謂新政的推行反應遲鈍。徐桐甚至於說：「寧可亡國，不可變法。」他實在是固執得可愛！

康有爲梁啓超這樣唯恐「國祚不保」的保皇學士，所得到的酬報比郭嵩燾所得到的還要吃不消。徐大可對康有爲施行「人身攻擊」。他說：「康氏好財貪利，夾詩文以干諸公，游平康菊部不名一錢。自稱長素，僭擬素王，將奪尼山一席。」許應騤也是對康有爲施行「人身攻擊」。他上奏道：「康有爲與臣

---

⑧ 這一大作充分表現強烈的我族中心主義。

同鄉，稔知其少即無行。迨通籍旋里，屢次搆訟，爲眾論所不容，始行進京，意圖倖進。今康有爲逞厥橫議，廣通聲氣，襲西報之陳說，經中朝之典章；其建言既不可行，其居心尤不可測。若非罷斥驅逐回籍，將久居總署，必刺探機密，漏言生事。長住京邸必勾結朋黨，快意排擠，搖惑人心，混淆國事，關繫非淺。」如前所述，傳統中國文化是一個泛道德主義的文化。在泛道德主義之下，如果一個人的道德壞了，那末其餘一切便無足觀。中國文化份子每好把「道德文章」聯在一起。在經過審察以後，我承認道德在人生必不可少。然而，我想不出一個人的品格之高下與他的識見和主張之對否有什麼必然的關聯。一個人可以是品格很高而且識見和主張很對；一個人也可能是品格很高但是識見和主張很幼稚糊塗。這一共有四個排列組合。康有爲的品格好或不好和他的變法維新主張可否接受，根本是各自獨立的兩件事。我想不出任何至當不移的理由來說，假若一個人的品格不好，那末他的識見和主張跟著也「要不得」。

文悌彈劾康有爲說：「聽其談治術，則專主西學，欲將中國數千年相承大經大法一掃刮絕，事事時時以師法日本爲良策。……中國此日講求西法，非欲將中國一切典章文物廢棄摧燒，全變西法，使中國之人默化潛移盡爲西洋之人，然後爲強也。故其事必須修明孔、孟、程、朱、四書五經、小學、性理諸書，植爲根柢，使人熟知孝弟、忠信、禮義、廉恥、綱常、倫紀、名教、氣節以明體，然後再習學外國文字、言語、藝習以致用。」這種論調，近十餘年來，經過改頭換面以後，在港臺一帶餘波盪漾。

梁啓超在湖南長沙時務學堂講他的新學。他在這一省所掀起的風暴最大，他所得到的反擊也最大。保守人物把他當做總攻擊的目標。急先鋒葉德輝說：

> 梁啓超之爲教也，宣尼與基督同稱，則東西教宗無界；中國與夷狄大同，則內外彼我無界，以孔子紀年黜大清之統，則古今無界；以自主立說，平君民之權，則上下無界；其爲學既乖左傳而尚

公羊矣，又謂春秋與公羊相通，公羊與穀梁同義，則沿經無界；尊康教而僞班書矣，又謂儒林傳爲百家源流，藝文志爲經學梗概，則讀史無界。玆有所謂春秋界說，孟子界說二書，與其師之長興學記，輶軒今語等書，列爲中西門徑七種，湘人見者，莫不群相駭異。⑨

葉德輝在這裡所說的，眞是道道地地的「國本思想」。⑩這裡所強調的中心觀念是「界」，這裡的界有兩個次元（dimension）：一個次元是中外之分。這一分別衍自由來已久的夷夏之辨。另一個次元是上下之分。這一分別脫胎於古來君臣、父子、長幼的倫序之別。在這種思想裡，含有濃厚的排外主義，又含有固結不解的特殊主義（particularism）。⑪排外主義和特殊主義都是脫胎於部族主義（tribalism）。

梁啓超所講的民權平等新說，在湖南造成轟動的情形。譚嗣同、唐才常、蔡鍔等士人，對梁學大爲悅服。他們紛紛起來組織學會，創辦事業，出版報紙。賓鳳陽等保守人物對梁啓超這種思想大爲恐慌，於是起而反對：

方今康梁所用之惑世者，民權耳，平等耳。試問權既下移，國誰與治？民可自主，君亦何爲？是率天下而亂也。平等之說蔑棄人倫，不能自行而顧以立教，眞悖謬之尤者。戴德誠，樊錐，唐才常，易鼐等，承其流風，肆行狂煽，直欲死中國之人心，翻亙古之學案。上自衡永，下至岳常，邪

⑨ 張朋園，《梁啓超與淸季革命》，中央硏究院近代史硏究所專刊（11），一九六四年頁五九～六十。

⑩ 這個名詞是劉福增告訴我的。

⑪ 特殊主義注重特殊的人際關係。例如，秘方只能傳授給兒子；皇位不能傳給外人，即令他的才能比自己的兒子高；學問必須傳給自己的寵徒。

說浸淫，觀聽迷惑不解。熊、譚、戴、樊、唐、易諸人，足何肺腑，必欲傾覆我邦家也？夫時務學堂之設，所以培植年幼英才，俾兼通中西實學，儲備國家之用。煌煌諭旨，未聞令民有權也，教人平等也。即中丞設學之意，亦未嘗欲湘民自爲風氣，別開一君民共治之規模也。朝廷長官不言，而諸人以此爲教，則是藉講求時務行其邪說耳。⑫

從賓鳳陽給葉德輝的信，我們更可以看出保守人物的憤慨和緊張：

梁啓超以平等民權之說，乖悖倫常，背戾聖教，靦然人面，坐擁皋比，專以異說邪教陷溺士類。且其黨與蕃眾，盤踞各省。吾湘若仍聽其主講時務學堂，是不啻眾百十俊秀之子，焚而坑之。⑬

這些言論，除了一律是拿大帽子壓人以外，完全是以「正統」自居來看新思想。這和歐洲中古時代僧侶之對待「異端」是類似的。任何個人、任何集體，一上來便以「正統」自居，便沒有討論的餘地。他碰到和他不同的思想、言論、制度，會機械反射式地斥爲「邪妄」。所以，在這種情況之下，你祇有贊成或反對。贊成就得作忠臣或順民，反對就是「叛逆」。「叛逆」就得消滅。這是幾千年培養出來的觀念基型；並且互爲表裡地個依照這種觀念基型來塑造了君臣、父子等建構以及政治制度等等。可是，這一觀念基型給梁啓超的民權平等新說動搖了。這一觀念基型動搖了，與它分不開的許許多多建構和制度自然也

---

⑫ 同⑨，頁六一～六二。標點符號稍改。

⑬ 同⑨，頁六二。

不能不相應地動搖。這種情形，怎不令依存於那些建構和制度之上的保守人士大起恐慌？爲著維持地位和聲威，他們怎不起來對梁啓超痛加撻伐？然而，現在的問題是：保守人士所勵行的「聖教」已有幾千年之久，並且有君權政府將這一「聖教」當作一個制度來維持，梁啓超在時務學堂才不過四個月，爲什麼「上自衡永，下至岳常，邪說浸淫，觀聽迷惑不解」？又爲什麼區區一個二十五歲的書生能夠弄得「黨與蕃眾，盤踞各省」？

當時梁啓超的書論風行長江南北。湖南士紳王先謙、葉德輝、黃自元等人，痛斥梁氏爲「文妖」、「會匪」、「妖言惑眾」、「傷風敗俗」。在這種情況之中，梁啓超簡直陷於「四面楚歌」的困境裡。張之洞命令提學使停發湘學報的經費。湖南舉人曾廉上書彈劾他。湖南的保守鄉紳們一致要求解聘他。到了這步田地，這位了言論大家和時代的前鋒在湖南無法立足了。他只得離湘他去。

梁啓超到了日本之後，賦了一首歌詞來抒發他的感慨、所受的委曲和抱負。這首歌詞的意味是很深長的：

舉國皆我敵，吾能勿悲！吾雖悲而不改吾度兮，吾有所自信而不辭。

世非混濁兮不必改革。眾安混濁而我獨否兮，是我先與眾敵。闡哲理指爲非聖道兮，倡民權曰畔道；積千年舊腦之習慣兮，豈旦暮而可易？先知有責，覺後是任，後者終必覺，但其覺非今，十年以前之大敵，十年以後皆知音。

君不見蘇格拉底瘦死兮基督釘架。犧牲一生覺天下！以此發心度眾生。得大無畏兮自在遊行。渺軀獨立世界上，挑戰四萬群盲。一役戰罷復他役。文明無盡兮，競爭無時停。百年四面楚歌裡。

寸心炯炯何所攫。⑭

當著「眾安混濁」的時候，梁啓超「獨否」——他不安於混濁。一群魚在混水裡待久了，他們不覺得水是混的。同樣，一群人在混濁的空氣裡呼吸久了，他們不覺得空氣是混濁的。唯有清醒的心靈和銳敏感覺的人才能察覺一個時代和地方的混濁。梁啓超就是這種人。梁啓超不僅是有清醒的心靈和銳敏的感覺而已，他並且主動地與混濁的時代爲「敵」，這種知識份子，除了有眞知灼見以外，還有不盲從附和及特立獨行的氣概。這種人，現在到哪裡去了？

二、保守主義者的特徵

一切保守主義者具有共同的特徵。他們所共同具有的特徵是對新異事務、觀念和制度常抱持拒斥的態度，並且對於長久存立的傳統及文物認爲不可侵犯。這是因爲：「一個人是由某種自然的，社會的和文化的境況裡面出現的產品。一個人如果從他所在的場地，或從他所在的文化，或從他所在的群體結構中之地位與角色孤立起來的話，那末我們便不能適當地表達他了。在基本上，每一個人是一個社會人，是人際互動系統中之一個互相倚賴的部分。」⑮雖然如此，同是保守主義者，他們除了共同的特徵以外，在內容上有不同的重點，因此保守主義者所注重的有不同的方相。有的保守主義者注重的是國粹。我們把這一方相的人叫做國粹派。另外有些保守主義者注重的是義理之學。我們把這一方相的人叫做義理派。找們先說明

⑭ 梁啓超，《飲冰室文集》之四十五（下），臺北，一九五〇年。

⑮ Personality, in *Nature, Society, and Culture*, edited by Clyde kluckhohn and Henry A. Murray. New York, 1956, p. 6.

前者。

(一)國粹派

國粹派所愛好及維護的是中國文化裡獨有的具體事物。這類人士的「正統感」不及義理派強烈，可是他們有另一股味道。他們因對國粹有特殊的愛好，常養成抱絕物孤品而終老的一種神情。他們常常以爲他們之所鑑所賞乃天下無雙的至寶。這種生活過得太久，往往使人滋生一種與現實脫節的心情，甚至一種獨絕神異的感覺。《新民叢報》上刊有黃公度的〈渡遼將軍歌〉。這首歌所描述的是懸古印而統新軍的吳大澂將軍的神情。從這首歌我們可以想像國粹人物的心情及生活：

聞雞夜半投袂起，檄告東人吾來矣。
此行領取萬户侯，豈謂區區不予畀。
將軍慷慨來度遼，飛鞭躍馬誇人豪。
平時蒐集得漢印，今作將印懸在腰。
將軍嚮者會乘傳，高下句麗蹤跡徧。
銅柱銘功白馬盟，隣國傳聞猶膽顫。
自對珥節駐雞林，所部精兵皆百練。
人言骨相應封侯，恨不遇時逢一戰。
雄關巍峩高插天，雪花如掌春風顛。
歲朝大會召諸將，銅爐銀燭圍青氈。
酒酣舉白再行酒，拔刀視割生彘肩。

自言平日習鎗法，煉目煉臂十五年。
目光紫電閃不動，袒臂視客如鐵堅。
淮河將帥巾幗耳，蕭娘李姥實可憐。
看予上馬快殺賊，左盤右辟誰當前？
鴨綠之江碧蹄館，坐令萬里銷烽煙。
坐中曾黃大手筆，爲我勒碑銘燕然。
么麼鼠子乃敢爾？是何雞犬何蟲豸？
會逢天幸遽貪功，它它藉藉來赴死。
能降免死跪此牌，敢抗顏行可一試。
待彼三戰三北餘，試我七縱七擒計。
兩軍相接戰甫交，紛紛鳥獸空營逃。
棄冠脱劍無人惜，只幸腰間印未失。
將軍終是察吏材，湘中一官復歸來，
八千弟子空摧折，白衣迎拜悲風哀。
幕下部卒皆雲散，將軍歸來猶善飯。
平章古玉圖鼎鐘，搜篋價猶值千萬。
聞道銅山東向傾，願以區區當芹獻。
藉充歲幣稍補償，毀家輸國臣所願。
燕雲北望憂憤多，時出漢印三摩挲。
忽憶遼東浪死鬼，印兮印兮奈汝何？[16]

[16] 引自陳登原。《中國文化史》，下冊，卷四，臺北，一九六二年，頁二九一～二九二。

「棄冠脫劍無人惜，只幸腰間印未失。」打敗了仗，喪師失地沒有什麼可惜的，但是古印卻比什麼都重要。「平章古玉圖鼎鐘，搜篋價猶值千萬。」將軍收藏之富，可以想見。大家雖破，傳家財寶還是足以自豪。這首歌把國粹派的虛矯神態以及臨敗時猶緊抱古董不放的神情很活生生的描寫出來。

(二)義理派

義理派注重的是「道統」。朱熹是這一派承先啓後的人物。他對中國文化的禍害在董仲舒以後要算第一人。朱熹極其堅持「道統」。他說：「蓋自上古聖人，繼天立極。而道統之傳，有自來已。」信州州學記上說：「熹惟國家稽古命祀，而禮先聖先師於學宮。蓋將以夫明道之有統。」義理派所造與所本之學叫做理學。

理學盛行的時代是從北宋初年到清朝初年。這一派的人士最重玄思（speculation）。他們收縮向內以從心靈中去發掘性理並及宇宙萬事萬物的秩序。這一派的人士因此都是唯心論者。這種唯心論自北宋以後逐漸成爲中國文化裡思想的一主流，而且在爲政與做人等方相的影響很深遠。之所以如此，原因之一，係由於這種思想繼韓愈之開端以後給孔制正統以一個哲理化的支持，及一個論說比較縝密且又高遠的面貌。這派的思想結構並不複雜，但是其發展的投射方向頗多。我們現在沒有預備論列這些題目。我們在這裡所要觸及的只是與現在的論題直接相干的幾點。

朱熹構思的基本程序首先在分別「形上」和「形下」這兩界。他說：「形而上者，無形無影是此理。形而下者，有情有狀是此器。」[17]他又說：「未有這事，先有這理。如未有君臣，已先有君臣之

⑰《語類》，卷九十五。

理。未有父子，已先有父子之理。」⑱除了作「理」和「器」的這種分別以外，朱熹又替在「理」中的「太極」下定義。他說：「太極只是個極好至善的道理。……周子所謂太極，是天地人物萬善至好的表德。」⑲

「形上」和「形下」的劃分根據在哪裡？何以「未有這事，先有這理」？美國並無君臣，是否「已先有君臣之理」？朱熹所定義的「太極」與柏拉圖所說形式（form）正好相通。二者並非單純的認知理性，而且又是價值典範。認知與價值怎樣合一？這些問題，不是我們現在的論題所要討究的。我們現在的論題所要討究的是，朱熹在把「理」和「器」劃分了並且定義了「太極」以後，據此而應用到有血有肉的現實世界時所產生的結果。

朱熹說：

孔子之所謂「克己復禮」；中庸所謂「致中和」，「尊德性」，「道學問」；大學所謂「明明德」；書曰：「人心惟危，道心惟微，惟精惟一，允執厥中」：聖人千言萬語，只是教人存天理，滅人欲……人性本明，如寶珠沉溷水中，明不可見。去了溷水，則寶珠依舊自明。自家若得知是人欲蔽了，便是明處，只是這上便緊緊著力主定。一面格物，今日格一物，明日格一物。正如游兵攻圍拔守，人欲自銷鑠去。所以程先生說「敬」字，只是謂我自有一個明底物事在這裡，把個「敬」字抵敵，常常存個敬在這裡，則人欲自然來不得。夫子曰：「爲仁由己，而由人乎哉！」緊要處正

⑱ 同⑰，卷九十五。
⑲ 同⑰，卷九十四。

在這裡。⑳

朱熹在這裡講了一些牽強附會之詞，而且又發表了一些無根之談。孔氏是周文化的產品。他所著重的是實踐的倫教，他可沒有朱熹這種刻意經營倫範形而上化的興趣，孔氏之講「克己復禮」，借用莎士比亞的名詞來說，目的在馴悍（taming of the shrew）。這裡所說的「悍」，意指人類的原始野性，以及由此而滋衍出來的殺伐之氣。孔氏對於這些東西要「約之以禮」。這由孔氏所在的時代環境可以很清楚明白地看出來，朱熹把孔氏這個意思強爲之裝在自己的玄學間架裡，這對於孔門倫教究竟有什麼幫助，不僅沒有幫助，反而使孔門倫教遠離人間煙火，並且因強人所難而弄得做作，所以後世「理學夫子」很少下做作的。「人欲」是那麼難得去的原始稟賦，它幾乎無時無刻不在我們內部起鬨。可是，理學家天天訓示人們要「滅人欲」。一方面要大家「滅」，另一方面又「滅」不掉，所以，無可避免地，理學就變成文明的飾詞，甚至道德的官腔了。㉑

其實，「人欲」有何不「好」而必欲「滅」之而後快？所謂「人欲」，無非是「飲食男女」。「飲食男女人之大欲存焉，聖人弗禁焉。」人類有許多基本快樂，不是從滿足這些「人欲」而得到的嗎？復次，包含朱熹等等在內，人類只要是這個「屍殼子」——身體——一天存在，便一天不能沒有「飲食男女」的

⑳ 同⑰，卷十二。

㉑ 可惜朱熹沒有碰上弗洛伊德：否則的話，他的這種腔調就打不起來了。朱熹是第十二世紀的人（一一三〇～一二〇〇）。他沒法子碰到弗洛伊德、達爾文、瑞茲（Sir James George Frazer）。所以他倡那種玄論還情有可原。想不到二十世紀六十年代還有人跟著朱熹的那一套玄扯。好像這幾百年人類知識的進步全不相干。

事，因此「人欲」也就無法「滅」。人如果去了「人欲」，那末將不成其爲人，只成爲一個「道德形上學的存在」了。這樣的「人」在哪裡存在？

「人欲」的本身，無所謂合道德或不合道德。「人欲」無所謂奕儒所分的「惡」不惡。有而且只有此人的人欲與彼人的人欲碰在一起時才發生道德或不道德的問題。如果這個人的人欲犯了別人的人欲，因而引起種種不可欲的後果，那末人欲便須予以約制，約制並非滅絕。

包括所謂「道學」在內的理學，其流弊是深而且遠的。周密《癸辛雜識》上說：

> 嘗聞吳興老儒沈仲固先生云：「道學之名，起於元祐，盛於淳熙。其徒有假其名以欺世者，眞可嘘枯吹生。凡治財賦者，則目爲聚斂。開閫捍邊者，則目爲麄材。讀書作文者，則目爲玩物喪志。留心政事者，則目爲俗吏。其所讀者，止《四書》、《近思錄》、《通書》、《太極圖》、《東西銘》、《語錄》之類。自詭其學爲正心、修身、齊家、治國、平天下。故爲之說曰：爲生民立極，爲天地立心，爲萬世開太平，爲前聖繼絕學。其爲太守爲監司，必須建立書院，立道統諸賢之祠。或刊注《四書》，衍輯《語錄》，然後號爲賢者，則可以鉤聲致膴仕，而士子場屋之文，必須引用以爲文，始可以擢巍科。爲名士。稍有議及，其黨必擠之爲小人，雖時君亦不得而辨之。其氣焰可畏如此。然夷考其所行，則言行了不相顧，率皆不近人情。異時必爲國家莫大之禍，恐不在典午清談之下也。」余時年甚少，聞其說，頗有嘻其甚矣之歎。其後至淳祐間，每見所謂達官朝士，必憒憒冬烘，敝衣菲食，高巾破履。人望之，知爲道學君子也。清班要路，莫不如此。然密而察之，則殊有大不然者。然後信仲固之言不爲過。賈師憲當國，獨握大柄，惟恐有分其勢者，故專用此一等人，列之要路、名爲尊崇道學，其實幸其不才憒憒不致掣其肘耳，卒致萬事不理，喪身亡

國，仲固之言，不幸而中，尚忍言之哉！」㉒

這篇對理學人物的描寫可說維妙。就我所知，理學人物，大抵類此。理學在中國社會文化裡有一種塑造人物類型的魔力。「言行了不相顧」是這類人物最顯著的特徵之一。理學人物之所以常常弄得「言行了不相顧」，最基本的原因是「陳義過高」。依據學理，「天理」是「形而上之道」，「人欲」是「形而下之器」。「天理」高高在上，「人欲」低低在地，中間又無切實可循的運作程序以資趨進。這麼一來，怎樣「去人欲而存天理」呢？這一無上道德律令既然如此「礙難實行」，可是又格於「聖教」和面子，理學人士總不能說「無此天理，不必存也」，而還得口裡擁護「天理」。於是口裡說的一套和身體享受的一套勢必不能不脫了節。這眞是顏習齋所說的：「道者，人所由之路也。故曰：『道不遠人』。宋儒則遠人以爲道者也。」許多理學先生口頭在「天理」境界，身體陶醉於「人欲」境界；正面當著人是一副面孔，背後避著人另是一個實際，這眞是朱熹所說的「有自來已」。人很難一年到頭擺脫生物邏輯支配的。理學先生之做作矯飾是可以原諒的。他們之所以如此，是因爲他們所奉的生活原理太不健全了。

關於理學此說的毛病，在我以前，戴東原已經觀察出來。他說：

聖人之道，使天下無不達之情。求遂其欲，而天下治。後儒不知情之至於纖微無憾是謂理。而其所謂理者，同於酷吏所謂法。酷吏以法殺人，後儒以理殺人。駸駸乎舍法而論理。死矣，更無可

㉒ 轉引自陳登元，《中國文化史》，下冊，卷三，臺北，一九六二年，頁一一四～一一五。

捄矣。㉓

程朱以理爲如有物焉，得於天而具於心。啓天下後世人人憑在己之意見而執之曰理，以禍斯民。更淆以無欲之說，於得理益遠，於執其意見益堅，而禍斯民益烈。豈理禍斯民哉？不自知爲意見也。㉔

記曰：「飲食男女，人之大欲存焉。」聖人治天下，體民之情，遂民之欲，而王道備。人知老莊釋氏異於聖人，聞其無欲之說，猶未之信也。於宋儒則信以爲同於聖人，理欲之分，人人能言之，故今之治人者視古聖賢體民之情，遂民之欲，多出於鄙細隱曲。不措之意，不足爲怪。及其責以理也，不難舉曠世之高節著於義而罪之。尊者以理責卑，長者以理責幼，貴者以理責賤，雖失謂之順，卑者、幼者、賤者以理爭，雖得謂之逆，於是天下之人不能以天下之同情，天下所同欲，達之於上。上以理責下，而在下之責，人人不勝指數。人死於法，猶有憐之者，死於理，其誰憐之？嗚乎！雜乎老、釋之言以爲言，其禍甚於申韓如是也。㉕

萊興巴赫（Hans Reichenbach）說某一位著名的哲學家把「理性看作本質」，並且認爲「理性是一切事物由之而存在的本質」。他說這是一種謬誤的類比推論。這種謬誤的類比推論之所以爲謬誤，在將由思構而得到的抽象項實體化。「理性」是一個抽象名詞。這位哲學家把它當做一個像是指物名詞，所以發生這種謬誤。㉖戴東原說「程朱以理爲如有物焉」。這二位哲學家可說是「不謀而合」。

㉓《東原文集》。卷八，〈與某書〉。

㉔《戴氏遺書》九附錄〈答彭進士書〉。

㉕《孟子字義疏證》。

㉖ Hans Reichenbach, *The Rise of Scientific Philosophy*. University of California Press, 1951, 1, p. 3.

戴東原說：「尊者以理責卑，長者以理責幼，貴者以理責賤，雖失謂之順。卑者、幼者、賤者以理爭，雖得謂之逆。」這話眞是說得確切。在理學的長遠影響之下，尊卑長幼這個系統是一最高價值。求知論理的系統只能算是次要價值。在這樣的價值比重之前，如果尊卑長幼的價值與求知論理的價值不相衝突，那末誠然很好，可是，如果前者與後者衝突，那末後者只得讓路給前者。不幸得很，尊長不一定對，卑幼不一定錯，然而，在理學的要求之下，既然尊長不能冒犯，於是他講錯了沒有關係，甚至於無理變成有理，而卑幼講錯了因然倒霉，有時甚至有理變成無理。所以，在中國這個樣子的社會文化裡，理知是很難得伸直的，理知一碰見地位與權勢，就得行九十度的鞠躬禮，直到目前為止，在中國社會文化裡，除了講數學、物理學及化學等「自然科學」以外，根本還沒有培養出「談道理」和「擺身份」必須完全分開的風氣。至於強調「道理第一」的言論更是聲息微茫！演變所及，坐在上位的大人儘管信口開河，坐在下位的細人只得洗耳恭聽。

戴東原說：「人死於法，猶有憐之者。死於理，其憐之？」這幾句話眞是慨乎言之。這裡所說的理學之理，不過是意見的一種而已。在太陽普照之下，從古到今，從中到外，誰有權叫別人爲自己的意見而死？死是生命的極限。人間的一切文物制度都是爲了有生命的人。所謂理學之理，即令不是一種意見而是大家都得遵行的律則，可是把人都逼得「死於理」的話，理究爲誰而立？爲何而立？如果說「死於理」是一種高貴的殉道精神之表現，那末自昔至今倡導「殉道」的理學先生之殉道者爲什麼寥寥可數？爲什麼理學先生特愛逃避海角天涯？

理學這一套說詞，自昔至今，成事不足，困人有餘。中國自鴉片戰爭以後辦洋務直到主張變法維新的人士，無不飽受「道統」之困。例如《盛事危言》裡說：「今之自命正人者，動以不談洋務爲高。見有講求西學者，則斥之曰名教罪人，士林敗類。」慈禧要撲滅康有爲並反對變法，就叫光緒下硃諭說：「康有為學術乖僻，其所著述，無非離經畔道，非聖變法之言。」郭嵩燾在《罪言存略》小引裡說：「嵩燾年二十而煙禁興。天下紛然議海防。明年定海失守，又明年，和議成；又五年而有金陵條約；又十二年而有天津條約；又二年，約定於京師；又十七年，而有煙臺條約。凡三十七八年，事變繁矣！當庚子辛丑間，親自浙江海防之失，相與憤然言戰守機宜。自謂忠義之氣，下可遏抑。癸卯館辰州，見張曉峰太守語禁煙事本末，恍然悟自古邊患之興，皆由措理失宜，無可易者。嗣是讀書觀史，乃稍能窺知其節要，而辨正其得失。久之，益見南宋以後之議論，與北宋以前，判然為二。然自是成敗利鈍之跡，亦略可矣，間語洋務，則往往摘發於事前，而其後皆驗。於是有謂嵩燾能知洋務者，其時於泰西政教風俗，所以致富彊，茫無所知，所持獨理而已。癸亥秋，權撫粵東，就所知與處斷事理之當否，則凡洋人所要求者，皆可以理格之。其所抗阻，又皆可以禮通之，乃稍以自信。退而語諸人，一皆扞格而不能入。矜張傲睨，而不能深求。蓋南宋以來諸儒之議論，錮蔽於人心七八百年，未易驟化也。」

他在這裡所說的對洋人「以理格之」的「理」，當然不是宋明理學中的「理」，而是他自己所說的「處斷事理」之「理」。宋明理學中所謂的「理」根本就是與外面經驗世界不通氣的一封閉系統。拿這樣的「理」是無法和「洋人」辦外交的。所以郭嵩燾在〈擬陳洋務疏〉裡又說：「竊見辦理洋務三十年，中外諸臣一襲南宋以後之議論，以和為辱，以戰為高，積成數百年習氣。其自北宋以前，上推至漢唐，綏邊應敵，深謀遠略，載在史冊，未嘗省覺。洋人情勢，尤所茫然，無能推測其底蘊，而窺知其究竟。」甚至自己精通理學的曾國藩真正辦起事來也深受理學困擾。他在晚年致書於郭嵩燾說：「尊論自宋以來，多以言亂天下。南渡至今，言路持兵事之短長。乃較之王氏之說，尤為深美。僕更參一解云：性理之說，愈推愈密，苛責君子愈無容身之地，縱容小人愈得寬然無忌，如虎飛而鯨漏。談性理者熟視而莫敢誰何。獨於一二樸訥君子攻擊慘毒而已。」曾氏之言是切身的經驗。理學的落實作用本來是通過文教的方式來維繫人際倫秩與社會規範。要達到這一個目標，必須建立道德的聲威。在中國社會文化裡，就廣大的籠罩範圍而言，道德的聲威必須依托於現實的權力聲威。這麼一來，理學與孔制不能不走上支撐現實權威的道路。而現實權威也正需要理學所貢奉的「正統」觀念來使它在文化中合法化，並且因得到文化意識的支持而鞏固它的基礎。㉗這說明為什麼中國自漢代以降即已從「獨尊孔孟」而致「政教不分」。自古以來，儒家並

㉗合法性是人理建構中的一個重要的概念。在有關合法性（legitimacy）的理論中，韋伯所提出的是最為重要的一種。握有統治權力的人自己相信或別人也承認他的權力是來之正當而且權力的行使也正當，這就是權力的合法化。合法化有助於權力的穩定和行使。一個新政權的成立，必須國際承認，同時要申請加入聯合國。這就是為了進行合法化。一個政權合法化以後，就不復是一個權力的私生子。中國古代專制政權的出現說是「順天承運」、「天與人歸」；基督教國邦的君權說是由於「神授」。這是把權力合法化的基礎安放在「神意」上面——雖然神意不可知，可知的是人意。民主國邦政司的權力來自選民。這也就是說，選民的「同意」乃民主權力之所以為合法的基石。共產國邦口口聲聲強調「人民」、「人民民主」、「民主專政」之所以如此，係使人認為他們的權力來自「大眾」。他們要在「大眾化」的程序中使其權力合法化；而不復被看作是由巧取暴劫得來的政治私貨。

任何現實政治權力的來源和行使必須有其理由；否則就成為羅素所說的赤裸權力（naked power）。赤裸權力是容易傷風的。這也就是說，任何現實的統治權力之構成，固然不可沒有暴力或純物理的力量，但是不能只靠這些力量，而是必須有其存在的理由。這一理由就是權力的根據。沒有這根據，一個人或一個集團即令握有政治權力，總像私貨販子一樣覺得不安全，沒有正當商人那麼坦然，並且被治者也因其「來路不正」而不太願意服從。在這種情形之下，統治權力要能維持和行使，必須時常刀出鞘，直接訴諸暴力或純物理的力量。動輒拿出這類力量以維持和行使權力，即證明該一權力不穩定。共產國邦時常鬧出「整肅」、「肅反」、「鎮暴」，這些血劇；而民主國邦從來下需要弄到這步田地。原因何在？重要原因之一在合法化的程度。共產國邦的統治權力不可能——至少在相對短的時間內——取得被治者真正承認，它是而且只是建立在它自己的統治工具上面。民主權力之所以穩定，因為它是一種從社會文化自然的及和平的生長出來的。民主權力是依存於社會文化的價值，而且也融合於該一社會文化的價值，同時又切合該一社會文化的需要。這樣一來，它的合法性就是它所在的社會文化價值之形式。既然如此，所以民主權力恆較穩定。它在轉移之際，因有在基底的社會文化價值支托和

不鼓勵暴亂，他們並且常常忙著斥責「亂臣賊子」。可是，無論什麼人，只要他有機會和本領坐上那個椅子，他們很少不是照樣熱心替他服務的。董仲舒要算這類士人中的第一號領班。自古以來，孔門弟子都是歌頌聖明的。理學中的價值是有二面的。好的一面既然敬奉給了天的兒子，那末壞的一面贈送給誰呢？就是給曾國藩所說的那些老實人，這類人被罵了沒有關係，唯有罵了這類的人，理學先生才能補償從頭頂上失去了的道德聲威。

我們從這一方相多少可以看出中國過去「言論自由」的組成要素及流向。

我們在上面已經從功能的觀點稍稍提到了過去的理學。既然提到過去的理學，我們不妨也談談現在的理學。如果朱熹之所為算是第一次翻修「孔家店」的話，那末近二十年左右許多熱心人士之所為可以算是第二次翻修「孔家店」。正如每次翻修房屋時被翻修的房屋多少被改變了一樣，「孔家店」每次被翻修多少有所改變。這是因為房屋在被翻修時是通過不同的工匠。不同的工匠的手藝各殊，因此翻修出來的房屋當然也各殊。同樣，翻修「孔家店」的人士出於不同的時代環境，感受不同的影響，稟賦不同的性格，

約束，所以不致弄得太離譜。

中國社會文化裡的「正統」及「正統感」歷來是使現實統治權力合法化的重要觀念工具。誰抓到這個工具，誰就得到許多方便。所以，歷來身體強壯的人士為了「爭正統」弄得十分辛苦。

馬克斯造出了那一套「哲學」（其實大部分是pseudo的）。在他死後八十多年，世界還有成千成萬的人為它流血。中國儒門造出了「正統」觀念（其實只是一個幻影），成千成萬的人為它歡笑，為它落淚，為它喪命。難怪道家厭惡混沌的哲學！我則厭惡上帝造人，為什麼把人的神經系統構造得容易接受不可靠的東西而難以接受可靠的知識？「天地不仁，以萬物為芻狗！」

並吸收了不同的學藝，因此他們所作的翻修也就各不相同。朱熹直接或間接受過佛學的影響。他從佛學那裡感染到抽象的思想氣氛。於是，他給孔學以一個理學基礎與架構，以及把人間世向理境提升的曲調。近二十年左右努力重新翻修「孔家店」的人士，顯然是受到孔制崩解、社會倫範幾近喪失，外族侵凌，尤其是社會動亂等等空前的時代大震盪之重大刺激。在這樣天旋地轉的大激變中，他們要奮起重振「民族精神」，他們努力注予孔教以新義，想從而「撥亂反正」。這種超越自我的精神，在陷溺虛矯和狂奔急馳的對比之中，是值得作同情了解和欽佩的。在這意氣橫流且成見變成眞理的黑霧瀰漫裡，他們能從非黨派性的文化傳統中豁出一個醒覺，這在目前的知識份子中是難能而可貴。然而，可惜得很，這些人士食古不化。彼等較富於根源感而缺乏展望力，好多作價値判斷而缺乏分析力，思想因缺乏訓練並目爲自己的感情所束縛而缺乏適應力。他們的基調與現在社會文化的一般走向不合，無論是直接或間接地，他們的言論給予了若干作客他鄉的中國文化份子以多少慰藉，同時也勾起一部分中年以上的人之懷鄉愁（nostalgia）。患懷鄉愁的人耽於憶戀他的過去，他把過去當現在。然而，任何人不得既要大家沉湎於過去，同時又要人瞻望將來，在斜陽古道上漫步，只能引起人一點悵惘的詩情，和淡淡的傷懷。

在這類人士之中，有的多少懂得一些西方的傳統哲學，特別是康德和黑格爾。這是朱熹所沒有的本錢。他們溶化了康德的範疇思想模式來重建孔制的倫範法度。他們吸收了黑格爾的歷史精神轉衍進段的態序，以此來觀照文化發展的軌跡，想從此理出中國文化的出路。然而，他們用力雖勤，志氣雖大，他們想克服別人，卻未能克服自己的潛意識，他們深愛藏在他們心靈底層裡的那些代代相傳的意識。那些代代相傳的意識構成他們心靈的實體，他們不願意也沒有勇氣用保險刀刮掉那些意識。他們沒有做過這種功夫，他們深恐這樣會引起傷痛，產生虛無，他們唯有抱緊那一堆意識時才有勇氣面對大江東去，他們靠鼓脹那些意識以自壯。他們需要常常自覺到這一點來證明自己的合理。實在，他們很脆弱。他們所做的哲學工作就在鋪陳、麗化，並說圓那些意識。而那些意識，分析到最後，無非是父親意像、我族中心主義及無上的歷史文化聲威要求。這些東西都是構成「反理性主義」的要素。他們的企望，把他們與康德隔絕了。所以，儘管他們標榜「理性主義」，結果不能不自導地轉回到「反理性主義」。任何人在被他或他所從屬的群體的盲目感情驅策而建立哲學體系時，便無可避免地會走上這條「反理性主義」的悲壯絕路。

三、保守主義的基本觀念

中國的保守主義者心裡常常橫著幾個不可動搖的想法。這幾個想法臥在他們的許許多多其他想法之基底。這也就是說，中國的保守主義者的許許多多其他想法，是以這幾個想法為出發點而滋衍出來的。所以，我們現在必須將這幾個想法考察一下。

第一，中國文化份子一向認為自古祇有以夏變夷，未聞以夷變夏。隱含在這種想法背後的，有四種觀念。一，夏文化高於夷文化。二，以夏變夷才是以文明教野蠻，而且才有面子。三，以夷變夏，是以野蠻落後的人來教文明先進的人，這簡直荒謬。四，以夷變夏會失去文化主體。這些想法是否通呢？(a)在世界文化典範尚未建立起來以前，我們說這個文化高於那個文化或低於那個文化，都是沒有意義的話。這一點不能成立，在邏輯上，第二和第三兩點自然跟著不能成立。(b)我們現在來討論第四點。一個文化吸收另一個文化來充實它自己，有何不好？美國文化不斷吸收別的文化來充實它自己，何以沒有耽心文化主體之消失？依據這一番分析，我們知道「自古祇有以夏變夷，未聞以夷變夏」的說法是站不住的。這種說法如果有什麼好處，它的好處就在有助於「固故自封」，並拒絕吸收外來文化的新血液。

第二，他們認為中國固有政教制度遠非外國所及，西方的東西祇是末藝而已。黃仁濟說：

技藝微長，富強謀術，即縱能精，於齊家治國平天下之道，又何所取耶？若謂天地人物，皆可以算學得之，似此則外洋宜有治而無亂，有興而無衰，有生而無死，有存而無亡，有強而無弱，有富而無貧。何以治亂興衰生死存亡富貧之故，外洋亦又得而握之。蓋此算數之中又有一天理之主宰焉。外洋但知一時一事之推測，而中華早悉百世千載之推測，斯即我中國有聖人，而外洋不能企及者。㉘

這段議論頗妙；但是現在還有不少的人作這樣的想法。朱一新的議論更妙：

……百工制器，是藝也，非理也，人心目僞，機巧日生，風氣既開，有莫之爲而爲者，夫何憂其藝之不精？今以藝之未精，而欲變吾制度以徇之，且變吾義理以徇之，何異救刖而率其足，拯溺而入於淵？是亦又可以已乎？……治國之道以正人心，原風俗爲先。法制之明，抑又其次，況（中國）法制本自明備，初無俟借資於異俗。詎可以末流之失，咎其初祖，而遂以巧利之說道之哉？㉙

這段議論眞是錯誤叢生。這種議論，根本談不到有什麼思想，只能算是西方文化入侵時中國文化份子不安的表現。可是，目前抱這種想法的人還不在少數。

第三，「祖制不可違」。當主張變法的康有爲和榮祿等談話時，榮祿說：「祖宗之法不能變。」這句話道出了中國傳統文化的骨髓。這種思想是反對變法維新的主要論據。反對變更祖制的理由是「一代開基

㉘《中國近代史論叢》，第一輯，第七冊，臺北，一九五六年。頁一五六～一五七。
㉙同㉘，頁一五七～一五八。

之祖宗，絕非後世守成之子孫所能及」。孫灝之彈劾保國會說：「專變成法，則是列聖所遺之良法美意，俱不足守。辨言亂政，莫此爲甚。」這些言論實在代表當時一般守舊士大夫的思想。以慈禧太后爲凝結中心的朝貴人物，則是利用這些言論的力量來阻止變法維新，來揪住他們搖搖欲墜的傳統堡壘和躲在裡面的現實權勢。不過，這些言論雖然已成歷史材料，可是這些言論所代表的「歷史精神文化」並未取消。這一「歷史精神文化」就是「好古而拒變」。到了民國，這一「好古而拒變」的精神以「成例」、「成規」、「成法」的面貌出現，阻撓改變和進步。幾十年來，任何更新的舉措，只要有人反對，他搬出「成例」、「成規」、「成法」，就可收到相當阻嚇的效果。爲什麼「成例」、「成規」、「成法」就不能變更呢？因爲它是「成例」、「成規」、「成法」。這是中國社會文化裡的傳統思想模態。因爲有了這樣的思想模態，所以收到相當穩定文化、社會、政治、風俗和習慣的效果。然而，碰到西方文化的衝擊，這種「尚古而拒變」的思想模態卻又使中國文化難以發揚它的適應潛力。這是古老文化面臨近代文化時最吃虧的事。

隱含在這種「尚古而拒變」思想背後的思想，也是一尚古思想。這一尚古的思想並且是由來頗古的。這一由來頗古的思想是一價值判斷。「述而不作，好古敏以求之也。」這種「好古而拒變」的古老思想模態，並不止是東方文化裡才有，西方文化的古代同樣的有。柏拉圖就是「好古而拒變」思想的祖師爺，他說：

……這個論據肯定說，除了惡該變以外，無論什麼變動都是最危險的事，季候、風，不可變；對於我們身體的管理和我們的心理習慣，也不可變。——如我們在前面所說的，除了壞的以外，一

切都不可變。……㉚

柏拉圖不僅要求人事不要變，而且自然界也不要變。他希望活在一個永遠不變的美好的世界裡。我很想做他的同志。這樣至少我可以把我的心靈躲藏在這樣的世界裡，而忘卻如此現實世界的憂煩、紛擾及迫害。但是，柏拉圖似乎並未忘記這個世界還有「惡」。既然如此，於是他認爲要變就得把「惡」變掉。他爲他的不變世界留下這個活口（exit）。這也是我歡迎的事。不過，究竟什麼是「惡」呢？這是古往今來最不易求得確切答案的麻煩問題。柏拉圖對於不變的要求很多。他又說：

> 總而言之：這一點我們的統治者最須注意——音樂和體育必須保持原有的形式，不應作革新。統治者必須盡力之所及來使音樂和體育不被改動。㉛

連音樂和體育也不許改變，可能是恐怕這一改變引起生活及心理習慣的改變。正如波柏爾所說：「柏拉圖教我們，變是惡事，停止乃一種神聖的事。」㉜柏拉圖這種想法是有他自己的「觀念說」作根據的。根據觀念說，形式是完美的。這完美的形式乃一切變之起點。可是，變起來離形式愈遠則愈走樣，所以不應變。可惜清末徐桐及李慈銘之流不通洋文，他們沒有發現西洋老早有這麼大的一位「聖人」與他們

㉚ The *Dialogues of Plato*, Volume Two, *Laws*. VII, translated by B. Jowett, New York, 1937, p. 553.

㉛ 同㉚，Volume One, *Republic*, IV, p. 686.

㉜ Karl T. Popper, *The Open Society and its Enemies*, Princeton University Press, 1950, p. 39.

同樣拒變。不然的話，他們大可引用這位外國「聖人」之言以壯聲色，以作「哲學基礎」。這樣一來，我敢保證他們「仇洋」的敵愾心一定大爲減少。這可能有助於中西文化之濡化作用的。

可是，柏拉圖所說的「形式」，用現代科學的哲學名詞來說，根本是一種藉思想作用而作出的構造；而變則是經驗世界裡的事。二者如果無橋通連，或無一座標界說（coordinative definition），㉝那末有什麼走樣與否的問題發生呢？復次，變如看作動，那末無價值的好壞可言。如果我們把變放在價值的間架裡來看，那末變的結果可好可壞。既然變的結果可好可壞，那末爲什麼變就一定是一「惡」而必須予以禁阻呢？

四、保守主義的批評

許多人士以爲變不好，守古拒變才好。烏鴉營巢的方式，蜜蜂做窩的辦法、蛇冬眠的本能，多少萬年以來都是未嘗改變的。試問這有什麼可取？許多泥古的人士以爲愈古愈好。他們是沒有過細思想他們自己的這一思想。如果他們過細思想他們自己的這一思想，那末他們也許會感到狼狽的。我們且看最古的時候人是個什麼樣子。華希本（S. L. Washbum）說：

> 哺乳動物在地上存在已經有六千萬年。人類最早的哺乳動物的祖先是四個腳的野獸。牠的大小

㉝將一個形式演算裡的所設元目和經驗世界裡的事項相應地聯繫起來的界說，便是座標界說。例如，我們將一個數學的點和物理的點配列起來，我們將一條數學的直線和一條物理的直邊配列起來，都靠這種界說。See Ernest H. Hutten, *The Language of Modern Physics*, London, 1956, p. 43.

約與老鼠相當。在若干個百萬年以後，這種野獸發展成像現今的人這麼巨大的兩腳動物。牠的腳爪變成手，嗅覺大爲減弱。牠的視覺原來是在一種原始狀態中。這也就是說，牠所有的眼睛各看各的，而且只能看黑和白。經過一番演化以後，牠的視覺變成我們認爲正常的視覺。就是，牠的視覺演化成有焦點的辨色視覺。牠生產後代，本來是一胎數個，至此階段，變成一胎一個；而且牠的壽命大見增加。四肢運動的方式至少已經改變過二次，也許已有三次。㉞

我很知道，這樣的科學論斷是大不合若干年來傳統宗教和傳統道德裡培養出的人之無根的自尊感。所以，我不知道許多好古之士是否接受這樣的論斷。如果他們因此硬是不接受，那末我們只好說這股勁兒可與當年教會人士之不接受達爾文的演化論媲美。如果好古之士接受這樣的科學論斷，那末我們就可請問：六千萬年前的四腳動物總不能不算很古了吧，但是這樣的古物是否可好？也許有人說，那時人類的祖先尚未發展出「意識」，所以這一科學的論斷縱然是眞的，也不足證明古不可好。的確，「意識」之出現是宇宙人生的重大事件。人類的遠祖在那一階段尚未發展出「意識」，所以不值得好。既然如此，我們往後退一步。從地質的年齡來計算，現已發現的眞人最早的石器距今約一百萬到一百七十萬年。人能用石器，總不能說沒有「意識」了。拿這麼長的時間和三幾千年比較，總不能說是不更古吧！可是，那時的人穴住野處，茹毛飲血，並且沒有文字，也沒有經典。請問值不值得崇拜？也許有人說，那時祖先固然夠古，但是還沒有發展出倫理政教，所以不値得崇拜。既然如此，我們再後退一步。好古之士心目中的「古」通常是周文化，有些人則要「直追秦漢」。他們認爲這一時朝的「古」是可好的。我們現在要問：爲什麼呢？也

㉞ S. L. Washburn, Human Evolution, in *What is Science?*, edited by James R. Newman, New York, 1955, p. 321.

許有人答道，這一時朝的中國文化是中國文化發展之最完滿的形態。這一答案是祇合於預構的價值圖象的一價值判斷而已。這一價值圖象之所從出，也許是黑格爾的神話。我們根據什麼一定的理由說漢唐一定不如周秦？如果人類未被毀滅，那末我們根據什麼來肯定人類在將來不能創造遠較古代美好的文化？又有誰能肯定人類在過去出了那些「聖哲」，在將來一定不會出？

不變不一定好，變不一定壞。古不一定可崇，今不一定可惡。柏拉圖等從思想上禁阻變。自古以來封閉社會的酋長則在實際上禁阻變。可是，至少自舊石器時期以來，人類一直在變。生命洪流之變，是神話禁阻不住的。

海耶克是穆勒（J. S. Mill）以後宏振自由主義的巨擘。就我所知，他對保守主義的批評，是許多批評中最深刻的。他說：

> 正格的保守主義確乎是一種反對激劇變動的廣泛態度，這種態度是健全的，也許是必要的。[35]

他又說：

> 我現在要陳示，在我看來堪稱爲保守主義的思想之決定性的反對言論，就保守主義的性質來說，除了保守主義所示的唯一道路以外，它不能提供我們別的路向來走。在減緩不必要的種種發展上，保守主義可能成功地抵抗住了時流的趨向。但是，因爲保守主義指不出另外一個方向。所以它並不能防止時流趨向之繼續發展。於是，保守主義總是不由自主地受時代的拖曳而行。保守主義者

㉟ F. A. Hayek, *The Constitution of Liberty*, The University of Chicago Press, 1960, Postscript, p. 397.

和進步主義者之間的拉鋸戰祇能影響現代社會發展的速度，而不能影響它的方向。……㊱

海耶克在這裡所作的批評是對歐洲的保守主義而發，不過，這一批評正好也同樣適用於批評中國的保守主義。中國文化是保守主義的世界大本營。中國的保守主義決定著傳統中國社會、文化、政治和經濟的存在和發展。反過來說，傳統中國社會、文化、政治和經濟的存在和發展表徵著中國的保守主義的實質。依此，海耶克在這裡所說的，正好用來解釋中國的歷史，尤其是中國近代史。如前所述，中國保守主義要求中國社會倫理道德價值規範限制到孔制的軌道上。中國文化份子的思想只能走「道統」的路。而且「道統」形之於政治設施即是「治統」，所以「道統」與「治統」在內外相應的關聯上合而爲一，至少在制度的理論上，既然「道統」只有一個，於是「治統」也只能有一個。他們所夢想的是儒治（theocracy）。在儒治之中，實行統治的精幹人物有特殊的地位。他們係依道德價值來發揮其統治的功能。㊲如果儒治眞能依道德價值來發揮其功能，那末在與目前的情形對照之下，我實在是嚮往的。然而，巴比倫的祭司老早過去了。儒宗領導群倫的日子似乎不會再來了。西方文化的衝擊來了，中國文化應付的方式在基本上還是從「道統」出發的。從「道統」出發，所謂「邪」與「正」的分別是不容有中的。而「邪」路是絕對必須排棄的。這麼一來，中國文化份子所可走的「正路」就只有那麼一條了。人生的揖讓進退的模式行爲必須依這種成規而行。辦理洋務也必須如此。然而，社會文化的變遷是不能抑止的。在受到西方文化衝擊時，

㊱ 同㉟，p. 398.

㊲ 我是從James T. C. Liu, An Early Sung Reformer: Fan Chung-Yen這篇作品裡得知這個名詞的。See *Chinese Thought and institutions*, edited by John K. Fairbank, The University of Chicago Press, 1959, p. 131.

這一變遷的流速更爲增加。變遷的流速愈是增加，則動能（momentum）愈大。中國的保守主義無法閘住這一變遷洪流，所以不由自主地被這一洪流拖曳而行。近代中國的歷史，從社會文化的變遷觀點來看，簡直就是保守主義對進步主義的一部抗戰史。近百年來，保守主義和進步主義的拉鋸戰，從大的戰場到巷戰，從國族大事到個人婚姻自由小事，無時不在進行：籌辦「夷務」對反籌辦「夷務」；學習洋人之所長對反學習洋人之所長；變法維新對反變法維新；帝制復辟運動對反帝制復辟運動；白話文運動對反白話文運動；全盤西化論對反全盤西化論；科學對玄學的論戰；主張自由民主對反自由民主；讀經祀孔對反讀經祀孔；提倡中醫與反提倡中醫；展覽人體照對反展覽人體照；凡此等等事件的對演，無一不是保守主義與進步主義衝突的表現。在這許許多多歷史節目之中，有時保守主義得勢，有時進步主義得勢，有時二者的力量對消。可是，這百年來，在總的態勢上，保守主義是取守勢，進步主義取攻勢。保守主義藉讀經、祀孔、寫毛筆字，以至於提倡中國文化等等方式，構築堤防來堵止進步主義的攻勢。有時，保守主義確乎能堵住進步主義的時流。然而，不久，進步主義卻從堤下滲透過去了，甚或正面破堤而進。時至今日，保守主義的本錢消耗得愈來愈少了。它得靠現實的權威來推行。即令如此，它祇剩下空虛的形式，和板起面孔講的那些修詞學。在這麼長久的拉鋸戰裡，保守主義確曾很不漂亮而又不知趣地延緩了中國社會文化發展的速度，可是並未能改變它的發展方向。它的發展方向是什麼呢？就是中國必須現代化。

海耶克不同意保守主義。但是，他認爲自由主義者有須向保守主義學習之處。他說：

> ……保守主義者對已成制度愛好，並且是以一種尊敬的態度來研究它。至少，除了經濟學以外，我們從保守主義者那裡得到一些深刻的看法。這些深刻的看法，對於我們了解自由社會而言眞正有所幫助。柯利瑞基（Coleridge）、波納德（Bonald）、狄・梅斯特（de Maistre）、繆哲爾

（Justus Mosser）或科特士（Donoso Cortés），這些人物在政治的主張上走向後退的。可是，他們確實了解像語言、法律、道德和成俗，這些自然成長的制度之意義。他們的了解走在近代科學研究的前面，而且自由主義者可能因此得到方便。㊳

不過，海耶克接著說：

> 但是，保守主義者對社會的自由成長之稱讚，一般而論，只適用於過去。他們通常缺乏勇氣來迎接同樣未經計劃的變動。而人類努力所採用的新方式是這些未經計劃的變動裡產生的。㊴
>
> 這使我提出保守主義的傾向與自由主義的傾向第一點極不相同的地方。正如保守主義的作家所常常聲言的，保守主義的態度之一基本特徵乃懼怕變動。他們對因變動而產生的新事物持一種懦怯的不信任的態度。……如果保守主義者只是不喜制度和公共政策變得太快，那末這並沒有太可反對之處。就這些項目而言，主張小心翼翼，採取緩慢的程序，的確是一強有力的想法。但是，保守主義者慣於運用政府的力量來阻止變動，或限制變動的速度，以滿足較懦怯的心靈之要求。就向前展望來說，保守主義者對社會發展之自動的調整力缺乏信心。而社會的這種自動的調整力使得自由主義者毫無瞻顧地接受變動，即令自由主義者不知道怎樣作必要的適應，他們還是毫無瞻顧地去接受變動。……保守主義者祇有在他能確定有較高的智慧來監視社會變動時，他才感到安全和滿足，保守主義者祇有在知道官方能使社會變動在「有秩序」的狀況之下進行時，他才感到安全和滿足。㊵

㊳ 同㉟，pp. 399-400.

㊴ 同㊳，p. 400.

㊵ 同㊳。

這兩段話可謂摸著保守主義者的癢處。這種癢處顯見於中國歷史上的朝代。在中國歷史上於改朝換代之際，前朝的統治集體無論在基本思想型模上和辦事程序上，都是一群「吃現成飯」的人。這一群人作爲一個群體來看，根本已經變成一團神經僵凍的秋蟬。它缺乏對新情勢的反應認識，缺乎對新環境的適應力，不能從根本上解決社會內部發生的重大問題，不能吸引新的傑出人才，而只能採用一些枝節動作來延緩它的統治壽命。在這一延緩它的統治壽命的過程中，正像患癌症的病人之靠毒化並消耗良好細胞而擴張一樣，它的延緩是靠斲喪社會的功能。它愈是斲喪社會的功能，社會的功能愈走向功能退廢（dysfunction）。[41]社會愈走向功能退廢則愈衰弱。社會愈衰弱則依存在社會上面的這一統治集體愈須利用社會功能退廢以求存。所謂「打壞主意」、「不顧體統」、「道德淪喪」、「正義消失」、「賣官鬻爵」、「上下交征利」，種種等等現象，都是在這種功能退廢的過程中出現的。如此惡性循環不已。在這種情勢下，如果碰到大天災與外族侵逼，那末可能就有一批雄梟起來「打天下」。這些人可能是從統治集體內部分裂出來的，或是起於草莽的豪強。這些人能夠集結新人物，常有新的見解，能解決新的問題，因而結束前朝的統治，建立一個新的朝代。然而，等到他們建立起一個新的朝代以後，他們在經過爲時短暫的「痛改前朝之失」和力圖振作以後，又是不知不覺地變成一團「吃現成飯」的守成人物。這些人物，正如海克耶所說，「通常缺乏勇氣來迎接同樣未經計劃的變動」；他們「懼怕變動」；他們「對因變動而產生的新事物持一種儒怯的不信任的態度」；他們「祇有在知道官方能使社會變動在『有秩序』的狀況之下進行時」才放心。王安石變法的失敗、康梁變法的失敗，以及後來逼出的一波接著一波的『革命』運動，

---

[41] 所謂社會的功能退廢，意即社會現象中之可觀察的結果削弱社會系統的適應力。Robert K. Merton, *Social Theory and Social Structure*, Illinois, 1959, p. 51.

都可從這裡得到一個方面和某種程度的說明。

海耶克說保守主義的特徵之一是權威崇拜。照保守主義者看來，秩序乃不斷遵從權威的結果。保守主義者認爲權威不應削弱，只是無寧須把權威置於控制之下。中國儒家對皇權正是這種想法。儒家對於什麼出身的人作皇帝並無定見。地痞也好，流氓也好，和尙也好，只要作得成皇帝，他們照樣恭維。但是，有一件事他們卻非常著重，就是必須將皇權納入「聖人之教」的規範之中，讓皇權受「道統」的約束。受「道統」約束的皇帝便是他們心目中的好皇帝。這樣的皇帝，他們是要竭誠效忠擁護的。海耶克看出，一般保守主義者認爲只要目標「正大」，他們並不反對使用鎭壓力，或任意行使權力。他們認爲政權如果操在好人之手，那末不應拿太僵硬的規律來限制他。中國傳統的道德主義者，從誅少正卯的孔仲尼到好「剃頭」的曾國藩，總覺得爲了維護綱常在必要時可以殺人，爲了伸張道德原理可以便宜行事。這是一個非常危險的缺口。眞「哲學王」可藉這一缺口來行義；假「哲學王」可假借這一缺口來作弊。自古至今，很少壞事不是藉好事之名以行的；愈是大壞事愈常藉大好事之名來做。在往昔，作亂的人打起旗子「替天行道」；在現今，造勢力的人則說是爲「大眾謀福利」。希特勒標揭爲德國爭取「生存空間」。這個目標至少在一部分德國人聽來似乎夠「正大」了，可是，在這一「正大」目標掩護之下，他更喜歡使用鎭壓力，更好便宜行事。在現代技術和極權制度之下，權力之無責任和無限制的使用，形成人類史無前例的災害。

海耶克說「保守主義者缺少原則」。保守主義者主要地希望智者及好人來統治。用中國傳統的名詞來說，保守主義者希望國邦由「聖君賢相」來統治。保守主義者認爲他們有資格把他們自己認爲好的價值派分到別人頭上。海耶克說：

當我說保守主義者缺乏原則時，我的意思並不是說他缺乏道德的信守。典型的保守主義者的確常常是眞有極強烈道德信守的人。我的意思是說，保守主義者沒有政治上的原則。某些政治上的原則促致他們與在道德價值上和他們不同的人在一起工作，來建立一個政治秩序。在這個政治秩序裡大家遵守各自的道德信守。……㊷

中國的保守主義者，無分新舊老少，在實質上都是「應帝王」的人物。他們的「使命感」是建立並翼護倫教基礎。照這類人物看來，政治制度只是這一倫教現實的工具。工具是次要的。在理論上，什麼工具有利於現實倫教，他們便採用什麼工具，他們並不十分拘泥。在中國歷史與文化的特定條件上，如上所述，他們最嚮往的政治制度是「儒治」或「倫治」，可是，如果實行「儒治」的歷史與文化條件並不復存在，而大家的時髦是講民主，他們也可以跟著講民主。不過，在他們跟著大家講民主的時候，他們有一定的分際。什麼分際呢？他們認爲民主只是一個形式條件而已，眞正重要的還是「儒治」這一實質。當著講民主講到靠近他們心中所眞要的「儒治」時，他們可能很熱烈；但是，如果講民主的人士沒有摸清他們心中的這個「數」，講民主而講到違背「儒治」時，那末他們便會馬上翻臉。對於「自由」，彼等更是懷抱「先天性」的敵意。我們拿大學裡課程的分別來作比方，在他們看來「倫治」是必修科，而民主不過是一選修科。讀選修科是不會太起勁的。因此，他們對於民主並不眞正熱心。既然他們對於民主不太熱心，無怪乎不求甚解，更不能希望其對民主的理論與實際有什麼貢獻。在這類人士之中，無寧有許多對民主懷抱一種厭惡和不信任的態度，柏拉圖就是他們在這方面的先知先覺，他們無寧歡迎一位穿起總統服裝的「聖

㊷ 同㊴，p. 401.

王」與大家相見。他們從前之「忠君」，一方面的原因是由於「忠孔」。共和以後，一部分人發現君王與孔制至少在理論上是兩回事，孔制的「精神」在別處也未嘗不可附體，於是他們也就齊附此體。就這種情形來說，即令是最典型的中國保守主義者，在政治上也確實是海耶克所說的「沒有原則的人」。既然他們認爲什麼樣的政治制度都無關宏旨，於是爲在現實政治中喜歡隨波逐流的人士找到了一個「心安理得」的道德基礎。這一底層之發掘，大有助於部分說明最近幾十年來中國政海裡的投機人物爲什麼那麼夥。

誠然，正如海耶克所說，「典型的保守主義者的確常常是眞有極強烈道德信守的人」。這類人士固然在政治制度的選擇上沒有堅持的原則，可是在道德原則上有。無論在實際的行爲上怎樣，他們有著強烈的道德聲威要求，及繼承「道統」的歷史使命感。有這種要求橫在心頭，他們就往往不承認道德價值的多元性。他們既往往不承認道德價值的多元性，就不易希望「他們與在道德價值上和他們不相同的人在一起工作」。

所有的保守主義者都厭惡不習見習聞的觀念與思想。至少，他們對新觀念與新思想深懷戒心。對於新觀念與新思想之到來，保守主義者的反應通常有兩種。學術訓練較高的人士把新觀念與新思想吸納並兼消於自己原有的思想系統之中去。這樣一來，在某種意義之下，也就是保守主義者原有思想在某種程度以內的修正或改變。沒有什麼學術訓練的人，碰到外來不合式的新觀念與新思想，乾脆憑著厭惡之情把它們彈回去了。海耶克說：

> ……保守主義者在本能上覺得新觀念比任何別的東西都能促致變動。但是，就正是從這一觀點出發，保守主義者之所以懼怕新觀念，因爲它自己並沒有特別的原理原則來拒斥新觀念。除了經驗已經證明了的事物以外，保守主義者不信任學理，並且缺乏對任何東西的想像力。於是，在各種觀

念的爭戰中，保守主義者自行剝奪了自己所需武器。自由主義者在基本上相信在一長遠過程中觀念所生力量。保守主義者則反是。他們侷限於他們在一個時期裡所得到的那一堆觀念。而且，因爲他們並不眞正相信論證的力量，他最後便常訴諸優越的智慧。可是，這種優越的智慧是建立於某種自我稱讚的個人品質上面的。㊸

在保守主義者裡面，不乏做闡明經典工作的人。歐洲中世紀和中國的宋、明、清各代這類學人不少。嚴格說來，這類人士並不是思想家，而只是註釋家。註釋家不能從根推翻經典而自行創建經系，與開山祖師分庭抗禮。他必須以誠敬的心情肯定經典之不可動的神聖地位。他必須自覺註釋經典只是補助經典的第二流工作。因此，在做註釋工作時，他必須預先接受「聖人的經典是不會錯的」這個結論，經過一番演繹的程序，又回到這個結論。就作爲一個註釋家而言，這實在是一件很合本分的事體。如果不然，那就是「離經叛道」。用俄式術語來說，這是「思想偏差」，甚至於「思想有問題」。犯了這種事的知識份子，最輕的懲罰也是要遭受集體「清算」的。既然開火車，當然得在軌道上跑。可是，一個眞正的思想家不是這樣的。一個眞正的思想家心中絕不預先肯定任何未經論證的結論。他的結論，像科倫布之發現新大陸一樣，是找來的。結論既不在神廟更不在名人言論集裡。在什麼地方？在未經討論以前沒有任何凡人有資格事先指出。一個眞正的思想家是一位探險者，也是一位新境界的開拓者。他信賴經過確切證驗的學理。他不拒絕傾聽與自己的思想不同的思想。

保守主義者的思路以至於想像都被宗教的或經典的制式思想長年型定了。他們一般的不善論證，也輕

㊸ 同㊷，p. 404.

視論證。他們所重視的和所依靠的是「大肯定」。結果，在海耶克所說的正規的觀念論爭裡，他們很習慣地搬出經典教條來訓人，或引用權威之言來壓服群倫。這類人物之最低落的形式宛如同吹一個調子的口琴隊。保守主義者視搬大帽子壓人，或進行身體迫害，為「衛道者」當然的權力。翁同龢看見康有為的《孔子改制考》，就對光緒皇帝說他「此人居心叵測」。湖南曾濂上書說「康有為可斬」。這都是對付「異端」的方法。這種反「異端」的強烈情緒，就是中國近幾十年的狂熱主義之一溫床。

至少在過去，中國一般知識份子的思想多是「長」出來的，很少是「想」出來的。過去一般中國知識份子自幼讀四書五經。這些經籍是硬塞進他們腦袋中去的。他們只有無條件地接受的份。他們習慣於接受這些「聖教」，而排斥不合「聖教」的一切「異端」。所以，二分法（dichotomous division）的思想模式早已鑄成。他們從來沒有制度性的機會作自動分析和批評的訓練。懷疑便是不忠。「不忠」的念頭一起，懷疑便被嚇回去了。除了「聖教」以外，他們很難有機會接近別的思想學說。因此無從比較高下。先入為主。所以，最初接觸的是什麼，終其生也就是什麼。他們心中裝滿了「古聖先賢」、「天子聖明」、「父母之命」，種種等等大大小小的偶像權威。對於經驗世界，他們很詩意地予以感情的染色。情感作用，心理的聯想和價值觀念三者之交互影響，構成他們思想活動的主要旋律。至於擺脫這一切因素的影響，直認經驗世界，藉邏輯思考，不斷改進或修正自己的錯誤而鍊成的思想之出現，只是最近四十年才冒出來的三幾顆星光。一般傳統中國知識份子因為沒有經過批評和分析的訓練，所以對錯誤的「忍受閾」極小。如果有人指出他的錯誤，那末他便感覺顏面受到損傷，或者認為是動搖他的信念。他在思想上的眞假對錯、個人的尊嚴、社會地位、價值觀念、情感反應，甚至性格形成，都絞在一起而結成了一個粑。所以，跟傳統中國知識份子論純粹理性（reinen Vernunft）是一件非常困難的事。要他們改變基本觀念，或依認知方式來改正他們的判斷，是一件極其吃力的事。然而，這些知識份子的觀念一旦被動搖了，他們的心靈建制破滅、偶像傾倒、認同的對象消失，於是又茫然失措，惶惶不可終日。在這種情形之下，他們亟需重築心靈的建制，亟需抓住新的權威，並亟需新的認同對象。這時，像溺在水裡的人一樣，那怕抓住一根蘆葦也當做救生圈。正巧在這個開頭，各形各色的「主義」貨色紛紛湧到應市，各種政治公司行號紛紛招攬顧客，各種集團紛紛招兵買馬。於是，眼花撩亂而且意亂情迷的知識份子不由自主地大批大批投入時代的大漩渦，便宜地奉獻了自己。到頭來一場空！

中國近幾十年來的大禍大亂，與一般知識份子驟然出走傳統以後之茫失和浮動的確是相關的。

關於對人的看法，保守主義者與現代人的理知看法頗有距離。海耶克說：

最後追究起來，保守主義者的看法是建立於一個信念之上，即是，在任何社會裡有些可以認得出的超越人物。這類人物具有天賦的標準、價值和地位，這些要素必須予以保護。這類人物必須比其他的人對公共事務有較大的影響力。[44]

可是他說：

當然，自由主義者並不否認有卓越的人物——他不是一個平等主義者，但是自由主義者不承認任何人有權決定這種人是誰。……[45]

---

[44] 同[43]，p. 402.

[45] 同[44]，p. 402.

在人群中，有些人的才智和毅力大於一般人。像佳種落在肥沃的土地上一樣，這類特出的人物碰到適宜的社會文化置境，可能成大功、立大業。在歷史的轉捩點上，有時有奇理斯瑪人物（charismatic character）出現。這種人物對人眾可能有特殊的磁力。耶穌、朱元璋、曾國藩，和凱末爾等等都屬此型。不過，這些人物的特殊能力，並不是神秘的東西，而且是在崎嶇的道路上磨練出來的。

五、保守主義的社會文化功能

依據以上的解析，我們可知支持保守主義的論據多為空中樓閣。然而，無論支持保守主義的論據在理論上成立或不成立，保守主義在任何社會文化裡發生不同程度的作用。這是一個歷史的事實；也是一個現存的事實。保守主義可持的理由（grounds）固然不多；但是保守主義瀰漫的原因（cause）卻有頗滋蔓的根鬚。在這個地球與世界上，有許多事態（state of affairs）之出現只有原因而無理由。而且時至今日，原因的力量愈來愈大，理由的力量愈來愈微弱。我拿這種眼光來看保守主義。

第一，維持社會文化的穩定。我們在這裡所說的「社會文化的穩定」並非僵凍不動，而是一個社會文化諸種力量之間維持一種動理的平衡（dynamic equilibrium）。這種平衡維持不住，社會文化就有解體之虞。復次，任何社會文化如果完全不保存它由文化份子努力所得到的果實，則該一社會文化勢將成一無底漏卮。如果一個社會文化成為無底漏卮，那末依據什麼來進步？新的也許否定舊的。但新的常從舊的導出。近半個世紀以來，中國有許多「新青年」厭惡舊的。有條件的厭舊是可以的；無條件的厭舊則不可。對於舊的事物保持一個合理的揚棄的態度，可以構成進步求新的動力。但是，「積厚流光」。就全世界而言，唯有蘊蓄著豐富的文化累積，才可能有本錢從事新的創造。文學、藝術、哲學，甚至於科學，都是如此。當然，文化累積的保持，並不等於保守主義，但卻給保守主義以建立的根據。顯然，爲保守而保守，或爲實行保守主義而保守，適足以阻滯進步。

第二，「人窮則呼天」。一個傳統性的文化遭遇困難時，便容易發生類似退返的現象。退返是應付挫折和緊張的方式。中國許多過去的讀書人喜談「唐虞盛事」，總認爲往古是「黃金時代」，雖然古代不乏蓄奴等殘酷的事。童年的回憶是甜美的，雖然爸爸曾打過他。一個破落的大家，最易在想像裡回到已逝的聲華。當一個文化受到重大挫折，而且看不清它的遠景時，便易拿如前所說的回到源頭來代替出路。在中國社會文化處於目前這種大震盪的關頭，有保守主義的人士大聲喚起「歷史文化」的意識，自然因爲滿足許多人的心理退返要求而得到響應。這種響應是一種「裡應外合式」的響應。這也就是說，許多人在內心本來就有這種心理退返傾向，經人一提醒，便不由自己地響應。如果這時再對「歷史文化」予以擬似哲學的大道理來裝潢，那末就使人的這種心理退返傾向得到理由化（rationalization）。人的極其粗俗的未經理知批評的心理傾向，一旦合理化了，登時就「理直氣壯」起來。因此也就不易改正了。

其實，人的心理退返傾向，正如人的一切心理情形一樣，根本無所謂「理性」或「不理性」。本來就無所謂「理性」或「不理性」的心理情形，經過合理化以後，還是無所謂「理性」或「不理性」。可是，這一心理情形經人拿「哲學」來說出一套詞令以後，許多人就覺得很「理性」了。許多人對哲學是莫測高深的。同樣是憶戀過去，一個老農夫隨口說出一些感歎，也許一般人不覺得有什麼大道理。可是，如果一位哲學家搬出「歷史哲學」的堂皇語言來表示對過去的憶戀，那末一般人就覺得其中必有大道理。其實，如果農夫和哲學家的那點最核心的心理因素相同，那末無論用不用哲學語言說出，都是相同的。如果對過去的憶戀的這一心理情形無所謂合大道理，或不合大道理，那麼用通俗語言說出或用堂皇哲學名詞說出都是一樣的。

第三，「革命」後的疲憊。年來有不少受提倡「歷史文化」的言論感染的人士，是當年參加五四運動及其以後運動的激進人士。這些人士曾經正面或側面攻擊過傳統文化。如今，他們變成不同程度的保守主義者了。爲什麼呢？他們的心靈太疲憊了，傳統文化如故。它該不該攻擊如故。從前的攻擊傳統文化既不足以證明它「壞」，後來的擁護也不足以證明它「好」。可是，從前認爲它「壞」的人現在卻擁護它起來。這一變動祇足以證明這些人士自己心情的變動。在這些人士之中，有些是曾參與近半個世紀來中國社會文化大革進的人物。然而，革進的現實結果，多少令他們黯然神傷。他們的精力耗盡，他們的熱情減退，他們也看不清中國文化究竟是怎樣在流，並流向何方。在這前路茫茫之際，回返到過去無寧是回返到靈魂的休憩所。

第四，保守的再集結。詹尼克（Florian Znaniecki）說文化的再組合運動有兩種方式。一種是創造性的再組合（creative reorganization）。這種組合方式是介紹新的價值觀念、行爲模式，或一些互相倚賴的功能。另一種是保守性的再組合（conservative reorganization）。在任何社會中，破壞公認的行爲標準和價值規範乃文化解體的動因。原有文化解體以後，所有文化份子如失水之魚，會感到不安。這種時機便是文化再組合的時機。在這種情形之下，往往有具保守趨向的領導份子起來，藉尚未完全失去功能的原有文化要件，來消弭破壞行動，並恢復群體生活的合模作用。西班牙天主教比其他支派的天主教要嚴格些和保守些。這也許是由於它與回教發生衝突並對基督新教主動採取反對的行動所致。至少從一種觀點來看，太平天國運動是破壞中國「歷史文化」的行動。曾國藩則是拿傳統文化的力量來平定這一運動的文化再組合之領袖。這從他那有名的〈討粵匪檄〉可以明顯看出：

……自唐虞三代以來，歷世聖人扶持名教，敦敘人倫。君臣父子，上下尊卑，秩然如冠履之不可倒置。粵匪竊外夷之緒，崇天主之教，自其僞君僞相，下逮兵卒賤役，皆以兄弟稱之。謂惟天可稱父。此外凡民之父，皆兄弟也。凡民之母，皆姊妹也。農不能自耕以納賦，而謂田皆天下之田。商不能自賈以取息，而謂貨皆天主之貨。士不能誦孔子之經，而別有所謂耶穌之説，新約之書。舉中國數千年禮義人倫，詩書典則，一旦掃地以盡。此豈獨我大清之變，乃開闢以來名教之奇變，我孔子、孟子之所痛哭於九泉。凡讀書識字者，又烏可袖手安坐，不思一爲之所也？自古生有功德，沒則爲神。王道治明，神道治幽。雖亂臣賊子，窮凶極醜，亦往往敬畏神祇。李自成至曲阜，不犯聖廟。張獻忠至梓潼，亦祭文昌。粵匪焚郴州之學宮，毀宣聖之木主。十哲兩廡，狼藉滿地。嗣是所過郡縣，先毀廟宇。即忠臣義士，如關帝岳王之凜凜，亦皆污其宮室，殘其身首。以至佛寺道院，城隍社壇，無廟不焚，無像不滅。斯又鬼神所共憤怒。欲一雪此憾於冥冥之中者也。……㊻

曾國藩寫這篇文告時，無論是否有意避開滿漢的分別，這篇文告是一篇很典型的「爲保衛歷史文化而戰」的作品。就我的觀點，保守性的文化再組合不及創造性的文化再組合之富於對新因素的吸收力及對新環境的適應力。不過，即令是保守性的文化再組合，也不是一件容易眞正開辦的事業。這需要傑出的人才、宏大的氣度、識人的眼光、忘我的胸襟，尤其需要不可搖的撼的道德眞誠。曾、左、彭、胡諸人之領導文化再組合運動，討平太平天國，開啓同治中興的機運，並非一件偶然的事。

㊻《曾文正公全集》，臺北，頁三五九。

第八章 自由主義的趨向

中國的自由主義者先天不足，後天失調。

何以先天不足？中國近代及現代所講的自由主義，並非土生土長的思想，而是美雨歐風吹進來的。在中國文化裡，跟自由主義能發生親和作用的是佛老思想。可是，佛老思想祇是一種人生境界，和一種生活態度。它不是像孔教那樣的制度。佛老思想所造成的境界和態度，可導致人採取退避不爭的方式來緩和暴政的迫害藉此「全生保眞」。但不能鼓起人爭自由的熱情。中國的自由主義者之所以曾經發出了一些動能，一方面是因為受了時代思潮的重大衝激，另一方面是因為受了愛國熱情的鼓舞。在思想方面，無論有何嚴重毛病，中國的保守主義是一種相當成熟的思想。和保守主義比較起來，自由主義在中國還需多多增進。約近五十年來，自由主義在中國受到兩種思想的夾攻。來自右方的攻擊是右傾的保守主義。來自左方的攻擊是左傾的波爾希維克主義。就我所知，直到目前為止，自由主義者在思想上很少能夠應付左右夾攻而始終屹立如山的。之所以如此，時代環境的壓力固然是一大原因，自由主義者本身的思想脆軟稀薄也是一重要原因。在這五十年來，我們既未看見中國有像穆勒的《論自由》（*On Liberty*）的著作，更沒有看見像海耶克的《自由之構成》》（*The Constitution of Liberty*）的著作。當人的思想不通時，需靠固執或依靠權威來維持自己的中心觀念。當著人的思想不透澈時，容易受市面流行的浮詞泛語的搖惑。當著人的思想嚴密而且靈動時，他既不需要固執或依靠權威，又不會受到一時意見的搖惑。

何以後天失調？任何一種模式的思想不可能違離某一現實的社會文化環境而獨自大規模地順利滋長，雖然我並不以爲知識社會學（the sociology of knowledge）的基本前提都眞。①蝴蝶蘭不可能在北極冰裡生長。在回教地區宣傳「吃豬肉主義」是一件困難的事。同樣，在目前美國工商地區提倡老莊的「無爲哲學」，也不太容易招到信徒。西方自由主義的興起，不是一天形成的簡單事。它是十八世紀以來歐洲近代國邦之發展、王權衰落、自由貿易、中產階層之壯大、諸大思想家之鼓吹，以及伴隨而來的民主政治之成長……等等條件輻輳構成的。在近代及現代中國，類似這些條件的條件雖然確實是在萌芽中，但是顯然還沒有成熟。近五十多年來一波接著一波的大動亂，使這些條件來不及培養出自由的花果。在這些大動亂中，以日本軍人瘋狂武力侵略中國及波爾希維克制度（Bolshevik system）之暴起對自由主義成長之直接或間接的打擊最大。日本軍人瘋狂武力侵略中國，使中華民族賴以生存的住境受到黃河泛濫似的災害，遑論自由？波爾希維克制度之暴起，則更使自由的幼苗受到連根拔起的摧毀。

當我將「自由主義」一詞用在中國社會文化時，我希望不要因此以爲中國版的「自由主義」與西方原版的「自由主義」是完全一樣的。翻版總是翻版。雖然，中國社會文化裡的自由主義與西方的自由主義有共同的地方，但二者也有不同的地方。在某一社會文化裡滋長出來的觀念、思想和學問，傳到另一個社會文化裡以後，因受這一個社會文化的作用，而往往染出不同的色調。舉個例來說，同是「邏輯」一詞，此間一般大學裡的意謂與英美一般大學裡的意謂便頗不相同。因爲此間大學裡的一般人士在用「邏輯」一詞

① See Karl R. Poper, *The Open Society and its Enemies*, Princeton University Press, 1950, Chapter 23, The Sociology of Knowledge.

時不大能夠把他們所受的中國文化作用與嚴格的學問有意地清楚分開。②純粹的學術尚且如此，更何況像自由主義之類的社會思想？嚴格地說，像西方自由主義者那樣的自由主義者，在中國眞是少之又少。一個眞正的自由主義者，至少必須具有獨自的批評能力和精神，有不盲從權威的自發見解，以及不倚附任何勢力集體的氣象。這樣的自由主義者，在近十幾年來的中國社會文化裡，恐怕要打燈籠去找了。中國早期的自由主義者多數只能算是「解放者」。他們是從孔制、禮教與舊制度裡「解放」出來的一群人。他們之從孔制、禮教與舊制度裡「解放」出來，正像一群婦女之從包小腳的束縛裡「解放」出來一樣。中國的自由主義迄未定型。因此，我們要決定誰是徹頭徹尾的自由主義者，這是辦不到的事。值此社會文化激變的時代，沒有任何人的思想從少到老始終一貫不變，而且也沒有這個必要。自嚴復以降，就我所知，在中國思想界可以作代表人物的人物裡，沒有任何人的思想是從頭到尾像化石一樣不變的。既然如此，我們也就沒有理由把他們的思想硬裝進一個固定的範疇裡。我記述或類分思想變動的方法，是列出由六種性質構成的一個組。我所選擇的人，當他在某一階段的思想合於這一組性質中的四種時，我就將他放進「自由主義」欄裡。這一組性質是：一，抨孔；二，提倡科學；三，追求民主；四，好尙自由；五，傾向進步；六，用白話文。因著歷史的理由，我在這裡選擇的自由主義思想是後列幾個人士的。

一、嚴復

近代中國知識份子中，如前所述，眞正是「學貫中西」的以嚴復爲第一人。眞正立身嚴正不流並用理

---

② 這從近幾十年的許多出版物及其內容之多變可以看出。

知思考問題的以嚴復爲第一人。眞正能將西方近代典型的學術思想介紹到中國來的也以嚴復爲第一人。從文化的綜攝（syncretism）看來，近代以至於現代中國知識份子因與不同國別的文化接觸而變成許多不同的綜攝類型。近幾十年來，在這些不同的綜攝類型人物中，以中英，中美、中法、中日及中俄這幾種文化合成人物對中國的影響最大。嚴又陵是最富於古典氣息的「中英合璧」。胡適之是較少浪漫氣息的「中美合璧」。

嚴又陵在清末以介紹並且主張西學著名。戊戌政變發生，他大爲朝廷守舊人物所忌，處於不利的地位，於是走避天津。在這一期間，他似乎從事翻譯穆勒的《論自由》。也許是因爲清廷迫害變法人物，且剝奪言論自由，刺激了嚴又陵，使他從事這項翻譯工作。[3]嚴又陵將穆勒的《論自由》譯作《群己權界論》。這可以說是把自由的觀念從英國正式介紹到中國文化的開始。他在《群己權界論》的〈譯凡例〉裡有一段極重要的話：

須知言論自繇，只是平實地說實話求眞理。一不爲古人所欺，二不爲權勢所屈而已。使眞理事實，雖出之讎敵，不可廢也。使理謬事誣，雖以君父，不可從也。此之謂自繇。亞里斯多德嘗言，吾愛吾師柏拉圖，勝於餘物。然吾愛眞理，勝於吾師。即此義耳。蓋世間一切法，惟至誠大公，可以建天地不悖，俟百世不惑。未有不重此而得爲聖賢，亦未有倍此而終不敗者也，使中國民智、民德而有進今之一時，則必自寶愛眞理始。仁勇智術，忠孝節廉，亦皆根此而生，然後爲有物也。[4]

---

③ 譯有嚴譯名著叢刊八種，上海。
④ 嚴復譯，《群己權界論》，譯凡例，頁四。

這一段金石之言眞是近代中國第一響！

可惜中國人愈來愈聽不進了。嚴復之發此言是一九〇三年的事。這六十多年來，除了中間的一段時間以外，中國文化份子的思想言論一般地背著嚴又陵所指示的方向轉進。爲著爭利奪權，把是非從根子上攪亂了。這種趨勢，愈演愈烈，以致只有派系的是非，沒有公是公非。現實層界的權勢成爲是非的標準。現實圈子的利害成爲是非的泉源。結果，一離開了現實層界的權勢就無眞理可言，一離開了現實圈子的利害也無眞理可言。因此，一切觀念、一切言論，以至於一切行動，都圍繞著現實層界的權勢乘現實利害打轉。打轉的目的，不過是爲了滿足生物邏輯的要求。這才是眞正的「喪茫」！

時至今日，眞正「撥亂反正」的方準，除了確立道德原理以外，就是遠離現實層界的權勢和現實圈子的利害別立是非。怎樣別立是非呢？嚴又陵在六十二年以前已經說得清清楚楚了。依照剛才徵引的一段話，我們可以知道下列幾點：

第一，「平實地說實話求眞理。」凡平實地說實話求眞理，就經得起邏輯的分析，也經得起事實的證據。是就是，非就非。這樣的言論，無須直接或間接靠著現實層界的權勢來翼護。凡需要直接或間接靠著現實層界的權勢來翼護的言論，似乎多半經不起邏輯的分析，也經不起事實的證驗。這樣的言論是否眞理，不問可知。茲假定有甲乙兩種相反的言論。甲種言論眞但不合現實層界的權勢要求。乙種言論假但合於現實層界的權勢要求。這樣一來，甲種言論裸露於現實層界權勢的威懾之中，乙種言論被翼護於現實層界的權勢之中。在這種對比的情況裡，如果甲乙兩方要進行論辯，那就不是在世運會的籃球場上公平比賽。而像是在比賽時乙方有些武士站在旁邊，準備在必要時動手制壓甲方。這樣的比賽是無法進行的。裁判是應該叫停的。因爲，賽球歸賽球，比武歸比武，兩件事必須劃分清楚，不劃分清楚就賽不好球。同樣，言論只有拿言論對，權勢只有拿權勢對。不能拿權勢對言論。拿權勢對言論，等於和尚在念經時放出老虎來咬。和尙是咬死了，經還是經。

第二，「使眞理事實，雖出之讎敵，不可廢也。」這就是說，眞理和敵友，毫不相干。我的朋友可能說出合於眞理的話，也可能說出不合眞理的話：並不是凡我的朋友說的話都是眞理。我的敵人可能說出不合眞理的話，也可能說出合於眞理的話：並不是凡敵人的話都不合眞理。這是一點最起碼的理知要求。能滿足這一點要求的人才可望成爲一個現代人。眞理是超敵友的。如果眞理不能超敵友，而只爲派系服務，那末眞理和假理就沒有分別了。如果眞理和假理沒有分別，那末何必要辯論，科學家何必費那樣大的勁去追求？

第三，「使理謬事誣，雖以君父，不可從也。」祇有這樣，是非才得以彰明，眞理才得以顯現。「亞里斯多德嘗言，吾愛吾師柏拉圖，勝於餘物。然吾愛眞理，勝於吾師。」西方人逐漸養成了這種眞理獨立於人事的傳統，因此科學才得以昌明。中國社會文化裡，情感、交誼、名位以至於利害的考慮，統統都放在是非的前面。任何眞理，一碰到這些因素就「此路不通」。所以，中國文化份子迄今未能養成講純理的心性習慣。

嚴復早在六十多年前就提倡這些道理。可惜很少人聽。嚴復又在〈論世變之亟〉裡說：

……今之夷狄，非猶古之夷狄也。今之稱西人者，曰彼善會稽而已，又曰彼擅機巧而已。不知吾今茲之所見所聞，如汽機兵械之倫，皆其形下之粗跡。即所謂天算格致之最精，亦其能事之見端，而非命脈之所在。其命脈何云？苟扼要而談，不外於學術則黜僞而崇眞，於刑政則屈私以爲公而已。斯二者與中國理道初無異也。顧彼行之而常通，吾行之而常病者，則自由不自由異耳。夫自由一言，眞中國歷古聖賢之所深畏，而從未嘗立以爲教者也。彼西人之言曰：惟天生民，各具賦

> 界，得自由者乃爲全受。故人人各得自由，國國各得自由，第務令無相侵損而已。侵人自由者，斯爲逆天理，賊人道。其殺人傷人及盜蝕人財物，皆侵人自由之極致也。故侵人自由，雖國君不能。而其刑禁章條，要皆爲此設耳。……

嚴又陵的這一段話，將英國自由主義的精髓道出。他說「自由一言，眞中國歷古聖賢之所深畏，而從未嘗立以爲教。」中國自古以來的一些正統「聖人」，都是一些父權主義（paternalism）的張揚者。在「父權主義」的支配之下，好像基於是非善惡的指導及生活的照顧，後一輩的人在習俗上必須服從上一輩的人，不然就是不準反叛。這樣一來，有保證的自由怎麼會透露出來？

嚴又陵在從事譯述的時代，對中國傳統思想常有很切中缺點的批評。他批評儒門道：

> 復案：老氏莊周，其薄唐虞，毀三代，於一是儒者之言，皆鞅鞅懷不足者，豈無故哉？老之言曰：失道而後德。失德而後仁。失仁而後義。失義而後禮。禮者忠信之薄，而亂之首也。使吾嘗憮然憮然，不知其旨之所歸。乃今洞然若觀火矣！禮者誠忠信之薄而亂之首也。雖然，禮者既如此矣，藉今更爲之轉語曰：失禮而後刑，則不知於治之效又何若也。民主者以德者也。君主者以禮者也。專制者以刑者也，禮故重名器，樂榮寵，刑故行督責，主恐怖也。且孔子不云乎？道之以政，齊之以刑，民免而無恥；道之以德，齊之以禮，有恥且格。特未若孟氏之決然灑然。言君主之必無德，專制之必無禮耳。嗟乎！三代以降，上之君相，下之師儒，所欲爲天地立心，生人立命，且爲萬世開太平者，亦云眾矣。顧由其術，則四千餘年，僅成此一治一亂之局，而半步未進。然則老莊之所呰謷者，故未可以厚非。而西人言治之極，所以燭漫漫長夜者，未必非自他之有耀也。學者觀

而自得焉可耳。⑤

他說「師儒」之術，「則四千餘年，僅成此一治一亂之局，而半步未進」，這話道出儒術基本毛病之所在，實在是發入之所未發。

二、譚嗣同

譚嗣同是近代中國解放思想的一個典型。他的思想不太成熟。詞意之間充滿悲愴淒厲的氣氛；又有一股湖南辣子味沖鼻而來。他的壯烈事跡托起他不太成熟的思想攝人注意。自譚嗣同以來，烈士們是拿熱血當論證的。這是近代中國史爲什麼與英國近代史不同的基本原因之一。譚嗣同最富於激動力的思想是他的「衝決網羅」主義。他在《仁學．自序》裡說：

……竊揣歷劫之下，度盡諸苦厄。或更語以今日此土之愚之弱之貧之一切苦，將笑爲誑語而不復信，則何可不千一述之。爲流涕哀號，強聒不舍，以速其衝決網羅，留作券劑耶？網羅重重，與虛空而無極。初當衝決利祿之網羅；次衝決俗學若考據若詞章之網羅；次衝決全球群學之網羅；次衝決君主之網羅；次衝決倫常之網羅；次衝決天之網羅；終將衝決佛法之網羅。然其能衝決，亦自無網羅，眞無網羅，乃可言衝決。……⑥

⑤ 嚴復譯孟德斯鳩《法意》，第八卷，第二十一章，支那帝國。
⑥ 《譚瀏陽全集》，文集卷上，敘跋，頁十二，甲～乙。

他接著又說：

故衝決網羅者，即是未嘗衝決網羅。循環無端，道通為一。凡誦吾書，皆可於斯二語領之矣。所懼智悲未圓，語多有漏。每思一義，理奧例賾。……⑦

譚嗣同在這裡所展現的，是無窮返覆，狂風夜吹古月，猛勇直前而又迴蕩不已，橫決一切以至空無定著的衝動。顯然得很，他這股子勁是我佛悲憫之情透過他個人激越的性格而狂湧出來的。這種激動，除激起人去衝決一切以從反面滿足自我的無限擴大感以外，實在了無所得。這種激動與理知毫不相干。但是，它卻有助於製造「慷慨赴死」的「烈士感」。

譚嗣同非議名教。他說：

君臣之禍亟，而父子夫婦之倫，遂各以名勢相制為當然矣。此皆三綱之名之為害也。名之所在，不惟關其口，使不敢昌言，乃並錮其心，使不敢涉想。愚黔首之術，故莫以繁其名為尚焉。君臣之名，或尚以人合而破之。至於父子之名，則眞以為天之所命，卷舌而不敢議。……⑧

他在這裡的觀察頗為銳利。世界上種種制度的設立和發展，要能恰如其分地盡其有助於人生的功能，頗不容易。就文明的觀點而言，家庭以及與之不可分的父母、子女、夫婦的倫秩分別，是文化演變的

⑦ 同⑥，頁十二，乙。
⑧ 同⑥，《仁學》卷下，頁七乙～八甲。

結果。這一演變的結果在世界上是一普通現象，並非中國文化所獨有。之所以有這種倫秩分別，是因群體生活在長期試驗的過程中，實際的需要促使人逐漸形成這種倫秩分別，不然亂來，共同生活就無法平滑的維繫下去。靈長目的動物也有類似家庭的雛型。既然如此，於是爲了釘牢和符徵這種倫秩分別並且使它延續下去，名別的確是必要的。然而，名別行之過甚，繁複太過，衍成了「名教」，使人感到束縛太甚，一年到頭虛應無益的故事，一天到晚說些毫無眞實內容的客套話，這就是發生反作用了。譚嗣同以降許多知識份子之反名教，基本的原因在此。自譚嗣同等人提醒大家以後，附和的人如江河之就下。由這一客觀的情形，可知衛道之士起而拿高調堵塞，是無濟於事的，我們不應亦不必打道德官腔說譚嗣同以降的人是「破壞名教」的罪人，而應該反躬自問自己打的道德官腔可以很少人眞聽。如果人類眞有「先天的道德理性」，何以要人行道德像把一大塊石頭搬上山一樣辛苦？人類的確需要道德；但並不需要把道德放在玄基和高調上。

譚嗣同說名教「不惟關其口，使不敢昌言。乃並錮其心，使不敢涉想」。這實在是鞭辟入裡的觀察。名教名教！自古以來把許許多多中國人的大腦活動弄呆了！我常常看見學生頭腦中裝些錯誤的意見。這些錯誤的意見之所以如此容易鑽進他們的大腦，是因爲站在老師名分上的人士之勤勞所致。我常常想，如果換上大批賣燒餅的人來教他們，那末他們得救的百分比一定增加多了。因爲，學生們對於「賣燒餅」者之言存疑且自動批評的勇氣一定倍增。可是「老師」一來，他們幾乎都變成錄音機和複寫器。好慘！中國社會裡平民的妻妾太多，難免受人指責，至少背後指責。然而，一個做皇帝的卻可妻妾如雲。自昔以來，很少中國皇帝不是淫棍的。而且中國皇帝是在一個制度的安排之下堂而皇哉地做淫棍，雖然同時也有大講宋明理學的。可是，一般人想不起也不敢責備他。一般而論，在茫茫人海裡面，放縱最多而收到的責難比例起來最少的人，要算中國皇帝了。爲什麼？因爲他的名分是「皇帝」。不僅此也，「君要臣死，臣不得不死」；皇帝把國弄亡了，爲人臣必須盡忠死節，爲什麼？因爲他的名分是「臣」。同是一件事，兒子做錯了就要受責罰；父親做錯了兒子不能問。爲什麼？因爲他的名分是「父」。甚至到了二十世紀六十年代，老師的數學明明演錯了，學生只好悶聲不響。如果一個賣油條的同樣演錯了，那末學生在神經活動上一定群起改正。爲什麼？因爲學生一見到「老師」的名分，神經活動就凍結了。賣油條的沒有這個名分，他們的神經就活潑起來。這個樣子的名教，還有什麼好處？又怎能使人折服？任何人爲的制度發展到了違拗大多數人之基本創造衝動時並且不實事求是時，沒有不趨於破滅的。

「極端引起極論。」有名教的極端要求，就容易引起極端的反對。所以，譚嗣同大冒其火：

……俗學陋行，動言明教。敬若天命，而不敢渝。畏若國憲，而不敢議。嗟呼！以名爲教，則其教已爲實之賓，而決非實也。又況名者，由人創造。上以制其下，而不能不奉之。則數千年來，三綱五倫之慘禍烈毒，由是酷焉矣。君以名桎臣，官以名軛民，父以名壓子，夫以名困妻。兄弟朋友，各挾一名以相抗拒。而仁尚有少存焉者，得乎？……⑨

當然，這是片面之見，可是我們卻不能說譚氏毫無所見。順著非名教的主張下去，譚嗣同對於所謂「防淫」也有嚴厲的批評。他說：

……若夫世之防淫，抑又過矣。而適以召人於淫。……曰立淫律也，曰禁淫書也，曰恥淫語

⑨ 同⑥，《仁學》卷上，頁七甲。

也。雖文明如歐美，猶諱言牀笫，深以淫爲羞辱。信乎達者之雞覩也。夫男女之異，非有他，在牝牡數寸間耳。猶夫人之類也。今錮之嚴之，隔絕之，若鬼物，若仇讎。是重視此數寸之牝牡，翹以示人，使知可貴可愛，以艷羨乎淫。然則特偶不相見而已。一旦瞥見，其心必大動不可止。一若方苞之居喪，見妻而心亂，眞以淫具以待人，其自待亦一淫具矣，復何爲不淫哉？固重男輕女者，至暴亂無理之法也。男則姬妾羅侍，放縱無忌。女一淫即罪至死。馴至積重，流爲溺女之習。乃忍爲蜂蟻豺虎之所不爲。中國雖亡，而罪當有餘矣，夫何說乎？……⑩

近幾十年來，不僅譚嗣同對男女關係的禮教持這種務必「衝決」之而後快的看法，我們就要討論到的吳稚暉也持這種看法。我們在前面第五章所提到的五四以後戀愛文學之蓬勃，也是由於默認地肯定了這種看法。因爲新知識份子大家都懷抱這種看法，所以大家都向關閉兩性自由的禮教城堡衝鋒。沒有結婚的要自由結婚。已經結婚的多另行結婚——胡適是很少的例外之一。推進這種「衝決」行動的火藥是藏在每個人身內的性力。當人的思想和行動受性力這樣原始的稟賦所推進時，就不容易冷靜地考慮到事物之別的方面，孔制之下的禮教固然使兩性自由受到束縛，可是使兩性自由受到束縛的不限於是禮教。在我們所知的文化中，性欲與禁忌及風俗習慣是聯結在一起的。沒有任何一個人可以生活在社會文化的眞空裡。因此，無論合理或不合理，任何人的性行爲無法不受該一社會文化特有的限制所限制。這樣看來，譚嗣同等人所想的，是接近文化烏托邦的邊沿。復次，女性未與男性平等，因之要求女性與男性平等，並推翻不平等的理論根據，這似乎不容易找到反對的充足理由。但是，這一未平等的情形，一部分是社會文化造成的，另

---

⑩ 同⑥，頁十甲～十乙。

一部分是男女的生物邏輯各有不同所致。男女未平等的事在許多社會文化裡都有。沙地阿剌伯就是這樣。直到現在爲止，美國沒有女總統，英國沒有女首相，德國沒有女國防部長。從社會文化裡產生出來的苦果，必須從根藉社會文化的改造來摘除。這樣才來得切實。文化的決定論（cultural determinism）固然不是一個足信的哲學，文化的烏托邦論（Cultural utopiamism）也不是一個足信的哲學。

三、梁啓超

梁啓超的思想裡有相當自由和進取的趨向，雖然他的思想多變而且還有保守的成分。無疑，他是近代中國自由與民主運動之一個重要的開路先鋒。從清末到民初，他是「言論界的驕子」。在那個階段，他的風頭之健和對知識份子的影響力之大，只有五四時代的胡適可比。雖然，梁啓超已經是歷史人物了，可是在這發了霉的社會看來，反而顯得他的許多見解是那麼鮮活、剛健、康正、開朗而有力。

早在清末，梁啓超就大張民主之說。一八九六年他在〈與嚴又陵先生書〉裡就說：

> ……國之強勢悉推原於民主。民主斯固然矣。君主者何？私而已矣。民主者何？公而已矣。……⑪

⑪ 梁啓超，〈飲冰室文集〉，第一冊，〈與嚴又陵先生書〉，頁一〇九。任公說君主為私，民主為公。這話說得差不多，然而也只是差不多罷了。就理構而言，這話有站得住的地方。可是，就實際情況而言，痛快的成分多。當時的激進份子卻喜聽痛快語。之所以如此，係因他們的心理背景恨君主而望共和。他們認為君主專制乃時代的一大障礙。這個障礙一除，中國就有辦法。名詞是名詞。事實是事實。有實不一定有名；有名不一定

當時的中國知識份子之主張變法維新，主要的原因是受外國欺凌的刺激。他們認爲中國之所以受外國欺凌是因爲國弱。中國之所以國弱，是因爲行專制。去專制而行民治，中國必強。當時積極的知識份子都持這種想法，所以一步一步地逼出要強國須共和的共同思想流向。於是，當時的積極知識份子集矢於「滿族專制」。好像只要把「滿族專制」推翻了，國就可以強起來，一切問題就可以解決。提倡民主是好的。因爲民主在原則上是爲公的。可是，我想不出民主與國強有何必然的關聯。如果我們要斷定民主與國強有何必然的關聯，那末就得證明民主是國強的充足而又必要的條件（sufficient-necessary condition）。如果我們要證明民主是國強的充足而又必要的條件，那末就得證明凡屬強國都是民主的，而且凡屬民主的都是強國。事實不是這樣的。在第一次世界大戰以前，俄國、德國和日本都不是民主國，可是都比中國強。而且「滿族專制」眞的推翻了，中國果強起來乎？決定一個國家的強弱，因素很多，政體不過是一個方面而已。顯見梁啓超的這項見解是不通的。不通儘管不通，可是這項見解逐漸得到許多人附和。爲什麼？因爲這些人憑情感想問題：大家採納或不採納一項見解，主要地憑一時的感受或刺激。我之所以指出這一點，是爲了表示：在一個時代及一種特殊的情境裡，即令是相當優秀的頭腦，如果迷執於某一激情或一廂情願的想法裡，那末可能提出錯誤的見解。至於一般人衆之易於跟著錯下去，那就更不用說了。可是，那項被認爲了不得的見解，等到有人事後清醒過來，也許對之啞然失笑！

有實。名詞來了事實不一定跟著來。不明此理，就容易患盲目病。誠然，君主專制易於徇私。可是，限制它的條件也多。歷代相傳的規格俱在，要徇私的話畢竟總有些礙手礙腳。清末孔制的殘餘規範力猶存，過分離譜的事做來不能毫無顧忌。朝廷總有些據理力爭的諤諤之士。這些人一不怕丟官，二不太怕死，所以不太好說話。那時風俗習慣的拘束力還沒有消失，清議還不能看作反動言論；所以，即令要徇私，也不可能暢所欲為，要怎樣便怎樣。我有理由相信，如果梁啓超遲死幾十年，那末他對君主專制的惡感一定減少得多。

跟著提倡民主一齊來的，是提倡自由。梁啓超在這裡明說：

自由者，權利之表證也。凡人之所以爲人者有二大要件：一曰生命，二曰權利。二者缺一，時乃非人。故自由者亦精神界之生命也。文明國民每不惜擲多少形質界之生命，以易此精神界之生命，爲其重也。我中國謂其無自由乎？則交通之自由，官吏不禁也。住居行動之自由，官吏不禁也。置官產業之自由，官吏不禁也。信教之自由，官吏不禁也。書信祕密之自由，官吏不禁也。集會言論之自由，官吏不禁也。近雖禁其一部分，然比之前世紀法、普、奧等國相去甚遠。凡各國憲法，所定形式上之自由，幾皆有之。雖然，吾不敢謂之爲自由者，何也？有自由之俗，而無自由之德也。自由之德者，非他人所能予奪，乃我自得之而自享之者也。故文明國之得享用自由也，其權非操諸官吏，而常操諸國民。中國則不然。今所以幸得此習俗之自由者，恃官吏之不禁耳。一旦有禁之者，則其自由可以忽消滅而無復蹤影。而官吏之所以不禁者，亦非專重人權而不敢禁也，不過其政術拙劣，其事務廢弛，無暇及此云耳。官吏無日不可以禁，自由無日不可以亡。若是者謂之奴隸之自由。若夫思想自由，爲凡百自由之母者，則政府不禁之，而社會自禁之。以故吾中國四萬萬人。無一可稱完人者。以其僅有形質界之生命，而無精神界之生命也。故今日欲救精神界之中國，舍自由美德外，其道無由。⑫

梁啓超在這裡論自由所用的語言雖然不是現代政治科學所用的語言，可是他對自由的了解實在接觸著自由的眞實層。他說「自由者亦精神界之生命也」。翻譯成現代語言來說，自由就是一組不可渡讓的人生

---

⑫ 同⑪，第二冊，〈十種德性相反相成義〉，「自由與制裁」，頁四五～四六。

價值。這一組不可渡讓的人生價值，形之於政治制度，就是一組有保證的權利。⑬這也就是梁啓超所說的「自由之德」。這「自由之德」，「非他人所能予奪，乃我自得之而自享之者也。」因此，「文明國之得享用自由也，其權非操諸官吏，而常採諸國民。」梁啓超又看出，中國「有自由之俗，而無自由之德」。這一觀察是頗爲深切的。因有自由之俗，所以有交通、住居行動、置管產業、信教、書信祕密、集會言論等等自由。這是一九〇〇年梁啓超寫這篇文章時的事實。中國在六十五年以前何以有這些自由呢？梁啓超說：「今所以幸得此習俗之自由者，恃官吏之不禁耳。」從行政程序來看，梁啓超這話是不錯的。可是我們得追問：當時官吏何以不禁？最基本的原因是風俗習慣等文化要件使然。在這風俗習慣等文化要件的自然保障之中，一般中國人還得以享有上述諸自由之實，雖無自由之自覺。有上述諸自由之實，多少還可以在政治氣氛稀疏的環境裡，過點「天高皇帝遠」的散淡生活。梁啓超所說對上述諸自由「一旦有禁之者，則其自由可以忽消滅而無復蹤影」，這話在清末並非事實。至少梁啓超的言論自由當時的官吏無法「消滅」，而是有許多蹤影。

梁啓超說：「思想自由，爲凡百自由之母。」這話可說擊中了自由的「原子核」。思想自由實在是一切自由的泉源。現代極權國邦如古巴者可以給人以吃飯的自由、看電影的自由、跳舞的自由；但不敢給人以思想自由。由此可見思想自由的重要。梁啓超對青年說：

……提倡思想解放，自然靠這些可愛的青年。但我也有幾句忠告的話：「既解放便須徹底，不徹底依然不算解放。」就學問而論，總要拿「不許一毫先入爲主的意見束縛自己」造句話做個原

⑬ 張佛泉，《自由與人權》，香港，一九五五年，第四章、第五章、第六章。

則。中國舊思想的束縛固然不受，西洋新思想的束縛也是不受。一種學說到眼前，纔要虛心研究，放膽批評。但這話說來甚易，做到實難。因爲我們學問根柢，本來甚淺。稍有價值的學說到了面前，都會發生魔力，不知不覺就被他束縛起來。我們須知，拿孔、孟、程、朱的話當金科玉律，說他神聖不可侵犯，固是不該；拿馬克斯、易卜生的話當做金科玉律，說他神聖不可侵犯，難道又是該的嗎？……⑭

梁啓超在這裡所說的很關重要。他要青年們養成獨自思考的習慣並且自作判斷的能力。如果近幾十年的中國知識份子都能在接受或否認任何思想學說以前作這番努力，那末中國近幾十年的思想界不致這麼浮動。如果中國近幾十年來的思想界不致這麼浮動，那末中國這幾十年的歷史可能是另一個樣子。然而，許多知識份子卻那樣輕信外來的和內起的宣傳。目前的大風暴之釀成，不能說與此無關。梁啓超對於他所說的「思想解放」，似乎特別起勁。他更進一步說：

……孔手教人擇善而從，不經一番擇，何由知得他是善？只這個擇字，便是思想解放的關目。歐洲現代文化，不論物資方面精神方面，都是從「自由批評」產生出來。對於在社會上有力量的學說，不管出自何人，或今或古，總許人憑自己見地所及，痛下批評。批評豈必盡當。然而必經過一番審擇，纔能有這批評，便是開了自己思想解放的路。因這批評，又引起別人的審擇，便是開了社會思想解放的路。互相濬發，互相匡正，眞理自然日明，世運自然日進。倘若拿一個人的思想做金科玉律，範圍一世人心，無論其人爲今人，爲古人，爲凡人，爲聖人，無論他的思想好不好，

⑭《飲冰室專集》之二十三，頁二七。標點符號是著者另外改作的。

總之是將別人的創造力抹殺，將社會的進步勒令停止了。……我中國千餘年來，學術所以衰落，進步所以停頓，都是爲此。有人說，思想一旦解放，怕人人變了離經畔道。我說，這個全屬杞憂。若使不是經，不是道，離他畔他不走應該嗎？若使果是經果是道，那麼，俗話說得好：「眞金不怕紅爐火」。有某甲的自由批評攻擊他，自然有某乙某丙的自由批評擁護他。經一番刮垢磨光，越發顯出他眞實。倘若對於某家學說不許人批評，倒像是這家學說經不起批評了。所以我奉勸國中老師宿儒，千萬不必因此著急，任憑青年縱極他的思想力，對於中外古今學說隨意發生疑問。就是鬧得過火，有些「非堯舜薄湯武」，也不要緊。他的話若沒有價值，自然無傷日月，管他則甚。若認爲夠得上算人心世道之憂，就請痛駁起來呀！只要彼此適用思辨的公共法則，駁得針鋒相對，絲絲入扣，孰是孰非，自然見個分曉。若單靠禁止批評，就算衛道，這是秦始皇偶語棄市的故技，能夠成功嗎？……⑮

梁啓超這一番話，說得既穩健而又周到；同時又現出了他認眞追求眞理的高度熱誠。現在科學的任何理論，都不禁止人懷疑和批評。不僅不禁止人懷疑和批評，而且無寧歡迎人懷疑和批評。因爲，科學的理論是靠懷疑和批評而成長。透過懷疑和批評的考驗，科學的理論可能愈趨堅實。⑯

⑮《飲冰室專集》之二十三，頁二五～二六。

⑯關於分析科學的通性，下面所列的論著對我們頗有幫助：

(1) Harold E. McCarthy, On Science and its Critics, in Readings in the *Philosophy of Science*, edited by Philip P. Wiener, New York, 1953. pp. 434-440.

(2) Herbert Feigl, The Scientific Outlook: Naturalism and Humanism, in *Readings in the Philosophy of Science*, edited by Herbert Feigl and May Brodbeck, New York, 1953, pp. 8-21.

任何言說如果自我標榜爲「眞理」，但又衹許人無條件地接受，而無條件地不許人懷疑和批評，那末「倒像是這家學說經不起批評了」。大概蘇俄的《眞理報》所載都屬這類「眞理」。這種「只許接受不許批評」的態度是中古精神。現代極權邦國把這一精神發揮到頂峰。這一精神靠蒙昧主義（obscurantism）、神諭哲學（oracular philosophy），⑰再加上以武力作後盾的鎮懾作用（coercion）來維持和伸張。如果把這些東西拿掉了，那末其所謂「眞理」也者，恐怕立刻會煙消雲散。各是各一行。武力形成的鎮懾作用不能長久支持眞理。眞理只有靠邏輯與經驗來支持。

四、吳虞

吳又陵就是胡適所介紹的「『四川省隻手打孔家店』的老英雄」。在民國初年的「非孔」人物中，以吳又陵最鋒利。我們拿吳又陵作中心，可以看出當時「非孔」的中國知識份子在這個方相的思想言論之一斑。胡適之、陳獨秀和吳又陵等人士的「非孔」思想言論，今日的我們無論贊成或不贊成，我們由之可以看出兩個重大的問題：第一，二千多年來孔制在中國社會文化裡所造成的種種現象。第二，吳又陵等爲什麼那樣痛惡「孔家店」且必摧之毀之而後快。這樣強烈的情緒是怎麼發生的。這些重大的問題，雖然發生於四十多年以前，可是到現在並沒有了，所以依然頗値得我們來研究。我在這裡所說的是「研究」：既不是贊成任何主張，又不是反對任何主張，更不是將任何彼此衝突的主張硬拉攏在一起來調和折衷。

---

(3) *The Validation of Scientific Theories*, edited by Philipp G. Frank, New York, 1961, Chapter 1. Chapter 5.

⑰ See Karl R. Popper. *The Open Society and its Enemies*, Princeton University Press, 1950, Chapter 24, Oracular Philosophy and the Revolt against Reason.

在研究孔制的時候，我們首先必須了解，孔制並非康德式的純粹思想系統，在中國即令不是沒有，也引不起一般中國知識份子的興趣，因爲一般中國知識份子在傳統中沒有養成純思和爲知識而知識的興趣。康德式的純粹思想系統如對人生有所涉及——「實用理性」，它所涉及的只有它所涉及的那個單純的層面。因此，它的存亡無關乎社會文化的全體。可是，孔制與中國社會文化的全體不可實分，而且它又提供一種瀰漫式的生活原理。既然如此，如前所述，所以孔制的存亡就能引起鉅大的社會文化變動。

吳又陵在寄陳仲甫的信裡說：

> 讀貴報〈孔子平議〉，謂自王充、李卓吾數君外，多抱孔子萬能思想。不佞丙午遊東京，曾有數詩（題爲〈中夜不寢偶成〉，載《飲冰室詩話》）。注中多「非儒」之說。歸蜀後，常以六經，《五禮通考》，《唐律疏義》，滿清律例，及諸史中「議禮」、「議獄」之文，與老、莊、孟德斯鳩、馬克斯、穆勒約翰、斯賓塞爾、遠藤隆吉、久保天隨諸家之著作，及歐美各國憲法、民、刑法比較對勘。十年以來，粗有所見。拙撰〈辛亥雜詩〉（見《甲寅》七期），〈李卓吾別傳〉（見《進步》九卷三四期）略有發揮。此外尚有〈家族制度爲專制主義之根據論〉，〈儒家大同之義本於老子說〉，〈儒家重禮之作用〉，〈儒家主張階級制度之害〉，〈消極革命之老莊〉，〈讀荀子〉諸篇，其主張皆出王充、李卓吾之外。暇當依次錄上，以求印證。不佞常謂孔子自是當時之偉人，然欲堅執其學以寵罩天下後世，阻礙文化之發展，以揚專制之餘焰，則不得不攻之者，勢也。梁任公曰：「吾愛孔子，吾尤愛眞理。」區區之意，亦猶是耳，豈好辯哉？……⑱

⑱《吳虞文錄》，卷上，頁十一～十二。

從這封書信裡，我們顯然可以看出吳又陵對孔制的觀念之改變，是起於「丙午遊東京」，又有機會看到孟德斯鳩等外國名著，把它們來和滿清律例等來比較。這裡蘊含著一個基本問題：任何長期封閉自足的文化系統，當它一旦與不同的文化系統接觸時，就是它接受考驗之時。

吳又陵在他給陳仲甫的同一書信裡說：

……拙撰《宋原學案粹語例言》引李卓吾語，前清學部曾令趙學政啓霖查禁。癸丑在成都《醒群報》投筆記稿，又由內務部朱啓鈐電令封禁（此次方準啓封）。故關於「非儒」之作，成都報紙，不甚敢登載。章行嚴曾語張重民曰：「〈辛亥雜詩〉中『非儒』諸詩，思想之超，非東南名士所及。」不佞極媿其言。然同調至少，如此間之廖季平丈，及貴報通信之陳恨我君之見解，幾塞宇內。讀貴報大論，爲之欣然。……⑲

我們看了這一段話，可以知道當時「非孔」與「保孔」這新舊兩派思想衝突的情形。當時「專制」的招牌已經換成「共和」的招牌。但是，中國社會文化變遷的速度遠不及換招牌的速度，所以，中國的招牌儘管是換了，中國社會文化的內容幾乎還是故我依然。中國社會文化的內容是幾千年締造出來的，要想改變於一夜之間，天下那有這等容易的事？變魔術只能逗趣於一時，社會文化的改變不是變魔術。當時吳又陵等新派人士極力要打「孔家店」，舊派人士則極力要保「孔家店」。新的要打，舊的要保，鬧得頗爲熱鬧。這幕劇其實已經上演幾十年了，到現在還沒有完。新派所用的道具只有筆和紙。舊派所用的道具，除

---

⑲ 同⑱，頁十二～十三。標點符號改作。

了筆和紙以外，還有「內務部」的「電令封禁」。無分東西，自來國教都是需藉國邦的權力來保護的。

陳仲甫是在上海方面「非孔」的大將。他覆吳的信說：

> 久於章行嚴、謝無量二君許（？），聞知先生爲蜀中名宿。《甲寅》所錄大作，即是僕所選載，且妄加圈識。欽仰久矣！茲獲讀手教並大文，榮幸無似。《甲寅》擬即續刊。尊著倘全數寄賜，分載《青年》、《甲寅》，嘉惠後學，誠盛事也。竊以無論何種學派，均不能定爲一尊，以阻礙思想文化之自由發展。況儒術孔道，非無優點，而缺點則正多。尤與近世文明社會絕不相容者，其一貫倫理政治之綱常階級說也。此不攻破，吾國之政治、法律、社會、道德，俱無由出黑暗而入光明。神州大氣，腐穢蝕人。西望峩眉，遠在天外，瞻仰弗及，我勞如何！⑳

陳仲甫所注重的是「無論何種學派均不能定爲一尊」。之所以如此，他怕是因「定爲一尊」而「阻礙思想文化之自由發展」。就純粹的理論知識（theoretical knowledge）而言，陳仲甫所說的是不錯的。可是，孔教並非理論知識。孔教的核心是尚仁義與尊德性。孔教的尚仁義與尊德性藉政教而成爲中國人的道德生活的根本，這一根本是否不應「定於一尊」呢？尤其嚴重的，是否可以「自由發展」呢？誠然，理論知識愈來愈影響道德規範；但只是影響而已，二者不是一回事。前者在認知層；後者在規範層。認知層的陳述詞有與經驗對待而言的眞假問題；規範層的道德律令沒有這個問題。陳仲甫似乎沒有想到這些分別。

陳仲甫認爲「儒術孔道」，並非沒有優點，「而缺點則正多」。在「缺點」之中，「尤與近世文明

---

⑳《吳虞文錄》，卷上。

社會絕不相容者，其一貫倫理政治之綱常階級說也。」這些東西「不攻破」，則「吾國之政治、法律、社會、道德，俱無由出黑暗而入光明。神州大氣，腐穢蝕人。」這裡有一個邏輯問題：從「一貫倫理政治之綱常階級說」之「不攻破」則「吾國之政治、法律、社會、道德，俱無由出黑暗而入光明」，一點也推論不出「攻破了一貫倫理政治之綱常階級說」，則「吾國之政治、法律、社會、道德、便可出黑暗而入光明」。[21]從純邏輯的觀點看，這固然只是一個語句演算的錯誤。可是，這一語句演算的錯誤，一形之於實際，所產生的現實結果，可能就很嚴重了。當時悶著頭打「孔家店」的人，甚至急於破壞一切舊觀念及舊制度的人，總以為「孔家店」打倒了，一切舊觀念及舊制度破壞了，於是天國就出現。這種想法根本是由剛才錯誤的推論所致。這裡有效的推論是：如果「孔家店」打倒了，一切舊觀念及舊制度破壞了，那末更好的觀念和制度可能出現也可能不出現。但是，近半個世紀以來的中國激進人物總以為舊觀念和舊制度掃蕩掉了，理想的境界定會出現。這種錯誤的想法，大有助於中國目前動亂之出現。人間有許多歷史性的重大錯誤的形成，分析到最後，無非是一種錯誤的想法作引線，貫串了許多社會力和經濟力及政治力所致。假若中國在百年前知識份子勤究亞里士多德的工具論（Organon），而不去貪便宜走近路地輕信西方某些空大而動聽的學說，那末中國的悲劇也許可以減少些。[22]一九〇〇年義和團事變發作，嚴又陵倉皇避難到上海，組織「名學會」，講演穆勒邏輯。史華澤（Benjamin Schwartz）說嚴復此舉有阿基米德似的

㉑ 這就是說$\sim p \supset \sim q . \supset \sim\sim p \supset \sim\sim q$並不是一個必然有效的語句型式。

㉒ 中國許多知識份子喜歡「唯物辯證法」及「唯心辯證法」這些神奇古怪，可隨便作多樣解釋。容易用來編造假理論，而又不需用大腦，下硬功夫的說法，奈何！

（Archimedes-like）遠見。㉓如果中國知識份子肯沉下氣來走這條致知的路，那末現代中國也許不是目前這幅圖象。任何國邦的知識份子，如果求知不從基本訓練入手，而空談大哲學、大體系、大主義，並且對國邦社會的前途大發不成熟的議論，這是一件非常危險的事。這半個世紀以來的慘痛經驗教訓，眞是足夠供我們反思了。爲保守而保守的確是愚蠢。爲私利而保守更屬不智。理想的社會可能是一富於誘惑的美麗遠景。可是，不要忘記，社會文化的發展是有連續性的。怎能一下子把原有社會文化掃光，而用強制力來建造理想中的社會文化？中國近四十年來的禍亂之發生，雖然頑固不通的保守人物要負更多的責任，陳獨秀們早期的激越言論多少也要負點責任。

復次，陳獨秀在上引一段言論之中，對舊觀念、舊社會和舊制度的厭憎之情，簡直溢於言表。我們現在要問：他爲什麼這樣厭憎？當然是因爲他有強烈的道德感。沒有強烈道德感的人，除了飲食男女之類的事情以外，對於人間的道德價值問題是無動於衷的。我們再問：他的強烈道德感是那裡來的？就生於一八八〇年的世家子弟陳獨秀而論，顯然是從孔制裡培養出來的。藉孔反孔！

許多對原有觀念與制度的否定，是由對原有觀念與制度的肯定出發的。這是人間值得想一想的事。

吳又陵對舊派人士毫不客氣的說：

> 我常聽得到專制時代朧下的那些紳士遺老，最愛稱贊舊道德的好處。舊道德的名詞，既深印入他們粗而且硬的腦筋，所以他們一聽得別人講新學說，便深惡而痛絕，視同洪水猛獸一般的可怕。然而他們「蜣螂團體」中的紳士遺老對於新學說，雖像有九世不共戴天的大仇，其實又老守著「關

㉓ Benjamis Schwartz, *In Search of Wealth and Power: Yen Fu and the West*, 1964, p. 142.

門主義」：除了四經精華史外，以及，「桐城派古文」，「大學堂講義」（指清朝京師大學堂而言，以別於蔡子民以後之北京大學）之類，就是他們反對的新書新報，並未去一看，只管瞎鬧亂罵，如老婁絮語，如醉漢狂談，刺刺不休，眞是令人生厭。卻試問他們舊道德是些什麼，依然是囫圇籠統，說不明白。不過覺得共和時代把他們信仰爲天經地義的三綱五倫淘汰成了二綱四倫，使他們的「京味」、「官派」大大受了一打擊。到了如今，不但二綱四倫尚搖搖擺擺，立不住腳：並且那專制時代士大夫一種階級，恐怕還要被人鏟滅淨盡：就是幾本詩集，幾卷詞鈔，有什麼黃山谷、陳后山的腔調，姜白石、張玉田的風韻，究竟也抵不住世界的大潮流，要被浪淘盡英雄了。豈不走可憐得很嗎？㉔

「老英雄」眞夠潑辣。「來而不往，非禮也。」中國文化份子辯論和罵人多是不分的。不過從前人的老實，多用「迎頭痛擊」式；現在的花樣可多，技術可眞精進。

吳又陵對儒家批評道：

夫儒者於吾國之聖人，既集古今之大成，絕對無諍，而不可非矣。又昧於宗教之流派性質，凡不同於我者，概目之爲異端；不本於我者，概指之爲邪說。「息邪說，闢異端」之謬見深中人心，岸然自封，深閉固拒，坐成錮蔽，方自翎爲正學，爲眞儒；而不悟其乖僻迂妄，誤國殃民。爲禍之烈，百倍於洪水猛獸也。何以言之？國內之學，既禁燬摧殘而挫折之，使不克發達；域外之學，又鄙夷輕蔑而閉塞之，使不能傳布。愚民日陋劣，政府日專橫，學絕道喪，至於今日。宙合棣通，而

㉔《吳盧文錄》，卷上，頁二一四～二一五。

其效可睹矣。向使無儒教之束縛拘攣，則國內之學分歧發展，駸駸演進，未必無歐美煒華燦爛之觀。㉕

說儒家「爲禍之烈，百倍於洪水猛獸」，這是不合事實的。如前所述，儒家在佈揚倫教以保持中國社會文化的穩定上曾起了相當的作用。但是，這話並不涵蘊儒家沒有它的副作用，它的副作用是相當大的。許多藥物也是這種情形。在這個世界上，我們很不容易找到人發明的一種制度有百利而無一害，正如我們也很不容易找到人發明一種制度有百害而無一利。吳虞等人之責難儒家，頗類似馬丁路德之攻擊僧權。不過，這兩種人的處境不同，因而產生的效果也不同。馬丁路德處的是順境，於是產生了宗教改革。吳虞等人所處的是逆境，因而除了掀起一陣風潮以外，未能凝成具體的革進。

吳虞又說：

自孔氏誅少正卯，著「侮聖言」、「非聖無法」之厲禁。孟軻繼之，闢楊、墨，攻異端，自附於聖人之徒。董仲舒對策，以爲諸不在六藝之科，孔氏之術者，皆絕其道，勿使並進；韓愈原道「人其人，火其書，廬其居」之說昌；於是儒教專制統一，中國學術掃地！觀顧炎武謂「韓文公起八代衰，若但作原道，諫佛骨表，平淮西碑，張中丞傳後論諸篇，而一切諛墓之文不作，豈不誠山斗乎？」張爾岐記六祖衣缽傳自達摩，藏廣東傳法寺。衣本西方諸佛傳法信器。缽則魏主所賜。嘉靖中，莊渠魏校，督學廣東，取衣焚之，缽碎之，曠代法物，一朝淪毀。明李卓吾以卑侮孔孟，專崇釋氏，爲張問達所劾，逮死獄中，所著焚書，兩次禁燬，言論出版皆失自由。則儒教徒之心理

㉕《吳虞文錄》，卷下，〈明李卓吾別傳〉，頁四二～四三。

與獷悍可以想見。繆種流傳至今日。某氏收取章太炎諸子學略說，爐於一炬，而野蠻荒謬之能事極矣！

嗚呼！太西有馬丁路德創新教，而數百年來宗教界遂闢一新國土。有培根、狄卡兒創新學說，而數百年學界遂開一新天地。儒教不革命，儒學不轉輪，吾國遂無新思想、新學說，何以造新國民？悠悠萬事，惟此爲人已！吁！㉖

帝王們常惡見新觀念和新制度。而塑造這種心理模型並且給惡新以理由的，並依之而迫害學術思想自由的，無疑是好古的孔門之徒。

孔制之阻塞學術思想自由，明代李卓吾即已痛感：

明李卓吾曰：「二千年以來無議論，非無議論也，以孔夫子之議論爲議論，此其所以無議論也。二千年以來無是非，非無是非也，以孔夫子之是非爲是非，此其所以無是非也。」而孟軻之闢楊、墨亦曰：「楊氏爲我，是無君；墨氏兼愛，是無父。無父無君，是禽獸也。」仍以君父並尊，爲儒教立教之大本，夫爲我何至於無君？兼愛何至於無父？此不合論理之言，學者早已譏之。而今世民主之國，概屬無君，豈皆如孟軻所詆爲禽獸者乎？使孟軻生今日，當慨禽獸之充塞於世界，抑將爽然自悔其言之無絲毫價值也。㉗

㉖《吳虞文錄》，卷下，〈儒家主張階級制度之害〉，頁七八～七九。

㉗ 同上書。

我在這裡提出一個假設，希望對這個問題有興趣而且又有考證訓練的學人考證一下。我想明代李卓吾之所以能發這種議論，並且產生「孔氏不一定對」的思想，可能受到外國朋友的思想之影響。我之所以產生這項假設，第一個原因是我現在原始孔教也許具有新生「教化集團」㉘的活力及彈性。可是，它一成了制度，則無可避免地黏上一切制度所難免的弊端。任何制度愈是僵化久了，愈是容易凝結弊端。孔制固然在倫敦方面有它一定限度的貢獻，可是發展到後來它的副作用超過正作用。漢代董仲舒「罷黜百家，獨尊孔孟。」自此以後，中間雖幾經波折，㉙孔制畢竟確定地成爲中國的國教。孔制一成國教，便像君士坦丁大帝（Constantine the Great）以後的基督教似的，與君權相表裡。孔制一與君權相表裡，就無可避免地染上濃厚權威主義的色彩。如所周知，孔制成了中國社會文化的構成主幹和文化思想的主流。既然如此，孔制之權威主義化也使中國文化跟著帶有權威主義的色彩。涵化所及，中國文化份子多帶權威性格。所以，皇帝的話只能無條件地接受，否則就是反叛。即以知識份子而論，如有人糾正他的知識錯誤，他的自動反應就是覺得向他的聲威挑戰，打擊他的聲威，掃他的面子。既然如此，還有什麼學問好講呢？這就是從涵化的過程中把學術思想的自由從根苗上消滅了。

是從知識社會學的眼光來看這個思想變動的問題；第二是我讀到羅光著《利瑪竇傳》的一段而想起的。這一段說：「船至濟寧，利瑪竇聽說友人李卓吾居住在城内，遣人往約，願得一見，共商進京大事。卓吾那時住在漕運總督府的隔壁，和當時的糧道劉東星友善。卓吾聽說利瑪竇來到。立即走告劉糧道，糧道隨即遣轎一乘，接利瑪竇進府。三人相見，互道寒暄。劉東星乃詳詢西洋風俗人情，又問及天主教教義。利神父欣然為他講說一切。糧道聽畢，嘆息一聲說：『在下願西泰先生進天堂。』」（羅光著，《利瑪竇傳》，臺中，一九六○年，頁一○七。標點符號稍有更動。）這裡並沒有說及李卓吾的思想受利瑪竇的影響，只說到他們有相當的交情。既然他們有相當的交情，在別的地方有否記戴李卓吾的思想受利瑪竇的影響？

㉘ 這個名詞是借用的。見徐復觀著，《中國人性論史・先秦篇》，東海大學，一九六三年，頁七六。「在先秦時代，由孔子所開創出來的一個偉大的教化集團，是以詩書禮樂春秋易為中心而展開的。」

㉙ 意即和佛、道，爭信仰生活的主導地位。

基督教在中古時代未嘗沒有妨害學術自由、思想自由。㉚我們試看布魯諾（Giordano Bruno）、西班牙的普利斯林（Priscillian in Spain）等人之受迫害可知。我們試看當時的禁書目（Index Expurgatorius）可知。柏拉圖哲學，㉛加神權觀念，加權威主義，加蒙昧主義，合流在一起時，形成對學術思想自由之迫害，無寧是當然的結果，然而，自希臘人開始，西方人同時又有一股不可遏抑的認知自然和人生的求知欲。這也就是說，他們有強烈的「爲知識而知識」的精神。他們有探究宇宙奧秘的好奇心。這正是科學之母。這種精神和好奇心，經過文藝復興運動的醞釀，受到啓蒙運動的孕育，終於撥開宗教宇宙觀的雲霧，而見科學認知的青天，在中國未嘗沒有類似的情境，也有類似的人物。嚴又陵、梁啓超、胡適之，正是啓蒙型的代表人物。站在他們後面的，更有千千萬萬預備隊。但是，他們所處的有利時機太短了，而且梁啓超本人活得不夠長。不等他們打好基礎，逆流一陣接著一陣衝過來，些微的成績變成廢墟，胡適晚年且遭來自左邊的「鬪爭」和來自右邊的「圍剿」。這不是對一個學人的問題。這象徵著中國自由主義之沒落，也象徵著中國學術思想自由之在風雨飄搖裡。我不明瞭，在這二十世紀六十年代，中國一般知識份子的思想，是前進了五十年，還是後退了五十年！

㉚ See J. B. Bury, *A History of Freedom of Thought*, Oxford University Press, 1952, III Reason in Prison: The Middle Ages.
「理性坐牢」實在是很妙的名詞。「理性」的牢獄可能是一套信仰制度。歐洲中古時代是基督教義；現代是「馬列主義」及其各形各色的仿製建構。身體的牢獄，無論是在實際上容不容易逃出，坐牢的人心裡都知道是在坐牢，而且至少幻想著逃獄。可是，在「理性牢獄」裡的人，自覺是在牢獄裡的古往今來就少得可憐；自覺「理性在坐牢」而又有本領越獄的更是寥寥無幾。而且這種好漢，在風氣未開時，常被人視為異端份子，邪說散播者，因此受到不同程度的迫害。李卓吾就算是其中的一人。倡導懷疑的岱嘉德真是近代思想自由之父。

㉛ See Karl R. Popper. *The Open Society and its Enemies*, Princeton University Press, 1950. Part I. The Spell Plato.

孔制作用的層相，如果只限於道德倫教，像目前的基督教一樣，那末它對於學術思想自由的妨害也許可以被約束到最低限度。可是，權力是一個膨脹的宇宙。除非受到限制，這個宇宙趨向無限擴張。政治權力是如此，經濟權力是如此，倫教的權力也不例外。孔制在中國社會文化裡一直不斷擴大，以致弄成如明代李卓吾所說的：「二千年以來無議論，非無議論也，以孔夫子之議論爲議論，此其所以無議論也。二千年以來無是非，非無是非也，以孔夫子之是非爲是非，此其所以無是非也。」壟斷是非，就是壟斷人心。這是封閉社會的一種現象。在這種社會裡，一般人的思想活動被代代相傳的一根繩索緊緊牽住，學術研究主要限於註釋經典。這麼一來，無形之間把學術思想自由取消了。

這一過程，對中國學術思想進步所造成的損失是很重大的。遲至十七八世紀，西方人士還相當崇慕中國文化。㉜但是，近二百多年來中國文化沒有基本的進步。可巧，近二百多年是世界文化由進入近代而到現代的一個大轉型期。這二百多年對於人類文化特別重要。在這二百多年來，西方世界出了牛頓、愛因斯坦，他們進窺物理世界的奧秘；出了達爾文、巴夫洛夫，他們進窺生物世界的奧秘；出了弗洛伊德，進窺心理世界的奧秘。西方世界完成了工業革命。中國怎樣呢？至少在這方面，中國什麼也沒有。在這一階段，中國知識份子忙著作八股文，忙著作詩塡詞，忙著爬官梯。世界各國文化的發展可以比作運動會場萬

㉜ 歐洲人在第十六世紀及第十七世紀藉航海發現了亞洲，革新了他們的世界觀。一六八七年孔子經典在巴黎譯成拉丁文。最卓越的哲學家萊布尼茲（G. Leibniz）深受中國的影響。他認為中國的社會組織和實際行政優於歐洲。歐洲人只是在理論的研究上高過中國人。法國十八世紀大文豪伏爾秦極為稱讚中國的文化。他在一七五六年出版《論道德》。在這一著作中，頭兩章就盛稱中國文化在道德和法律上的成就。
See John Fairbank, *The United States and China*. Harvard University Press 1962. 1. The Western Impact, 2. China's Impact on Europe.

米賽。中國人在起跑時，比幾個人領先。可是，跑到緊要關頭，中國人自己停下來喝茶、吃瓜子。這樣一來，本來落在中國後面的人，反而超出中國人甚多。結果，這麼一個「文明古國」，在那些跑到前面的人看來，成爲「落後國邦」，屬於「未開發地區」，他們有那麼多的大工廠，那麼多科學實驗室，那麼多堅船利炮、飛機火車。反觀中國，只有幾座古老的宮殿、蒼白的廟宇，點綴在牛耕的無邊田野上。黃河潰決了農民們只有望洋興歎。旱災來了官員只有求雨。幾許腐儒，在幽暗的學屋裡，袖手談女性。

據前第一章和第四章可知，中國知識份子的思想長期被封鎖在我族中心主義的世界觀裡：自以爲是世界獨一至上的文物之邦。等到跟西方勢力一交手，不獨破綻百出，而且領土幾乎不保，這就難怪吳又陵等醒覺人物懷疑到中國文化的根本了。人在情感激動時，要他發言恰到好處，這是很難的事。如果我們只責難吳又陵發言「過激」，而不追溯後代知識份子何以弄得如此情急，那末便是不明事理。董仲舒自己創出「天人相與」的原始哲學，㉝及陰陽五行神話，已經貽害無窮。他還要挾孔制「應帝王」來壓縮學人的思路，藉攻擊「異端」以開後世「思想迫害」之先河。董仲舒在對策中說：「春秋大一統者，天地之常經，古今之通誼也。今師異道，人異論，百家殊方，指意不同。是以上無以持一統，治制數變；下不知所守。巨愚，以爲不在六藝之科，孔子之術者，皆絕其道，勿使並進。邪辟之說息，然後統紀可一，而法度可明，民知所從矣。」自漢武帝以來，這一對策奠定了中國統制學術思想的堅硬基礎。後世儘管出了許多孫行者，翻來翻去還是翻不出佛爺的巴掌心。董仲舒這個人是中國文化法力無邊的千古罪人！

我們更進一步看吳又陵是怎麼說的：

㉝ 董仲舒這種「哲學家」和雷頓（Paul Radin）所稱的「哲學家」是要高明些。See Paul Radin, *Primitive Man ss Philosopher*, New York, 1957.

卓吾之書，一焚於萬曆三十年，爲給事中張問達所奏請；再焚於天啓五年，爲御史王雅量所奏請。陳明卿云：「卓吾書盛行，咳唾間非卓吾不歡，几案間非卓吾不適。朝廷雖禁燬之，而士大夫則相與重鋟，且流傳於日本。」近人黃節曰：「學術者，天下之公器。王者徇一己之好惡，乃欲以權力過之，天下故不怵也。即怵矣，而易世之後，鋟卓吾書者自若，亦非明之列祖列宗所得而如何者。特張問達、王雅量之名，何幸藉卓吾而益彰耳。」

夫孔子之誅少正卯也，孟軻之闢楊、墨也，董仲舒之罷黜百家也，韓愈之闢佛也，建儒教之「金城湯池」而樹之標準。對於異說，虔劉芟薙，摧陷壓抑，務使銷亡澌滅，不得萌芽；束天下後世之聰明才力胥出於儒之一途，而其他則無獨立並行之餘地。吾國學術人才之萎靡衰頹，江河日下，豈無執其咎者乎？且文人相輕，自古而然。班孟堅譏太史公，而范蔚宗復譏班氏。物我異觀，是非相貿，端拱武斷，誠何足怪？卓吾生儒教專制之時，天王聖明之世，而快口直腸，憤激過甚，破道一風同之見。學與時忤，其身既殺，其書屢燬，記其人者每甚其詞，因學術異同之故，挾愛憎攻擊之私，自不能免。即此釋迦、少正卯、楊、朱、墨翟，及諸子百家在儒教之國，皆居於排斥誅鋤之地位。矧卓吾一身。兼「非儒」、「學佛」二者，爲異端之尤者乎？[34]

在中國這種注重合模的社會裡，思想過分突出的知識份子，歷來都是倒霉的。這樣的人，輕之則被社會目爲異類而與之疏離，重之則受到權威的迫害，明代的李卓吾就是一個顯著的實例。他的言論是不合「正統」的。於是：「卓吾之書，一焚於萬曆三十年，爲給事中張問達所奏請；再焚於天啓五年，爲御史王雅量所奏請。」他本人則「逮死獄中」，這眞是吳又陵所說極「野蠻荒謬之能事」。不過，一個事體常

㉞《吳虞文錄》，卷下，頁二三二～二三五。

有兩面。儘管官方這樣迫害學術思想自由，民間的反應可不全一樣：「卓吾書盛行，咳唾間非卓吾不歡，几案間非卓吾不適。朝廷雖禁燬之，而士大夫則相與重鋟，且流傳於日本。」由此足見官方與民間並不分享同一價值標準：官方以爲非的，民間以爲是。昭蘇之望在此。

孔仲尼誅少正卯，孟軻闢楊、墨，董仲舒罷黜百家，韓愈闢佛，爲的都是「建儒教之『金城湯池』」。他們對於異說，「摧陷壓抑，務使銷亡澌滅」。這些迫害的動作，在文人也許眞正是爲了「闢邪說而正人心」，可是在帝王們正好用來「束天下後世之聰明才力」以鞏固其統治。但是，「學術者，天下之公器。王者徇一己之好惡，乃欲以權力遏之，天下固不怵也。即怵矣，而易世之後，鋟卓吾書者自若，亦非明之列祖列宗所得而如何者。」拿學術思想來屈從現實政治，或迎合一時的風尙，或爲一部分人的意見說理，都是損害文化發展的自私措施。這樣的措施終究不會收效的。

要學術思想能夠健全發展，必項與政敎分開。

吳虞又有攻擊「禮教」的言論。他說：

……齊侯是很講禮教的，君君臣臣的綱常名教，就是關於小小的一塊祭肉，也不能苟且。講禮教的人到這步田地，也就儘夠了。就是如今刻近思錄、傳習錄的老先生講起禮教來，未必有這樣的認眞：不愧爲五霸之首了！然而我又考韓非子說道：「易牙爲君主味。君之所未嘗食，唯人肉耳。易牙蒸其首子而進之。」管子說道：「易牙以調和事公，公曰：『惟蒸嬰兒之未嘗』，於走蒸其首子而獻之公。」（戴子高《管子校正治要》：「首子」作「子首」，《韓子・難篇》同，今本誤倒。）你看齊侯一面講禮教，尊周室，九合諸侯，不以兵車，葵丘大會說了多少「誅不孝，無以妾爲妻，敬老慈幼」等等道德仁義的門面話；卻是他不但是姑姊妹不嫁的就有七個人，而且是一位

吃人肉的。豈不是怪事！好像如今講禮學的人，家中淫盜都有，他反罵家庭不應該講改革。表裡相差，未免太遠。……㉟

吳又陵在這裡所說的，頗有「強詞奪理」的嫌疑。他在這裡的論斷要能成立，必須能證明「凡講禮教的人吃人肉而且凡吃人肉的人講禮教」。事實顯然不是這樣。在事實上是有些講禮教的人吃人肉，有些講禮教的人不吃人肉。既然如此，講禮教和吃人肉之間並無必然關聯。可是吳虞的邏輯雖然錯了，從他的話裡我們可以看出一個眞問題：禮教謂得與人的七情六欲脫節太遠時，人在一方面要敷衍禮教，在另一方面要滿足七情六欲。在這種情形之下，最易出現「兩面人」。這也可以說明，中國自古以來，「僞君子」爲什麼那樣多。這也是中國文化的基本問題之一。

吳虞又有「闢孝」的言論：

> 《鉤命決》記孔氏之言曰：「吾志在《春秋》，行在《孝經》。」孟子云：「世衰道微，邪說暴行有作。臣弒其君者有之。子弒其父者有之。孔子懼，作《春秋》，故曰：孔子成《春秋》而亂臣賊子懼。」董仲舒云：「孔子明得失，差貴賤，反王道之本。故曰：《春秋》之法，以人隨君，以君隨天。屈民而伸君，屈君而伸天，《春秋》之大義也。」然孔子之修《春秋》，最爲後世君主所利用者，不外誅亂臣賊子，黜諸侯，貶大夫，尊王，攘夷，諸大端而已。蓋孔氏之志，誠如荀卿〈儒效篇〉所謂「大儒之用，無過天子三公」，宜其言如此。至其所作《孝經》，多君親並重，尤爲荀卿「三本」之說所從出。〈開宗明義章〉曰：「夫孝，德之本也，教之所由生也。」唐玄宗注

㉟《吳虞文錄》，卷下，頁六五～六六。

云：「言教從孝而生。」其教之最要者曰：「孝，始於事親，中於事君，終於立身。」玄宗注云：「忠孝道著，乃能揚名榮親。故曰：終於立身。」〈士章〉曰：「資於事父以事君而敬同。以孝事君則忠，以敬事長則順。忠順不失，以事其上，然後能保其祿位。」〈聖治章〉曰：「父子之道，天性也，君臣之義也。」〈五刑章〉曰：「要君者無上，非聖人者無法，非孝者無親，此大亂之道。」《正義》云：「言人不忠於君，不法於聖，不愛於親，皆爲不孝，大亂之道也。」……㊱

他又說：

……然孝、敬、忠、順之事，皆利於尊貴長上，而不利於卑賤；雖奬之以名譽，誘之以祿位，而對於尊貴長上，終不免有極不平等之感。故舜以孝致天下，獲二女，而巢父、許由不屑爲之。孔氏不廢君臣之義，而荷篠丈人則譏其「四體不動，五穀不分」，視同游民。此又尊貴長上之所深忌畏惡，而專制之學說有時而窮。於是要君非聖者，概目之爲不孝，而嚴重其罪名，以壓抑束縛之曰：「五刑之屬三千，罪莫大於不孝。」自是以後，雖王陵、稽紹之徒，且見褒於青史矣。「孝乎惟孝，是亦爲政。」家與國無分也；「求忠臣必於孝子之門」，君與父無異也。推而廣之，則如〈大戴記〉所言：「居處不莊，非孝也；事君不忠，非孝也；莅官不敬，非孝也；朋友無信，非孝也；戰陣無勇，非孝也。」蓋孝之範圍，無所不包。家族制度之與專制政治，遂膠固而不可以分析。……㊲

㊱《吳虞文錄》，卷上，頁一～二。標點符號另作。

㊲同㊱，頁三～四。

這簡直是「唯孝主義」！讀了這些話，給人的印象是：好像人生除了盡孝以外，再別無事事！難怪激起許多知識份子的懷疑與反感。

無論怎樣，孝是血緣之間的事，而政是眾人之間的事。如果混爲一談，攪成一事，那末一定害多於利。往事昭昭，歷歷可考。中國文化之所以管孝放在最根本處，是由於「誰賦予你以生命誰就是你的最高主宰」的原始思想作祟。

吳虞認爲提倡孝道與器化統治有關：

> 我讀《漢書・惠帝紀》，顏師古在孝惠皇帝下注道：「孝子善述父之志，故漢家之謚，自皇帝以下皆稱孝。」漢朝的禮儀制度，都是叔孫通所定的。他因爲起朝儀，使諸侯王以下至吏六百石都無敢讙譁失禮，把那位人流氓劉邦弄來也曉得皇帝的尊貴；所以把這和禮相表裡的「孝」字，拿來做皇帝謚法，以爲天下倡。後來唐明皇就深曉得他這種妙用。你看明皇《孝經》的序內說道：「朕聞上古，其風樸略。雖因心之孝已萌，而資敬之禮猶簡。聖人知孝之可以教人也，故嚴以教敬，因親以教愛，於是以順移忠之道昭矣，立身揚名之義彰矣。」由此就忠孝並用，君父並尊，教立於家，效著於國了，所以有子說：「其爲人也孝弟，而好犯上者，鮮矣。不好犯上而好作亂者，未之有也。孝弟也者，其爲仁之本歟！」《集解》說：「上，是凡在己上的。孝弟的人，必然恭順，犯上必少。」程子說：「孝弟是順德，所以不好犯上，自然不會有逆亂的事。」就這樣看來，他們教孝，所以教忠，也就是教一般人恭恭順順的聽他們一干在上的人愚弄，不要犯上作亂，把中國弄成一個「製造順民的大工廠」。孝字的大作用，便是如此！[38]

㊳ 同㊱，頁十四～十五。

吳虞的論斷是否成立，還要看提倡的人自己已是否眞誠行孝。中國在過去是拿倫秩代替法治，所以形成倫理與政事不分的混沌世界。他又從現實利害的觀點來「鬭孝」說：

> 孝之意義，既出於報恩，於是由「養兒防老，積穀防饑」的理由，必自孝而推及於養。所以孟子說：「不孝者五：不顧父母之養，一不孝也・博奕好飲酒，不顧父母之養，二不孝也。好貨財，私妻子，不顧父母之養，三不孝也。從耳目之欲，以爲父母戮，四不孝也。好勇鬭狠，以危父母，五不孝也。」五項之中，說養的就有三項。孔子也說：「今之孝者，是謂能養。」可見孔子、孟子時候，講孝道的人都是以養爲主了。所以「郭巨的妻產男，怕養男有妨供養，乃命妻抱兒，欲掘地理之。」劉向把他列入〈孝子傳〉內：「郭世道事後母，勤身供養。婦生男，夫婦共議，養此兒所費者大，乃瘞之。」……[39]

行孝行到這種地步，好像下一代人是爲上一代人而活著，不僅下一代人是爲上一代人而活著，在一極端的情形之下，還得犧牲下一代的救上一代。從經濟的觀點說，在古代那種經濟制度之下，下一代人要供養上一代人，我們找不出理由反對。因爲，人老了不能力田。爲了人道主義，下一代人，也應該幫助他們活下去，而且安慰他們寂寞的心靈。下過，依據生物邏輯來講，人類的希望不在老人而在年輕人。既然如此，犧牲下一代以救上一代便是說不通的事。不僅如此，藉孝來纏住下一代，不讓他們憑自由意志而發展，這也是中國文化進步緩滯之一源。

吳又陵更列舉了他藉以「鬭孝」的駭人事例：

㊴ 同㊱，頁十九～二十。

由孝養之意義，推到極點，於是不但做出活埋其子，大悖人道的事，又有自割其身，以奉父母爲孝的。趙士麟的〈汪氏孝友傳〉說：「汪灝父患血病，灝封股和藥進，血止而霍然加健。父足患瘡，其弟晨爲父割左股，煉末敷之，愈。其後父疾大作，灝再割右臂以進，弗瘳，欲割肝，母奪刀泣守之，父遂卒。」這類事實，歷史及現在社會尚不爲少。政府且從而褒揚，文士亦爲之歌頌。孝養的方法，也算得淋漓盡致——卻由今日看來，眞是糊塗荒謬極了。㊵

顯然得很，這些事例，在一個序纜之中，只能算是極端的例子。既然這些事例是極端的例子，於是並不常有。這些事例，是不足爲法的。所謂「二十四孝」，又何足爲法？中國古人在一方面說「身體髮膚，受之父母，不敢毀傷。」可是，他們同時又表揚這類毀傷得自父母的身體之行爲。中國文化裡有許多這類令人想不通的說法。不過，我們大可不必著急。時至今日，這些都已成紙上的東西了。

此外，孝的權威還延伸到男女婚姻關係上：

所以《禮記》說：「子宜於妻，父母不悦，則出之。子不宜於妻，父母苟曰『是善事我』，則子當禮之終身。」㊶

這好像是爲父母結婚。不用躭心，這樣不通的倫範，已經很少青年理會了。吳虞又搬出道家來「非孔」：

㊵ 同㊱，頁二一十～二一一。
㊶ 同㊱，頁二一一。

老子所著的書，大概講的是個人的道德：講那家族和社會的道德，卻是極少。至於儒家注重的君、臣、父、子、夫、婦等五倫的教，老子實在少說。老子以爲至德的時代，人人各得其所，各完其性，一切仁、義、禮、智，都無所用。到了後來，世變多端，人人相侵相害，騷擾和平，於是纔有反對不仁、不義、不孝、不慈、不忠的名詞出現，然後道德的功用和道德的名譽方纔起來。所以老子說：「大道廢，有仁義。智慧出，有大僞。六親不和，有孝慈。國家昏亂，有忠臣。」據老子這樣說來，仁、義、智慧、孝、慈、忠等道德，不過是反對疾病的醫藥，簡直是不祥之物。因爲不患疾病，那醫藥便沒有用處。我們豈有寶貴醫藥，願得疾病的道理嗎？老子又申明道德破壞後順序，說是「大道失而後有德，德失而後有仁，仁失而後有義，義失而後有禮，禮便是忠信之薄，亂之始了。」老子直認道德是不道德的原因，欲廢棄一切。所以說：「絕聖棄智，民利百倍。絕仁棄義，民復孝慈。絕巧棄利，盜賊無有。」老子這些話，直以道德爲不但無益而且有害的了。莊子又把老子說「智慧不滅，大僞不絕；聖人不死，大盜不止」的意思，推證出來，說是「胠篋探囊。恐怕盜發其匱。要爲之守備，必定要攝其緘縢。牢其扃鐍，纔可免損失。然而遇著大盜來了，他便負匱揭篋擔囊而走，反轉怕你那緘縢扃鐍不十分穩固。」莊子再說明他這個比喻的意思道：「齊國地方二千里，取法的是聖人，卻出了一個田成子，一旦殺了齊君，盜了齊國，並且盜了聖智的法，拿來守衛他盜賊的身子。那田成子雖然受了盜賊的惡名，卻身享堯舜的安樂，十二世有齊國。」可見聖智的法，徒供盜賊的利用。由此推論起來，自湯武道德已後，直到現在，那盜道德、盜法律的人，實在比田成子更加厲害，更加巧妙。所以說是要掊擊聖人，殫殘聖法，天下的人纔能夠清靜。這可明白老子是反對舊道德極了。[42]

㊷ 同㊱，頁二五～二七。

他又說：

莊子盜跖篇，直斥孔丘維「魯之巧僞人」，謂其「搖脣鼓舌，擅生是非，以迷天下之主，使天下學士，不反其本；妄作孝弟而儌倖於封侯富貴。」大揭其藉孝弟以保持祿位之隱衷於天下後世，眞一針見血之言。故余謂盜跖之爲害在一時，盜丘之遺禍及萬世。鄉愿之誤事僅一隅，國愿之流毒徧天下。㊸

莊周斥孔丘爲「魯之巧僞人」，我們何嘗不可以用同樣的口吻回敬一句：「莊周，宋之風涼人也。」

歷來有些人非孔，好援引道家。這實在是不相干的事。孔制和道家各在不同的人生層面。孔制所管的是禮樂倫教。這些項目所涉及的是現實社會的制度性的生活。而道家所提供的，除了澹泊思想過濾了的自然主義的宇宙觀以及前科學的理論和技術以外，是一種超脫式的人生境界和隱避式的人生態度。孔制是積極的；道家是消極的。當然，就全部的人生來說，這二者未嘗不可以互補。當禮樂政教過於繁縟化時，可以繁縟化到拘束人的心靈活動，以及桎梏人之無礙於他人的放任行動。㊹在這種情形之下，服一帖老莊的

㊸ 同㊱，頁九。

㊹ 我們且看皇帝怎樣巡幸：

駕出入，備其禮樂。啓行之日，鑾儀衛陳騎駕，鹵簿鳴角，鐃歌大樂，鐃歌清樂於聖駕所出禁門外。扈從王公官服行衣，佩弓矢。留京王公百官蟒袍補服。按翼列序門外祇候。皇帝御行衣乘輿出宮。導從扈如常儀。鼓吹振作。鹵薄前導。扈從王公各官咸跪，候過。乘騎隨發。留京王公百官跪送，候過，各退。一鑾輿經過，地方文武各官咸朝服，率紳士耆民於御

清涼劑，清瀉清瀉，的確有益衛生。儒門中有許多熱中功名利祿的份子。對於過分熱中的份子，老莊在旁

> 道右百步外，跪迎跪送。聖駕回鑾，王公暨文官京堂、武官副都統以上、內廷行走官、記注官、翰詹、科道等官，咸蟒袍補服豫出郊，至駐蹕行營外道右序立。駕至，跪候過。隨至行營恭請聖安。各退。翼日序立於聖駕所入禁門外，祗候駕至，跪迎皇帝還宮。各退。（見《欽定大清會典》，卷二十八）

我們再看所謂「頒詔」是個什麼光景：

> 覃恩頒詔，內閣學士恭奉詔書。先設太和殿內東楹案上。禮部豫設龍亭、香亭於午門外。樂部和聲署陳樂於香亭南。工部設宣詔臺於天安門樓東第一間，設金鳳朵雲於門上雉口正中。鴻臚寺設案於臺上。禮部派陳設司官一人，奉雲盤司官二人，奉　詔書司宮一人，前引筆帖式二人。儀制司官奉詔書出部午門，設於龍亭。行一跪三叩禮。校尉舁行。香亭在前，導迎樂作。御仗前引，至天安門，由東磴道升樓，設於正中。奉詔宮進，跪叩如初。恭奉詔書登臺，設於案，退立臺東。龍亭、香亭移設門外正中，文武百官在金水橋南按翼排班進，領催耆老別為班隨後立，均北面。宣詔官登臺西面立，眾皆跪。聽宣詔，先清文，後漢文，畢，行三跪九叩禮，退。奉詔官奉詔書置朵雲內，絲繩懸繫，自金鳳珠銜下，禮司官接受，仍設於龍亭，跪叩如初。……（見《欽定大清會典》，卷二十七）

我們看清代以降的「名女人」慈禧的加號是什麼情形：

> 穆宗毅皇帝初封懿貴人。咸豐六年封懿妃。十一年晉封懿貴妃。十一年七月穆宗毅皇帝登極，尊為皇太后。同治元年四月恭上徽號曰慈禧皇太后。十一年十月大婚禮成加上徽號曰慈禧端佑康頤昭豫莊誠皇太后。十五年二月大婚禮成，加上徽號曰慈禧端佑康頤昭豫莊誠壽恭皇太后。三月德宗親政加上徽號曰慈禧端佑康頤昭豫莊誠壽恭欽獻皇太后，二十年八月以六旬萬壽，加上徽號曰慈禧端佑康頤昭豫莊誠壽恭欽獻崇熙皇太后。三十四年十月宣統登極尊為太皇太后，翊日崩。宣統元年正月恭加上尊諡曰孝欽慈禧端佑康頤昭豫莊誠壽恭欽獻崇熙配天興聖顯皇后。（劉錦藻，《皇朝續文獻通考》，卷二百八十四，帝系二）

慈禧太后的帽子，由三個字加到二十五個字。可憐得很，這頂高帽子壓得使她喘不過氣來！

我們看《籌辦夷務始末》的前言：

> 監修總裁官大學士臣文慶等跪奏。為纂輯籌辦夷務始末完竣恭摺進呈，仰祈聖鑒事。竊臣館總裁官原任協辦大學士杜受田面奉諭旨，纂輯籌辦夷務始末一書，臣等督同編校，各官慎司編輯，細心校勘。自道光十六年議禁鴉片煙始至二十九口英

作冷眼旁觀狀，說點通透世故的話，打趣打趣，未嘗無助於士林防腐。然而，批評則是另一回事。既然孔制和道家是從兩個彼此平行而不相交的層面來涉及人生，於是執其中的任一來批評另一，都是沒有意義的事。

至於李耳所說的「大道廢，有仁義。智慧出，有大僞。六親不和，有孝慈。國家昏亂，有忠臣」，這些話完全是倒果爲因。「神農嘗百草」，是因爲有了病。豈有「百草」來了病才生之理？依照前面所說，人間的倫教並非「聖人」硬要造出來取樂的；而是人的社會生活出了毛病需要予以規範來維持，才慢慢制定禮律和倫範。文化人類學可以說明這方面的道理。

在事實上，與孔制對照時，道家的靜虛觀才有意義。李耳的境界再高，他總不能對一堆石頭講清靜無爲。孔制的弊端固然很多，可是它的目標是要建造一個以道德爲主體的文明社會。有而且只有相對於一個繁縟的文明社會而言，老莊的「哲學牢騷」才有意義。假定人眞能返回到舊石器時期以前，老莊的言詞有

夷不進粵城通商受撫止，先後十四年間恭奉上諭，廷寄以及中外臣工之摺奏，下至華夷往來之照會、書札，凡有涉於夷務而未盡載入實錄者，編年紀月，按日詳載，期於無冗無遺。欽惟我宣宗成皇帝如天之度，丕冒海隅犯順則赫濯有加，乞撫則羈縻弗絕。雷霆雨露，無非愛育黎元。終至化被重洋蒼生，胥登衽席。德成之聖。周浹寰區而宵旰憂勤、柔遠保民之念，洵足以昭垂萬古矣。皇上特命館臣纂輯成書，所以誌聖謨之默運，期海宇之久安。遠略宏規，至賅且備。臣等編摩幸與，感服彌深。仰乾坤燾載之仁，包函無外。欽日月照臨之智，經畫咸周。鯨浪胥恬，永款關而效順。鴻篇載輯，允資考鏡於前聞。共書八十卷，裝潢十六函敬謹進呈，伏祈皇上聖鑑。謹奏。

咸豐六年九月

（《始末》，道光朝，頁一）

花太多的精力在這些事上，還能做些別的什麼？

繁褥過分，一個文化就像一個滿身穿金戴銀的女人，被自己壓得透不過氣來，難以適應新的挑戰，以致走上衰弱之途。

什麼用處？關於風俗與道德，吳又陵提出了很通達的見解：

……印度寡婦殉夫，福建李光地家婦女多殉節，殘酷到了極點，還借著那些該死的腐儒說甚麼「烈女不事二夫」、「餓死事小，失節事大」的怪話來粉飾道德，裝點門面，以求合於那褒揚節婦、烈婦、貞女的「褒揚條例」。但是世界大通，人群進化，閉關時代，各國自為風氣的習慣，自為風氣的道德，應該打破；採取世界最通行，最合人生的習慣道德來改正從前荒謬、愚陋、殘酷、野蠻的「土人習慣」、「土人道德」。所以列子又說：「當時普通所認為道德的，不過據一國一方多數人與少數人所承認的為善惡的判斷。」是非邪正，止是由多數習慣而定，不見得就合乎真理。這話眞比死守舊道德的話頭、頑梗不化的紳士遺老，通透極了。㊺

作為道德規範的理想來看，我完全同意吳虞的這一見解，在現存的社會文化中，風俗習慣與道德倫理往往是不分的。因此，許多違反風俗習慣的行為常常被認為不道德的行為。例如，學生和老師戀愛。但是，也有許多合於風俗習慣的行為實在是不合道德的。關於這一方面，吳虞已經舉了許多例。由此可見風俗習慣與道德倫理雖然在社會文化中常常絞纏在一起，可是二者在概念上究竟不是同一的。原始的封閉社會特別注重風俗習慣。這種社會常常在風俗習慣的合模作用推動之下做出許多殘酷而不道德的事。四川省鄉間的男女有「通奸」的，鄉下人抓住了，用幾塊大木板把雙方活活釘在上面。木板上面插一個旗子，寫著「如有救者，男盜女娼」。鄉下人把釘在木板上的這雙男女推到江裡，順流而下，讓他們哀號而死。這樣的慘酷，還不是在道德倫理規範的名義之下行的？文明的社會，就是要擺脫諸如此類與一時一地的特

㊺《吳虞文錄》，卷下，頁二九～三十。

殊殘忍的風俗習慣不分的道德，而建立不違反生物邏輯的道德。當然，直到目前爲止，在這個地球上，所有的道德倫理規範都有風俗習慣或法律的染色，我們還找不到不受這些因素染色的道德倫理規範。所以，目前的問題不是有無，而是多少。現代化的開放社會較少；落後的封閉社會較多。依據這一實情，我們要建立一種不受風俗習慣沾染的道德倫理，這在目前只是一個理想。這個理想距離實現的日子似乎還相當遙遠。我們看美國的種族問題之遷延難決必可明瞭。雖然實際的情形是如此，我們對於這種情形中所含的問題之基本態度，則影響人類道德倫理的前途。主張道德倫理與風俗習慣不分的，是道德的地域主義（moral parochialism）。主張道德倫理與一時一地的風俗習慣必須分開的，是道德的普遍主義（moral universalism）。在實際上，吳又陵是一個道德倫理的普遍主義者。就這一意義說，吳又陵實在是一位超時代的人物。

和許多新舊過渡時期的人物一樣，吳又陵的思想是在一種新舊糅雜的狀態之中。不過，無論他在思想上的成就是大還是小，他充滿了爲時代而思想的熱心和眞誠。

五、胡適

梁啓超以後的言論大家要數胡適。拿梁啓超作參考點（point of reference）來看，胡適的思想是進了一步。胡適沒有嚴又陵那種古典氣息，也少有梁啓超的浪漫氣息。陳獨秀的思想構造粗糙，文筆則頗潑辣。胡適的思想比他們細密，文筆則特別清和。作爲思想家來看，如前所趨，梁啓超以多變出名：胡適之雖不像梁啓超那樣多變，可是他的思想也大致有早期、中期和晚期的分別。因爲，胡適究竟只是一個以早期杜威的實效主義（pragmatism）作底子的社會思想家。

幾乎不用說，胡適是白話文運動的主要領導人物之一，也是文學「改良」或文學「革命」的中心推動人物之一。白話文運動與文學「改良」或「革命」是現代中國文化發展歷程裡的一件大事。這一件事在中國社會文化裡所牽涉的實在既深且廣。時移世變。許多人事的變化是人自己所不能預料的。現在是科學家、電影明星、銀行經理這些人物的時代。可是，在白話文運動以前，中國的驕子是文人。如所周知，文學在中國是「包羅萬象」的文化財富。現在中國的大學分科。中國文學系和歷史系不過是許多學系裡的一二而已。在海禁未開以前，文學幾乎囊括了一切學問。這一變革把文學的獨佔局面打破了。文學的獨佔局面打破了，文人的驕子地位也就隨之沒落。

文學在中國並不只是一種語言的表達工具，它是中國文化裡一種重要的制度。這一重要的制度，決定知識份子能否做官，能否佔特殊的社會地位，能否揚名聲顯父母。文學在作為一個重要的制度時所牽涉的既然這麼多，因此提倡文學「革命」在實際上也就是革士大夫的命。難怪林琴南等人那樣反對提倡白話文。現在有些人士之所以提倡文言文，表面的理由是「保存國粹」，內心深處的原因是想勾回文士已失的過去聲威。如果文學「革命」在廢除科舉以前發動，那末遭遇的阻力一定遠較廢除科舉以後為大。

提倡白話文和從事文學「革命」以及所引起的若干反對和廣大的贊成，都是直接可見的事情。藏在這些事情裡面的有一更重要的事情。這個事情就是一個基本價值的革命。滿清推翻了，這表示專制「要不得」。可是，專制的軀殼雖然打破了，專制的內容還健在。和專制的內容混合在一起的許許多多東西依然在那裡作怪。復辟運動就是明證。與專制混合在一起的許許多多東西之中，最有力量的一種就是前述「好古」。文學則是「好古」的大本營。現在，胡適之等新人物居然提倡文學「革命」，這簡直是太歲頭上動土！

白話文運動和文學「革命」普遍展開，也就是將蘊含在這一運動裡的「非古」意識普遍地散播開。而

「非古」即所以爲「現代化」開路。所以，白話文運動也就是中國現代化運動的開路先鋒。關於白話文運動與文學「革命」，我們且看胡適是怎樣主張的：

吾以爲今日而言文學改良，須從八事入手，八事者何？
一曰，須言之有物。
二曰，不摹倣古人。
三曰，須講求文法。
四曰，不作無病之呻吟。
五曰，務去爛調套語。
六曰，不用典。
七曰，不講對仗。
八曰，不避俗字俗語。

照當時的老派人物看來，胡適簡直是在造反！做文章而「不摹倣古人」，那還了得！作文而「不用典」，那還有什麼？用「俗字俗語」寫文，滿紙「的、了、嗎、呢」，還成什麼體統？可是，胡適有許多動人的理由。他說：

文學無此二物（情感，思想），便如無靈魂無腦筋之美人，雖有穠麗富厚之外觀，抑亦末矣，近世文人沾沾於聲調字句之間，既無高遠之思想，又無眞摯之情感。文學之衰微，此其太因矣。此

文勝之害，所謂言之無物者是也。欲救此弊，宜以質救之。質者何？情與思二者而已。㊻

文學作品，如無眞實的感情和內容，一味的在語言文字形式的技術工巧搬弄上下功夫，這是世紀末的現象。這也就是時代靈魂枯萎的表徵。中國文人作詩，尙能表達自己的眞情，至於作墓誌銘，幾乎千篇一律地是藉恭維死人，來取悅活人。之所以如此，主要的原因是擬古的合模作用作怪。爲了打破這種僵局，胡適提出他的文學進化觀：

既明文學進化之理，然後可言吾所謂「不摹倣古人」之說。今日之中國，當造今日之文學，不必摹倣唐、宋，亦不必摹倣周、秦也。前見「國會開幕詞」，有云：「於鑠國會，遵晦時休。」此在今日而欲爲三代以上之文之一證也。更觀今之「文學大家」，文則下規姚、曾，上師韓、歐；更上則取法秦、漢、魏、晉，以爲六朝以下無文學可言，此皆百步與五十步之別而已，而皆爲文學下乘。即令神似古人，亦不過爲博物館中添幾許「逼眞贗鼎」而已，文學云乎哉！昨見陳伯嚴先生一詩云：

濤園鈔杜句，半歲禿千毫，所得都成淚，相過問奏刀。萬靈噤不下，此老仰彌高。胸腹回滋味，徐看薄命騷。

此大足代表今日「第一流詩人」摹倣古人之心理也。其病根所在，在於以「半歲禿千毫」之工夫作古人的鈔胥奴婢，故有「此老仰彌高」之歎。若能洒脫此種奴性，不作古人的詩，而惟作我自

㊻《胡適文存》，第一集，卷一，〈文學改良芻議〉，頁六。

己的詩，則決不致如此失敗矣。㊼

胡適認爲文學是「隨時代而變遷」的。因此，「唐人不當作商、周之詩，宋人不當作相如、子雲之賦——即令作之，亦必不工。因爲『逆天背時，違進化之跡』。」

一般而論，中國傳統文人做文章常好裝腔作勢，做小文章，小裝腔作勢。做大文章，大裝腔作勢。做文章者的主要著眼點是擺才華，搬典故，掉書袋子。欣賞者主要的也是欣賞他擺才華，搬典故，掉書袋子，做文章順著這條路發展下去，就衍出「言之無物」，作「無病呻吟」，「專講對仗」，充滿「爛調套語」等積弊。現在，胡適之針對著這些積病，提出前面所說的「八不主義」。這不僅是對症下藥，而且是起死回生。所以，文學「革命」的方案一提出去，白話文運動一展開，全中國的知識份子大都風然景從。可不是嗎？目前抨擊胡適的人士不是正在用白話文嗎？

文學「革命」與用白話文的結果，不止使中國知識份子以各種不同的程度逐漸定出古人的牢籠而已，它還有從基本上改造中國士人思想的具體作用。在相當的程度以內，一個人運思與構思所用的工具決定著他的運思方式與構思模形。傳統中國文人很少用邏輯符號及數學語言來運思與構思的。傳統中國文人運思與構思所用工具是文言文。文言文，尤其是文言文中的成語，凝聚著自古以來代代相傳且又因而硬化了的意型。這些意型老早與這個經驗世界脫節了。白話文因和口語接近，所以其中的意型與經驗世界接近。既然胡適們用白話文代替文言文，那也就是爲中國知識份子以舊的思想方式換成新的思想方式。這也就是說，新的語言方式使他們從遠離經驗世界到接近經驗世界。這一內在思想方式的轉換，促使中國知識

㊼ 同㊻，頁七～八。

份子走出文字築成的高樓，而落實到人間世。文學革命的行動吐放出其中含藏著的變的觀念，又暗示著「古人不足法」，合模並非一件可嘉的事。這些觀念和價值取向的改變眞是太基本了。這些大改變，顯然爲近幾十年中國的內部大變動鋪了路。

依前面第四章所說，可知傳統中國社會在基本上係受種種禁忌（taboos）、氏族傳統（folklores）、氏族生活方式（folkways）、基德（mores），以及拒評（pathos），對人的情感、思想和行爲的支配。幾千年來，中國文化份子一直是在這些動因之中成長起來的。關於兩性的分別及其關係，自來即予戲劇化：有許多不同的觀念，優劣的價值判斷，和特別的情緒瀰漫在兩性之間。這些東西並與風俗習慣溶成一片。在氏族社會裡，風俗習慣對人的拘束力很大。穆勒甚至說「風俗的虐政」。就中國傳統的社會文化而論，在風俗的虐政之中，以對兩性的虐政爲酷烈。兩個青年男女明明相戀相愛，可是不得父母之命，只好望望然而去之。所以，近幾十年來在這方面的反抗最烈。但是，直到目前爲止，青年的一代並沒有得到全部的成功。所謂「婚姻悲劇」，時有所聞。中國舊俗對於男女兩性之防閒可謂集禁制之大成。一個年輕女子對陌生男子多瞟一眼，可能就構成一個問題。中國男性中心社會對女子「貞操」片面的要求，其嚴格的程度壓得女子抬不起頭。如果女子在性的方面萬一失檢或被強暴，那末她一輩子休想做人了。不僅她一輩子休想做人，與她有關的人也會蒙羞。這是，禮教」！這是殘酷的禮教！在這樣殘酷的禮教之下，不知犧牲了多少女子的幸福！對於這個問題，胡適在〈論女子爲強暴所污〉答蕭宜森時曾表示他的見解。蕭宜森所作的陳述是：

……學生有一最親密的朋友，他的姐姐在前幾年曾被土匪擄去，後來又送還他家。我那朋友常以此事爲他家「奇恥大辱」，所以他心中常覺不平安：並且因爲同學知道此事，他在同學中常像是不好意思似的。學生見這位朋友心中常不平安；也就常將此事放在心中思想。按著中國的舊思想，我這位朋友的姊姊就應當爲人輕看，一生受人的侮慢，受人的笑罵。但不知按著新思想，這樣的女人應居如何的地位？

胡適的見解是：

> 我們男子夜行，遇著強盜，他用手鎗指著你，叫你把銀錢戒指拿下來送給他。你手無寸鐵，只好依著他吩咐。這算不得懦怯。女子被污，平心想來，與此無異。都只是一種「害之中取小」。不過世人不肯平心著想，故妄信「餓死事極小，失節事極大」的謬說。㊽

這是在一九二一年以前胡適對舊禮教的答覆。女子被強暴所污，根本是一個法律問題；我們想不出任何理由來要女子因「禮教」之故而自殺。胡適在這裡所說的，可謂平易近人。

中國社會文化裡有些倫教，放在一組有定的條件以內，也許是構成倫秩之所必須。但是，如果應用時不顧到倫向（ethical orientation）及倫況（ethical status）的差別，那未就可能產生很「糟」或至少沒有眞實內容的結果。例如，敬，在某一場合及某一適當的程度以內，年輕人對年長人示敬，這不能算是一件可笑的事。但是，有時該年輕人不願自動對該年長人示敬，或者他因認爲該年長人根本無可敬之處而不願示敬。在這類情形之下，該年長的人怎麼辦呢？如果該年長的人覺得失了面子，因而利用社會壓力或動員

㊽ 同㊻，卷四，〈論女子為強暴所污（答蕭宜森）〉，頁六八五～六八六。

傳統的力量，直接要該年輕人對他示敬，那未就不算不可笑，或者，該年長的人運用其他的條件來造成一種形勢，脅迫該年輕人向他示敬。例如，這一個青年不向他示敬就得不到糖果吃，可是另外一個青年向他示敬後得到糖果吃。這樣得來的示敬，只有形而無質，貌敬而心不敬，口服而心不服，又有多大意思？可惜中國社會裡有許多事都弄成這種光景。行孝也常如此。我並不認爲「父兄猶路人」是一件可嘉尙的事。至少，這太寂寞了！在合理的條件以內，行孝並非阻礙幸福生活的事。但是，如果父母藉孝道來把子女當做自己積谷的倉庫，讓他們一輩子爲父母流汗，那就似乎過分自私吧！這類的事還只算小百姓的可憐相。更有一種事體爲害鉅大。依前所述，像慈禧太后之對光緒皇帝，就是利用孝字作命令系統。在孝的大前提之下，凡子女不可違背父母之命。慈禧太后係以父母對子女的地位和光緒說話。光緒違之則爲不孝。所以必須服從。這樣一來，就把國事和家事糾結在一起了。孝道既易發生這麼多副作用，所以必須予以新的估價。胡適說：

但是我不贊成把「兒子孝順父母」列爲一種「信條」。……「一個孩子應該愛敬他的父母」是耶穌一種信條，但是有時未必適用。即如阿爾文一生縱淫，死於花柳毒，還把遺毒傳給他的兒子歐士華，後來歐士華毒發而死。請問歐士華應該孝順阿爾文嗎？若照中國古代的倫理觀念自然不成問題。但是在今日可不能不成問題了。假如我染著花柳病，生下兒子又聾又啞，終身殘廢，他應該愛敬我嗎？又假如我把我的兒子應得的遺產都拿去賭輸了，使他衣食不能完全，教育不能得著，他應該愛敬我嗎？又假如我賣國賣主義，做了一國一世的大罪人，他應該愛敬我嗎？㊾

㊾ 同㊽，〈我的兒子〉，二一，〈我答汪先生的信〉，頁六九一～六九二。

胡適這種對孝的態度是很開明的。胡適在這裡並不是無條件的「非孝」，而是有條件的贊孝，如果「孝」並不是理學先生所說的那種神祕的東西，而是子女對父母之一種善意的眞摯情誼，那末我實在找不出理由來說孝有何反對的必要。我無寧認爲這樣的孝是大可値得維持的一種人際關係。但是，我們不要忘記，在做孝子孝女之前，必須做一個健全的人。盲目的孝道，偷東西給父母吃的孝道，是値不得獎勵的。凡人皆有錯，父母是人，所以父母也有錯：並非頂在你頭上的人就是無錯的天神。爲行孝而不講理，結果一定走向孝的反面。爲了討好父母而做出害己害人的事，這樣的孝是必須改正的。

父母和子女的關係，胡適認爲在兒女方面不應該是「白吃不還帳」的主顧，在父母方面不可以是「放高利貸」的債主：

> 先生說我把一般做兒子的抬舉起來，看作一個「白吃不還帳」的主顧。這是先生誤會我的地方。我的意思恰同這個相反。我想把一般做父母的抬高起來，叫他們不要把自己看作「放高利貸」的債主。㊿

這種說法打破了一般傳統觀念。他又說：

> 先生又怪我把「孝」字驅逐出境。我要問先生，現在「孝子」兩個字究竟還有什麼意義？現在的人死了父母都稱「孝子」。孝子就是居父母喪的兒子，（古書稱爲「主人」）無論怎樣忤逆不孝的人，一穿上蔴衣，帶上高梁冠，拿著哭喪棒，人家就稱他做「孝子」。51

㊿ 同㊾，頁六九一。

51 同㊿。

胡適在這裡將孝的假套戳穿了。孝道到了這種地步，可說已經毫無實際內容了。胡適更明白指出孝的觀念不應無限擴大；同時提出他所說孝的積極意義：

我的意思以爲古人把一切做人的道理都包在孝字裡，故戰陣無勇，涖宮不敬，等等都是不孝。這種學說，先生也承認他流弊百出。所以我要我的兒子做一個堂堂的人，不要他做我的孝順兒子。我的意思以爲「一個堂堂的人」決不致於做打爹罵娘的事，決不致於對他的父母毫無感情。[52]

這是很對的話，毫無原則的行孝，可能很害事的。我們且看明代這一小故事：「利瑪竇自宦官處聽說皇上很欣賞自鳴鐘。一次皇太后要看鐘錶，皇上怕太后把錶留住不還，命太監勿上緊彈簧，自鳴鐘送到太后處，不動又不鳴。太后很失意，又將錶送回。」[53]堂堂的皇帝不願把自己的鐘給太后看，爲什麼寧願施些小手法，而不據理力爭？以孝爲基礎的人情之網連皇帝也擺脫不出來。講孝道講到這樣害理的地步，可以休矣！

自一八九八年康有爲和梁啓超提倡變法維新，中國許多知識份子被藏在變法維新後面的部分「非古」思想導出思想自由。如前第一章及第四章所述，中國知識份子的心靈活動主要地長期浸沉在制度化的思想（institutionalized thought）裡面。一切制度化的思想要能長久維持，至少得滿足兩個必要條件：第一，思想以外的政治權威與權威制度。這一力量於必要時可用以制裁在思想上反對官定路線的異端份子。

---

[52] 同[50]。

[53] 羅光著，《利瑪竇傳》，臺中，一九六〇年，頁一二七～一二八。

例如，從前應科舉試的知識份子如果不照著官定的「孔孟之道」作答，那末他休想榜上有名。如果他名落孫山，那末他做官的希望就很渺茫了。帝俄時代的美學教授亞歷山大．布拉克（Alexander Block）因爲不知怎樣從「馬列主義的觀點」來講授美學，於是被波爾希維克黨人解聘而活活餓死，第二，要維持制度化的思想，必須有一個封閉的社會（a closed society），或控制交通的幕罩，或厲行日本曾經實行過了的「鎖國主義」。如果這兩個條件發生問題，那末制度化的思想之維持也會跟著發生問題。自中英戰爭以後，尤其是南京條約簽訂以後，西方文化勢力叩關而入，中國的思想界就開始發生這個問題。

當基本的思想發生基本的動搖時，原有的信仰成爲懷疑的題材。當原有的信仰成爲懷疑的題材時，人之無庸置疑的確定感（sense of apodictic certainty）便飄散於無何有之鄉。這一不定的形勢，正是外來觀念與思想乘機而入的關頭。在這種情況下，一種言論是否被廣泛接受，要看它是否滿足下列四個相關聯的條件：第一，它是否合於一個地域裡大多數人潛意識中貯藏的要求。第二，它是否能對一般人渴望解決的現實問題提供可直接見及的解決方案。第三，它是否能激起大家受情緒鼓盪的幻想。第四，它是否吻合於大家殘存的價值取向。任何一種言論，如果滿足了這四個條件，那末大家便是找回那已經失去了的無庸置疑的確定感，因此也就可能被廣泛地接受。如果任何一種言論不能滿足這四個條件，那末可能因大家不感興趣而萎縮而寂滅。言論也有「適者生存」的原則。凡適合上述四個條件的言論就能生存；凡不適合上述四個條件的言論就歸淘汰，我們可以拿這個標準來看清末以至五四運動前後的言論。

當滿清專制由動搖而瓦解，孔制逐漸失靈，黨治尚未興盛，北方軍人尚不懂得「統制思想」時，中國的知識界實在是處於思想自由及言論自由的早春時節。「言論界的驕子」也正是在這個時節脫穎而出的。在這個時期，各種思想言論紛然雜陳。那合於中國知識份子的新憧憬，打破舊社會的現狀，並給予人新希望的言論，就能動人心弦。胡適在這個時期很充沛而又剛健地貢獻出他的思想和書論。在他早期的思想中，重要的一頁就是易卜生主義。他介紹這個主義的要旨時說：

> 娜拉拋棄了家庭、丈夫、兒女，飄然而去，只因爲她覺悟了她自己也是一個人，只因爲她感覺到她「無論如何，務必努力做一個人」。這便是易卜生主義，易卜生說：
>
> 我所最期望於你的是一種眞實純粹的爲我主義，要使你有時覺得天下只有關於你的事最要緊，其餘的都算不得什麼。……你要想有益於社會，最好的法子莫如把你自己這塊材料鑄造成器。……有的時候我眞覺得全世界都像海上撞沉了船，最要緊的還是救出自己。（頁一〇〇）

這便是最健全的個人主義。救出自己的唯一法子便是把你自己這塊材料鑄造成器。

把自己鑄造成器，方才可以希望有益於社會。眞實的爲我，便是最有益的爲人。把自己鑄造成了自由獨立的人格，你自然會不知足，不滿意於現狀，敢說老實話，敢攻擊社會上的腐敗情形，做一個「貧賤不能移，富貴不能淫，威武不能屈」的斯鐸曼醫生。斯鐸曼醫生爲了說老實話，爲了揭穿本地社會的黑幕，遂被全社會的人喊作「國民公敵」。但他不肯避「國民公敵」的惡名，他還要說老實話，他大膽的宣言：

世上最強有力的人就是那最孤立的人！

這個個人主義的人生觀一面教我們學娜拉，要努力把自己鑄造成個人；一面教我們學斯鐸曼醫生，要特立獨行，敢說老實話，敢向惡勢力作戰。少年的朋友們，不要笑這是十九世紀維多利亞時代的陳腐思想！我們去維多利亞時代還老遠哩。歐洲有了十八九世紀的個人主義，造出了無數愛自由過於麵包，愛眞理過於生命的特立獨行之士，方才有今日的文明世界。

現在有人對你們說：「犧牲你們個人的自由，去求國家的自由！」我對你們說：「爭你們個人的自由，便是爲國家爭自由！爭你們自己的人格，便是爲國家爭人格！自由平等的國家不是一群奴才建造得起來的！」[54]

這裡可以掏出許多金塊：愛眞理、愛自由、特立獨行、不被製造成奴才。

娜拉拋棄了家庭，飄然而去，只因爲「她覺悟了她自己也是一個人」。這裡的重要問題是：怎樣才算是一個人？現在大家已經是人，再提出這個問題，似乎是多餘的。其實不然。「沒有經過考察的生活，是值不得活下去的。」沒有經過反思的生活，只是生物文化層的生活。在這一層生活的人，時時刻刻在呼吸空氣，製造二氧化碳。肚子餓了吃東西。吃了東西又拉走。拉走了又吃。求偶期到了就結婚。結婚了生小孩。小孩長大了有的自然老死，有的病死，有的被驅策著在戰場上打死。然後再一批一批地生下來，又一批一批地死去。生命像江水似的流下去，難道全然是盲目的？這就很值得想一想了。

人誠然是一種動物。但人是一種有意識的動物。如前所述意識之出現，在生物演化的歷程上，的確是一件大事。人一有意識，就可能對人生反思。娜拉就是這種人。在「社會解放」的初期，受到新思潮影響的婦女，漸漸覺悟到自己是「家庭的奴隸」，紛紛從家庭出走，尋求「做一個人」的新道路，胡適所提倡的「易卜生主義」對這一情勢有鼓導作用。

「貧賤不能移，富貴不能淫，威武不能屈」是做一個自由人的基本條件。可是，現代的社會愈來愈走向群集化。個人的獨立性一天一天地遭到腐蝕。因此，自由人要保有這些基本條件需要較十八九世紀更大的道德勇氣。

---

[54]《胡適文存》，第四集，卷四，〈介紹我自己的思想〉，頁六一二～六一三。

「世上最強有力的人就是那最孤立的人！」這是石破天驚之語！一個人要眞正了解這句話，必須他自己多少有孤獨生活的實際體驗。雁、雞、鴨這些弱小的動物，需要結成一個群來保護牠自己。鷹鷲永遠是孤獨的。牠振翅高飛，翱翔太空，俯瞰大地，睥睨一切。世界上最孤立的人常爲最堅強的人。在那深山裡修鍊的高僧，他不怕寂寞，他不需要和俗人泡在一起取暖。他那超越凡俗的境界支持他屹立塵表之上。他不需要群眾把他抬上肩頭來顯得自己高。他不需要萬人的歌頌來證明自己有理。那在眞理的海洋中探索的傑出科學家及思想家，他們下看大眾臉色，更不理時代的風尚。他們只聽眞理的召喚，獨立不倚地向前直奔。那創造時代的開拓者，根本就蔑視大眾蝸行的俗路俗套。他把一切凡夫俗子丟在後面，頭也不回地獨自去創造自己的新境界。

斯鐸曼醫生爲了說老實話，爲了揭穿本地社會的黑幕，遂被全社會的人喊作「國民公敵」。但他不肯避「國民公敵」的惡名，他還要說老實話。一個人要做到這個地步，必須滿足三個條件：第一，有不從俗的特立獨行精神。第二，不把一個社會大多數人在一個時候認以爲眞的說法當做唯一的最後是非裁判標準。第三，在必要時有爲自己的信持而犧牲的道德勇氣。蘇格拉底（Socrates）就是這類人物中的一個典型。可是，這類人物在許許多多社會常常不受歡迎。爲什麼呢？羅素把這個原因說得頗爲明白：

> ……現在，許多人以懷疑的眼光來看哲學家。他們認爲哲學家史與眾不同的人：哲學家顛覆傳統和成俗。他對於那些似乎對每個其他的人有益的習慣和看法不給予無條件的贊同，大家信以爲眞的信條，他指出其可疑之處。這使得沒有養成懷疑習慣的人感到惴惴不安，所以，他們恨惡哲學家，並報之以敵意。……[55]

---

[55] Bertrand Russell, *Wisdom of the West*, New York, 1959, p.47.

這種情形，在從通體社會的底子泡製出來的社會裡尤然。何況他去揭人之短而損害其聲威和利益呢？可是，沒有這種人，一個社會文化很不容易進步或作必要的改革。康有為、梁啓超和早期的胡適，也屬於這一類型。可惜後繼的人多在時代的浪潮裡淹沒了！

胡適又說：

社會最大的罪惡莫過於摧折個人的個性，不使他自由發展。那本雁戲所寫的只是一件摧殘個人才性的慘劇。那戲寫一個人少年時代極有高尚的志氣，後來被一個惡人害得破家蕩產，不能度日；那惡人又把他自己通姦有孕的下等女子配給他做妻子，從此家累日重一日，他的志氣便日低一日，到了後來，他墮落深了，竟變成了一個懶人懦夫，天天受那下賤婦人和兩個無賴的恭維，他洋洋得意的覺得這種生活很可以終身了。所以那本戲借一個雁做比喻：那雁在半閣上關得久了，他從前那種高飛遠舉的志氣全消滅了，居然把人家的半閣做他的極樂國了！56

從這裡所說的，我們可以窺見中國舊社會腐蝕人的方式，並且可以把人腐蝕到什麼樣的地步。這個社會活像一個鱷魚潭，誰一個不小心跌進去，誰便不聲不響地被消滅了。半個世紀以來，該有多少青年在學校時懷抱高遠的理想要改造社會！可是，等到他們一踏進社會之門，不消三五年，他們不僅沒有改造社會，而且多被社會改造。對於社會裡的種種黑暗，他們起初還有點難過；可是日子久了，就見怪不怪。這樣一來，為了現實的生活，大家也就將就下去。這一將就，一輩子也就將就過去了，這種情形是中國社會

56 《胡適文存》，第一集，卷四，〈易卜生主義〉，頁六四四。

文化裡一個最深的悲劇。藏在這個悲劇後面的，常常是最盪決性的回動（reaction）。

「名教」在中國社會文化裡構成嚴重的問題，胡適對此問題有所論列：

「名教」便是崇拜寫的文字的宗教；便是信仰寫的字有神力，有魔力的宗教。

這個宗教，我們信仰了幾千年，卻不自覺我們有這樣一個偉大宗教。不自覺的緣故正走因爲這個宗教太偉大了，無往不在，無所不包。就如同空氣一樣，我們日日夜夜在空氣裡生活，竟不覺得空氣的存在了。[57]

我們再看名字的神奇：

小孩若愛啼啼哭哭，睡不安寧，便寫一張字帖，貼在行人的小便處所在，上寫著：

天皇皇，地皇皇，我家有個夜啼郎。過路君子念一遍，一夜睡到大天光。

文字的神力眞不少。

小孩跌了一交，受了驚駭，那是駭掉了「魂」了，須得「叫魂」。魂怎麼叫呢？到那跌交的地方，撒把米，高叫小孩子的名字，一路叫回家。叫名便是叫魂了。

小孩漸漸長大了，在村學堂同人打架，打輸了，心裡恨不過，便拿一條柴炭，在牆上寫著詛咒他的仇人的標語：「王阿三熱病打死」。他寫了幾遍，心上的氣便平了。

他的母親也是這樣。她受了隔壁王七嫂的氣，便拿一把菜刀在刀板上剁。一面剁，一面喊「王

---

57 《胡適文存》，第三集，卷一，〈名教〉，頁四一。

七老婆」的名字，這便等於亂剁王七嫂了。

他的父親也是「名教」的信徒。他受了王七哥的氣，打又打他不過，只好破口罵他，罵他的爹媽，罵他的妹子，罵他的祖宗十八代，罵了便算出了氣了。

據江紹原先生的考察，現在這一家人都大進步了。小孩在牆上會寫「打倒阿毛」了。他媽也會喊「打倒周小妹」了。他爸爸也會貼「打倒王慶來」了。（《貢獻》九期，江紹原〈小品百七八〉。）⑱

這裡所說的是我們在社會中常見的「名教」，這樣的「名教」觀念，更向政治外交延伸與擴大，我們看：

五月初濟南事件發生以後，我時時往來淞滬鐵路上。每一次四十分鐘的旅行所見的標語總在一千張以上。出標語的機關至少總在七八十個以上。有寫著「鏟斃田中義一」的；有寫著「活埋田中義一」；有寫著「殺盡矮賊」而把「矮賊」兩字倒轉來寫，如報紙上尋人廣告倒寫的「人」字一樣。「人」字倒寫，人就會回來了，「矮賊」倒寫，矮賊也就算打倒了。⑲

爲什麼要這樣做呢？這是從「象徵意識」裡湧現出來的行動。⑳當人對於實際的敵體無可奈何時，常

---

⑱ 同⑰，頁四二～四三。

⑲ 同⑰，頁四五。

⑳《易經》是由三種意識組成：體系意識、對演意識和象徵意識。中國文化裡雛型的象徵意識這樣發達，未知是否和易經有關。中國的象徵意識是向建築形式、自然文字、禮儀和繪畫方面發展，而沒有向符號邏輯作抽象的發展，所以迄未轉出理

假借象徵敵體的符號來發洩恨氣。越南人民打毀吳廷琰夫人的像也屬此類。胡適接著說：

我們試問，爲什麼豆腐店的張老闆要在對門牆上貼一張「對我生財」？豈不是因爲他天天對著那張紙可以過一點發財的癮嗎？爲什麼他元旦開門時嘴裡要念「元寶滾進來」？豈不是因爲他念這句話時心裡感覺舒服嗎？

要不然，只有另一個說法，只可說是盲從習俗毫無意義。張老闆的祖宗下來每年都貼一張「對我生財」，況且隔壁剃頭店門口也貼了一張，所以他不能不照辦。

現在太多數喊口號，貼標語的，也不外這兩種理由：一是心理上的過癮；一是無意義的盲從。㊶

中國許多文化份子的人生態度是儒、佛、道三家的混合。儒家提倡「樂天安命」和「知足常樂」。佛門對現世持一種過渡時期的看法。道家向來主張「清靜無爲」。這三家的人生觀在這一場合剛好可以化合。而儒家之重「禮教」，形成事實上的半禁欲主義。這幾種基本元素的化合作用使許多中國文化份子長年養成不願積極進取而拿「內化克己」的法門來抑制欲望。然而，人是有欲望的動物。欲望雖能壓縮但不能消滅。我們的文化價值逼得我們藉知足來壓縮欲望，可是上帝賜我們的欲望老是在那裡蠢動。那末，怎麼辦呢？不要緊，我們的老祖宗替我們發明了一種「象徵滿足法」。我們想發財，過年時就拿一條木製的

論科學。這是很吃虧的事。符號邏輯是理論科學的建構條件。中國的傳統建築物可以看作是一種無聲的語言。它所象徵的是對稱（symmetry）、莊嚴、肅穆、深幽、悠久、沉遠、厚博、寬舒，加上做作。

㊶ 同㊲，頁四七。

魚來象徵「富貴有餘」。和尚許久沒有吃葷，心癢嘴饞，就做些素雞，素火腿之類來替代。這不也有趣的過得下去嗎？

對於「名教」，胡適提出他的解釋：

我們試進一步，試問，爲什麼貼一張「雷打王阿毛」或「鎗斃田中義一」可以發洩我們的感情，可以出氣洩憤呢？

這一問便問到「名教」的哲學上去了。這裡面的奧妙無窮。我們現在只能指出幾個有趣味的要點。

第一，我們的古代老祖宗深信「名」就是魂。我們至今不知不覺地還逃不了這種古老迷信的影響。「名就是魂」的迷信是世界人類在幼稚時代同有的。埃及人的第八魂就是「名魂」。我們中國古今都有此迷信。《封神演義》上有個張桂芳能夠「呼名落馬」；他只叫一聲「黃飛虎還不下馬，更待何時！」黃飛虎就滾下五色神牛了。……

第二，我們的古代老祖宗深信「名」。（文字。）有不可思議的神力。我們也免不了這種迷信的影響。這也是幼稚民族的普通迷信，高等民族也往往不能免除，《西遊記》上如來佛寫了「唵嘛呢叭𠺗吽」六個字，便把孫猴子壓住了一千年。觀音菩薩念一個「唵」字咒語，便有諸神來見。他在孫行者手心寫一個「𠺗」字，就可以引紅孩兒去受擒。小說上的神仙妖道作法，總得「口中念念有詞」。一切符咒，都是有神力的文字。現在有許多人似乎眞相信多貼幾張「打倒軍閥」的標語便可以打倒張作霖了。他們若不信這種神力，何以不到前線去打仗，卻到吳淞鎭的公共廁所牆上張貼「打倒張作霖」的標語呢？

第三，我們的古代聖賢也曾提倡一種「理智化」了的「名」的迷信，幾千年來深入人心，也是造成「名教」的一種大勢力。衛君要請孔子去治國。孔老先生卻先要「正名」。他恨極了當時的亂臣賊子，卻又「手無斧柯，奈龜山何！」所以他只好做一部春秋來褒貶他們；「一字之貶，嚴於斧鉞；一字之褒，榮於華袞。」這種思想便是古代所謂「名分」的觀念。……[62]

溫尼悲歌族的印第安人（Winnebago Indians）是生活在一個經過語言編造起來的世界裡。這也就是說，他們把事實和非事實混在一塊來構成他們的世界觀。也許，他們生活在這個世界觀裡會感覺到自己偉大、安全、光榮和舒適。其實，這種世界觀並非溫尼悲歌族的印第安人獨家創造的出品。所有的鐵幕國邦都在製造這樣的出品。任何人有眼福看到他們出版的報紙，一定可以知道的，何以致此呢？這就是語言特有的神奇之處。語言的意像（image of language）是很豐的。它可以操縱你對於過去、現在、未來的，可企及的和不可企及的，眞實的和非眞實的事物之觀念。名，則有時是語言宮殿的基石。語言有這樣的魔力，所以名也有這樣的魔力。在胡適對「名教」所作的三種解釋之中，第一和第二兩種所構成的社會文化問題不及第三種嚴重。因此在第三種解釋之下的「名教」實有更加分析的必要。我們且先看胡適是怎麼說的：

「名」是表物性的，「分」是表我的態度的。善名便引起我愛敬的態度，惡名便引起我厭恨的態度。這叫做「名分」的哲學。「名教」「禮教」便建築在這種哲學的基礎之上。一塊石頭，變作了貞節牌坊，便可以引無數青年婦女犧牲她們的青春與生命去博禮教先生的一篇銘贊，或志書「列女」門裡一個名字。「貞節」是「名」，羨慕而情願犧牲便是「分」。女子的腳裹小了，男人

---

[62] 同[57]，頁四八～四九。

贊爲「美」，詩人說是「三寸金蓮」，於是幾萬萬的婦女便拼命裹小腳了。「美」與「金蓮」是「名」，羨慕而情願吃苦犧牲便是「分」。現在人說小腳「不美」，又「不人道」了。名變了，分也變了，於是小腳的女子也得塞棉花，充大腳了。……[63]

這裡胡適把「名教」所形成的害處揭露了一部分，但是形成這一害處之所以然沒有說清楚。

首先，我們必須把「名教」的所指釐清。假若「宗教」一詞在這裡的用法與「迷信」不分的話，那末所謂「名教」的確是「崇拜名字的宗教」；但是，「名教」之所指不止於是「崇拜名字的宗教」。它還指稱比較「理性化」了的方相。「名教」之比較「理性化」了的方相，就是藉名來支托、展顯、排列、牢釘，並徵別人倫綱常之教，例如，君君，臣臣，父父，子子，這一套。這一套與「拜名」是出於同一的心理、宗教及社會的根源，可是重點不一樣，支持的基礎也不同。單純的「拜名」，迷信色彩濃厚，它訴諸一種超自然的神秘力，但沒有所謂「哲學基礎」。「理性化」的「名教」，除了含攝「拜名」爲其胚胎以外，還有所謂「哲學基礎」，並進而政治建構化。這二者的分別，我們必須把握住。

如所周知，中國文化裡極用力提倡「理性化」的「名教」的是孔仲尼：

齊景公問政於孔子。孔子對曰：「君君，臣臣，父父，子子。」公曰：「善哉！信如君不君，臣不臣，父不父，子不子，雖有粟，吾得而食諸？」[64]

---

[63] 同[57]，頁五十。
[64]《論語》，〈顏淵〉第十二。

孔仲尼接著說得更明顯：

子路曰：「衛君待子而為政，子將奚先？」子曰：「必也，正名乎？」子路曰：「有是哉？子之迂也，奚其正？」子曰：「野哉，由也！君子於其所不知，蓋闕如也。名不正，則言不順。言不順，則事不成。事不成，則禮樂不興。禮樂不興，則刑罰不中。刑罰不中，則民無所措手足。故君子，名之必可言也，言之必可行也。君子於其言，無所苟而已矣。」⑥⑤

照孔仲尼所說的看來，他是要藉先「正名」立起「人文」間架來「為政」。這種程序，用現代名詞說，就是先「立法」，行政才有所本。當然，嚴格地說，這只是一個比擬而已。孔仲尼「正名」的出發源頭是倫範要求，雖然如此，在「正名」裡已經孕育著「立法」的雛型。孔仲尼要「正名」的時代意義是「撥亂世而反之正」。這一目的要真能達到，必須在正名以前已有與之相應的社會文化實質。有了與之相應的社會文化實質，正名才不落空並有可行性。如其不然，所謂「正名」也者，不過空有其名而已。在現代社會裡，名本身並沒有什麼魔力。如果名本身有任何力量，那一定是與之相應的社會文化內容給它的。例如，同是「講保障言論自由」，美國憲法這樣說了，政司真是這樣實行。這就是名實相符。至於其他許多地區不過徒有其名而已，何以有這樣的分別？因為美國有一比較開放的社會文化涵容言論自由，而其他許多地區沒有。呼名不足以使人落馬。同樣，僅靠正名不足以為政。

在中國思想史上，另一個重「名」的人物是韓非。韓非在〈二柄〉第七裡說：

⑥⑤《論語》，〈子路〉第十三。

人主將欲禁姦，則審合刑名者，言與事也。爲人臣者陳而言。君以其言授之事，專以其事責其功。功當其事，事當其言，則賞。功不當其事，事不當其言，則罰。故群臣其言大而功小者，則罰。非罰小功也，罰功不當名也，群臣其言小而功大者，亦罰。非不說於大功也，以爲不當名也。害甚於有大功，故罰。……⑯

韓非主張「言小而功大」，也要處罰。他這種嚴刻，比現代世界共產黨人似乎還要徹底。如果韓非生當今之世，共產黨人可能請他去當師傅哩！言小而功大也要處罰的理由，是並非人主不喜悅人臣建立大功，而是因爲他所建立的大功與「名」不符合。這簡直是爲名而名了。韓非這種思想與中國過去鬆弛混沌重情的文化氣息不合，所以沒有能夠成爲中國文化思想的主流。幸喜如此，否則中國可能老早成了一大極權帝國。韓非的思想雖然沒有成爲中國文化思想的主流，可是，就思想的精密和謹嚴而論，韓非無疑是中國思想史上第一人。

韓非又說：

用一之道，以名爲首。名正物定，名倚物徙。故聖人執一以靜，使名自命，令事自定。不見其采，下故素正。因而任之，使自事之。因而予之，彼將自舉之。正與處之，使皆自定之，上以名舉之。不知其名，復修其形。形名參同，用其所生。二者誠信，下乃貢情。……君臣不同道，下以名禱。君操其名，臣效其形。形名參同，上下和調也。⑰

---

⑯《韓非子集解》，卷二，頁二七～二八。
⑰ 同⑯，〈楊權〉第八，頁三十～三一。

韓非「正名」的作用與孔丘不同。韓非之所以力主正名，最重要的作用是將人臣嚴格地位置於名法間架以內，便於人主控制。這是中國版的《霸術》（*The Prince*）。《霸術》的作者馬基維里（Machiavelli）生於紀元後一四六九年。韓非生於紀元前二三三年，這也就是說，韓非出世早於馬基維里一千七百零二年。這東西二位「霸術家」的思想方向相近，思想的鋒利也不相上下。可是，馬基維里的《霸術》已經普遍受人注意，而《韓非子》一書則埋在清冷寂寞的書庫裡。這是一個有趣的對照？

本來，一切比較高級的文化都離不開符徵作用為其構成要素的。但是，中國社會文化卻為初級的符徵所累。這是十分值得研究的問題。幾千年來，改朝換代，打得頭破血流。重要原因之一，就是為了爭那個名號與正朔。清代有人提倡西學，保守人士就斥為「名教罪人，士林敗類」。只要拿這項大帽子壓將下來，便足可將講西學的壓個半死，再沒有什麼道理好講了。在一個家庭小宇宙之內，老爺要把婢女變做太太，叫做「扶正」。為了「歪」和「正」之爭，這個小宇宙裡弄得冷戰時起。吳佩孚當過「大帥」，被打垮以後還叫「大帥」。一朝作「大帥」，便永久是大帥。名與人是共始終的。中國知識份子比一般老百姓對「名」更感興趣。他們小時候有小名。他們長大了，花許多時間和腦血來為自己取好名：名「維道」，字什麼，號又是什麼。複雜得很，一個人有三四個標記不算稀奇。可是，你不能從心所欲，隨意亂叫，叫錯了他本人心裡見怪，頭上冒青筋，臉上似笑非笑，似惱非惱；旁邊人聽見了會說你不懂事。你究竟是叫他的名、字或號，那要視彼此之間的相對地位、輩份和親疏而定。眞是複雜得很！在人際關係上，一年到頭就得小心翼翼於這些「名教」陣裡。其煩瑣如此，怎怪得民國初年有人反「名教」？怎怪得虛無主義一來，許多青年索興一個名字都不要，就叫「一二三」？中國文化份子這樣重名，照說名字都可以亮在太陽底下了。卻又不然，中國文化是夠奇妙的。人有名而不用，為的是表示尊敬。「敬神如神在」。同樣，敬名如人在。象徵意識簡直發展到白熱狀態。大人物的名大不用；小人物的名小不用。皇帝的宮銜最長，但皇帝的名字用得最少。人死了還脫離不了名的關係，叫做什麼「諱」。這本是周代尊神的古法。人死了一「諱」，於是也就神化了。「名教」累死中國人了。

現在，我們要問：「名教」在中國社會文化裡爲什麼產生了這樣大的魔力？要解答這個問題，需從文化人類學、社會學和心理學等等路線著手。在這裡我們祇能提示一點。

弗洛伊德說，人在幼兒期所得語言訓練，不僅可使他發生快樂感，並且支配他成人期的行爲。這種衍發程序，可使他堅決相信「語文是無所不能的」。依此，一個人從小讀四書，背誦「君君，臣臣，父父，子子」，他的觀念自然被語文的魔力所同化。他的觀念一被語文的魔力所同化，於是往往分不清自己的觀念和外界的事物。在這種情形之下，他就容易以爲有名即有實，名一正事就成。

其實，名與實是兩回事。不同的名可以指同一的實。同一的實可以被不同的名來指。無論名是觀念或不是觀念，名與實之間並無一一相當的關係，所以，人家說你是「英雄」，你不一定因此就是英雄。

早期的胡適提倡每個人要有他獨自的思想。毫無問題，一個人最可貴的東西，對於他自己來說，是他自己主動想出的東西。如果一個人的觀念是別人有計劃地直接或間接配給的，那末在這個世界上還有什麼東西是屬於他自己的呢？如果他的觀念活動都受人有形或無形地控制，那末他和一架只會呼吸空氣並消化食物的機器有什麼兩樣？

可是，在中國社會文化裡要實現思想獨立，並不是一件輕鬆的事。因爲，或多或少的程度以內，一個人的觀念活動受他所在的社會之「社會性格」所塑造。傳統中國社會的「社會性格」是消弭思想獨立這一格式的。黎斯曼（David Riesman）把社會的社會性格（social character）分做三大類型：第一，跟著傳統走的類型（tradition-directed types）；第二，內導類型（inner-directed types）；第三，他導類型（other-directed types）。[68]黎斯曼把印度、埃及和中國的社會分到第一類型。這種分類，即令不是定論，至少有參考的便利。跟著傳統走的社會之社會性格，特別注重禮儀的合模。對於農業技術，醫藥知識，抱持守舊的態度：社會份子很少用時間和精力來重新解決這些老問題。在這一社會中，個人被塑成服從傳統的性格，不被特別鼓勵著去發展潛在的能力，也不王動去做一件事。大家認爲照著老樣子走，是穩定社會的可靠方式。在這樣的社會性格裡，要衝出並且擴展思想獨立，當然像冬天找春花一般困難。唯其困難，所以彌足珍貴，但是，胡適卻說：

> 從前禪宗和尚曾說：「菩提達摩東來，只要尋一個不受人惑的人」。我這裡千言萬語，也只是要教人一個不受人惑的方法。被孔丘，朱熹牽著鼻子走，固然不算高明；被馬克斯，列寧，史達林牽著鼻子走，也算不得好漢。我自己決不想牽著誰的鼻子走。我只希望盡我的微薄的能力，教我的少年朋友們學一點防身的本領，努力做一個不受人惑的人。[69]

這一段話也許是一般衛道之士很冒火的。可是，我認爲這段話是胡適遺贈給中國後人最寶貴的財產，照我看來，胡適這類言論的價值，比他做的考證大多了。

爲什麼呢？

有些人士對於胡適這話之所以冒火，主要的原因是認爲不該把「孔丘，朱熹」這樣的「聖人」和

---

[68] See David Reisman, Nathan Glazer, and Reuel Denney. *The Lonely Crowd*, New York, 1953, Chapter 1, Some Types of Character and Society.

[69] 《胡適文存》，第四集，卷四，〈介紹我自己的思想〉，頁六二三～六二四。

「馬克斯，列寧」等人相提並論。中國一般文化份子太多帶情緒的價值觀念活動，而太少不帶情緒的語知活動。於是，有些人士一看到胡適把「孔丘，朱熹」和「馬克斯、列寧」來作比較，就認爲是把他們「等量齊觀」，視同「一近之貉」。尤其是在把中國人和外國人比較時，「夷夏之辨」的殘餘「我族中心意識」又泛上心頭，所以更容易火起。其實，耶穌曾和強盜釘在一起，有沒有頭腦清楚的人因此把耶穌和強盜看作是一夥兒的？實在不必怕，眞正合於人生的學說是比不垮的。

胡適在前段所說的一番意識，從下面的話裡可以看得更清楚：

據我個人的觀察，新思潮的根本意義只是一種新態度。這種新態度可叫做「評判的態度」。評判的態度，簡單說來，只是凡事要重新分別一個好與不好，仔細說來，評判的態度含有幾種特別的要求：

1. 對於習俗相傳下來的制度風俗，要問：「這種制度現在還有存在的價值嗎？」
2. 對於古代遺傳下來的聖賢教訓，要問：「這句話在今日還是不錯嗎？」
3. 對於社會上糊塗公認的行爲與信仰，都要問：「大家公認的，就不會錯了嗎？人家這樣做，我也該這樣做嗎？難道沒有別樣做法比這個更好，更有理，更有益的嗎？」⑩

尼采說現今時代是一個重新估定一切價值（transvaluation of all values）的時代。「重新估定一切價值」八個字便是評判的態度的最好解釋。從前的人說婦女的腳越小越美。現在我們不但不認小腳爲「美」，簡直說這是「慘無人道」了。十年前，人家和店家都用鴉片煙敬客，現在鴉片煙變成犯禁品了。二十年前，康有爲是洪水猛獸一般的維新黨。現在康有爲變成老骨董了。康有爲並不

⑩《胡適文存》，第一集，卷四，〈新思潮的意義〉，頁七二八。

曾變換，估價的人變了。故他的價值也跟著著變了，這叫做「重新估定一切價值」。㉑

胡適在這裡說得夠清楚了。在上一段話裡他把「孔丘、朱熹」和「馬克斯、列寧」此在一塊時，他的用意無非是要養成一點「評判的態度」，要大家學尼採「重新估定一切價值」。換一種說法來表示，在他教人不要被中國古人和外國人牽著鼻子走時，這涵蘊著不要盲從任何權威之言，也不要附和任何時髦之論；而是必須養成慎思明辨的習慣，和獨自作判斷的能力。一個人有了這種能力，才能一絲一毫不必固執而對一切宣傳發生免疫作用。唯有做到這個地步，一個人才能做「一個不受人惑的人」。一個人能做不受人惑的人，才能做頂天立地的大丈夫。

胡適發表上段言論的時期是一九三〇年，從這個時期的背景，我們更可明瞭上段言論的時代意義。在那個時期，「孔家店」被當作「落伍」的象徵來攻擊，可是同時各種狂激的煽動性的言論方興未艾。主張緩慢進化的胡適看到這種言論發展下去，可能產生不可收拾的結果，他不能不發出那一訴諸理知的呼聲。他把「被孔丘、朱熹牽著鼻子走，固然不算高明」的話，同「被馬克斯、列寧、史達林牽著鼻子走，也算不得好漢」說在一起，在那種時代的思想氣氛之下，顯然是一種陪襯。沒有這種陪襯，後面所說「被馬克斯、列寧、史達林牽著鼻子走」的話就沒有力了。雖然他同時也不贊成「孔丘、朱熹」，可是這在當時的氣氛之下已經變得次要了。被胡適所批評的狂熱份子是明白這一層的。所以他們後來對「胡適思想」一而再再而三地進行大規模的「消毒」工作。

時至今日，眞要人的思想有把握而不受人惑，最妥當的途徑是養成慎思明辨的技術和習慣。胡適所指

㉑ 同㊾，頁七二八～七二九。

的大路是不錯的，可惜他自己卻做考據去了。由做考據而訓練出來的思想模式及心理狀態，怎應付得了近四十多年來五花八門的思想魔術？我們必須進一步尋找在思想上防身的本領。

六、吳稚暉

吳稚暉並不是一個有訓練的思想家，但他對中國文化問題常有極銳敏的觀察力，以及不同凡俗的見解。他立言突梯滑稽；但突梯滑稽中含有自然的莊嚴。他頗有點憤世疾俗：但憤世疾俗得並不冷酷。以歷史和地位而論，他本可以做大官，可是他的人生境界和性格使得他遠遠超出這個層次之上。我之所以願意提到他，主要的理由是像威廉大帝見到歌德（Goethe）時，說他眞是一個人。我覺得吳稚暉是一位超凡出俗的眞人。我雖然認爲他談哲學，談宇宙觀，談人生觀，大部分只能算是文人戲言，可是他在戲言裡流露著坦蕩的率眞。從他的論著的一面，我們可以看出一個由中國傳統教育培養出來的書生對傳統反感到什麼程度。他所放的一個響炮就是：

> 這國故的臭東西，他本同小老婆、吸鴉片相依爲半。小老婆、吸鴉片，又同升官、發財相依爲命。國學大盛，政治無不腐敗。因爲孔、孟、老、墨便是春秋、戰國亂世的產物。非再把他丟在毛廁裡三十年。現今鼓吹成一個乾燥無味的物質文明，人家用機關槍打來，我也用機關槍對打，把中國站住了，再整理什麼國故，毫不嫌遲。[72]

[72] 《吳稚暉學術論著》，上海，一九二七年，〈箴洋八股化之理學（附註）〉，頁一二四。

吳老先生對於「這國故的臭東西」，簡直氣極了！可是我們不能說他毫無道理。他並不是無條件地反對整理國故。他是認爲工作應當分個緩急先後。中國最緊急的事體是應付「洋人」。人家用新武器來打；我們也得用新武器打回去。等到國勢站穩了，再整理國故不遲。他不是眞的硬要把「線裝書丟到毛廁裡去」，他是眞的討厭那些弄「國故」的腐儒的腐朽生活及想法。

「國故」是中國文化的遺產之一。這筆遺產也是從前的知識份子努力的成果。我實在找不出什麼理由來主張非把它「丟至毛廁裡去」不可，雖然現在科學比它重要得多。可是，自來弄「國學」的人士總是以爲背後靠著一座神聖不可侵犯的高山。這是聲威要求太過分所致。其實，「國學」也只是眾學之一門而已。弄「國學」只是弄一門學問，與弄博物學之爲弄一門學問正同。弄「國學」並非復古，並非爲祖先貢牌位，更非完成何種歷史使命，何必以「選民」自居呢？

吳稚暉又極力闢斥「理學」。他說的頗有趣：

……會晉、唐以來，「唐僧」同「孫悟空」帶來了紅頭阿三的空氣。徽州朱朝奉就采他們的空話，改造了局董的規條（六朝人止去配合鄉老的閒談，所以止是柴積上日黃中的話頭。到配了規條，便有了威權。）所以現在讀起十三經來，雖孔聖人，孟賢人直接晤對，還走溫溫和和，教人自然，惟把朝奉先生等語錄學案一看，便頓時入之黑洞洞的教堂大屋，毛骨竦然，左又不是，右又不是。……[73]

[73] 同[72]，〈一個新信仰的宇宙觀及人生觀〉，頁九五。

吳稚暉在這裡所說雖有戲謔味道，可是其中有眞知灼見。理學這個東西，如果說在中國思想史上有其相當的地位，這是不可否認的論斷。如果說它是宋明學人思想努力的結晶，也是不可否認的事實。但是，如果眞的要照著這種關於倫理的形上學來行爲與思想，那末一定弄得狠刻僵冷，並且難免動輒得咎。因爲，理學忽視人的血肉層。它把調子懸得那麼高，硬要拉血肉之軀上玄學的夾板。其尤甚者，它不管人吃下吃得消，一味拼命把人的脖子向天空上拉。這樣嚴刻制律人的思想與行爲的學說，其受統治有司的歡迎，無寧是一件頗爲自然的事。

Note

Note

Note

Note

Note

國家圖書館出版品預行編目資料

中國文化的展望／殷海光著. -- 初版. -- 臺北市：五南，2020.07
冊；　公分
ISBN 978-957-763-906-6(上冊：平裝). --

1.中國文化

541.262　　109002356

1C17 殷海光精選輯 02

中國文化的展望（上冊）

作　　者 — 殷海光
發 行 人 — 楊榮川
總 經 理 — 楊士清
總 編 輯 — 楊秀麗
系列策劃 — 楊榮川
副總編輯 — 黃惠娟
責任編輯 — 高雅婷
校對編輯 — 張耘榕
封面設計 — 姚孝慈
出 版 者 — 五南圖書出版股份有限公司
地　　址：106台北市大安區和平東路二段339號4樓
電　　話：(02)2705-5066　傳　　真：(02)2706-6100
網　　址：http://www.wunan.com.tw
電子郵件：wunan@wunan.com.tw
劃撥帳號：01068953
戶　　名：五南圖書出版股份有限公司

法律顧問　林勝安律師事務所　林勝安律師

出版日期　2020年7月初版一刷
定　　價　新臺幣360元

經典永恆·名著常在

五十週年的獻禮——經典名著文庫

五南，五十年了，半個世紀，人生旅程的一大半，走過來了。
思索著，邁向百年的未來歷程，能為知識界、文化學術界作些什麼？
在速食文化的生態下，有什麼值得讓人雋永品味的？

歷代經典·當今名著，經過時間的洗禮，千錘百鍊，流傳至今，光芒耀人；
不僅使我們能領悟前人的智慧，同時也增深加廣我們思考的深度與視野。
我們決心投入巨資，有計畫的系統梳選，成立「經典名著文庫」，
希望收入古今中外思想性的、充滿睿智與獨見的經典、名著。
這是一項理想性的、永續性的巨人出版工程。
不在意讀者的眾寡，只考慮它的學術價值，力求完整展現先哲思想的軌跡；
為知識界開啟一片智慧之窗，營造一座百花綻放的世界文明公園，
任君遨遊、取菁吸蜜、嘉惠學子！